Die Reader's Digest
ENERGIESPAR-BIBEL

Die Reader's Digest
ENERGIESPAR-BIBEL

Kosten senken – aber richtig

Deutschland · Schweiz · Österreich

INHALT

KAPITEL 1
ENERGIE SPAREN LOHNT SICH........................6
Der Preis der Moderne 8 • Wo bleibt die Energie? 9
Leben Sie nachhaltig? 20

KAPITEL 2
RICHTIG DÄMMEN UND ISOLIEREN..............26
Basiswissen Haustypen 28 • Wo Energie entweicht 35
Fachgerecht dämmen 36 • Lückenlos abdichten 47
Energiesparfenster 52 • Feuchtigkeit regulieren 58

KAPITEL 3
DEN OPTIMALEN ENERGIETRÄGER FINDEN.. 60
Freie Versorgerwahl 62 • Der günstigste Tarif 63
Auf Ökostrom setzen 67 • Energie in Eigenregie 70
Energie mit Zukunft: Gas 76

KAPITEL 4
HEIZUNG, RAUMKLIMA, WARMWASSER UND LICHT.......................... 80
Was Komfort kostet 82 • Heizung und Raumklima 86
Warmwasser 100 • Licht 110

KAPITEL 5
ELEKTROGERÄTE EFFIZIENT NUTZEN...... 118
Gezielt Strom sparen 120 • Energiesparlabel 123
Kochen und backen 126 • Geschirr spülen 137
Kühlen und gefrieren 140 • Wäsche waschen 148
Wäsche trocknen 150 • Andere Elektrogeräte 153

KAPITEL 6
GARTEN UND TERRASSE 162

Sparsame Gartenpflege 164 • Gartenteich und Pool 168
Spaß im Freien 171

KAPITEL 7
VERMEIDEN, SORTIEREN, VERWERTEN 174

Wegwerfgesellschaft 176 • Müll vermeiden 177
Wiederverwertung 179 • Sondermüll 184
Biomüll 184

KAPITEL 8
MIETEN, BAUEN, RENOVIEREN 188

Ein neues Zuhause 190 • Bauen und Energie sparen 196
Nachhaltig bauen 208

KAPITEL 9
AUSSERHALB DER EIGENEN VIER WÄNDE .. 214

Sparsam unterwegs 216 • Mit Bedacht essen 233
Anderen ein Vorbild sein 238

GLOSSAR 246

REGISTER 248

IMPRESSUM 256

KAPITEL 1

ENERGIE SPAREN LOHNT SICH

- Der Preis der Moderne 8
- Wo bleibt die Energie? 9
- Leben Sie nachhaltig? 20

DER PREIS DER MODERNE

Seit Beginn des 20. Jahrhunderts hat der Energiehunger weltweit rasant zugenommen. Wir fahren mehr Auto, nehmen mehr Wohnfläche in Anspruch, konsumieren mehr und verreisen öfter. Als bittere, aber logische Folge sind nicht nur die Energiekosten explodiert, auch der Preis, den die Umwelt und letztlich wir alle für diese Entwicklung zahlen, ist inzwischen höher, als wir es uns leisten können.

Was geschieht im Einzelnen?

Der Energiekonsum wächst Der allgemeine Trend zu mehr Wohnraum, mehr und größeren Autos, Geräten und technischen Spielereien – in vielen Fällen als Überkonsum zu bezeichnen – führt zu einem stetig steigenden Energiebedarf. Mit wachsendem Wohlstand klettert allerdings nicht nur der Verbrauch in die Höhe, auch die Preise steigen.

Die Energiekosten steigen In dem Maß, wie fossile Energiequellen zur Neige gehen – also Erdöl z. B. zur Herstellung von Kraftstoff oder Kohle zur Stromerzeugung für private Haushalte und Wirtschaft –, werden Gewinnung und Verarbeitung dieser Ressourcen immer teurer.

Wir verändern das Gesicht unseres Planeten Das Verbrennen von fossilen Brennstoffen belastet die Umwelt, es entstehen Schwebstoffe wie Feinstaub und Ruß sowie Treibhausgase wie CO_2, die zur globalen Erwärmung beitragen. Schon jetzt sind die Auswirkungen unübersehbar: Dürreperioden, Überschwemmungen und heftige Stürme verursachen Sachschäden, vernichten Infrastruktur und Ernten.

Können wir so weitermachen?

Es gibt eine Vielzahl von Möglichkeiten, wie jeder ohne großen Aufwand seinen Energieverbrauch reduzieren kann. Doch warum die Mühe auf sich nehmen?

Mehr Geld im Portemonnaie Schon wenn Sie Ihr persönliches Verbrauchsverhalten nur geringfügig ändern, sparen Sie schlicht und ergreifend bares Geld.

Rücksichtsvoller Umgang mit Allgemeingut Ein sparsamerer Energiekonsum entlastet die Umwelt: Davon profitieren alle Menschen dieser Erde.

WO BLEIBT DIE ENERGIE?

Immerhin 25 bis 30 % des Energiebedarfs eines Landes entfallen auf die privaten Haushalte – die Nutzung privater Pkws nicht mitgerechnet. Das Zuhause spielt also eine so erhebliche Rolle in unserer Ökobilanz, dass es sich lohnt, den eigenen Energiekonsum kritisch zu hinterfragen. Schließlich geht es dabei um bares Geld, das sich einsparen lässt.

Selbst in unseren Breiten kommen Klimageräte immer mehr in Mode – ein Irrweg, denn jedes einzelne Klimagerät verbraucht im Jahr mehr Energie als Herd und Waschmaschine zusammen!

Womit soll ich anfangen?

Wenn Sie nicht wissen, wo Sie Ihre Prioritäten setzen sollen, können Ihnen die folgenden Fakten über den Energieverbrauch und die damit verbundenen Kosten weiterhelfen.

Heizung Der größte Posten in der Verbrauchsbilanz eines Haushalts ist die Heizung. Um die Raumtemperatur stets auf komfortablem Niveau zu halten, werden im Schnitt 70 % des Gesamtenergiebedarfs aufgewendet. Bei älteren Häusern kann dieser Wert sogar über 75 % liegen – im Fall

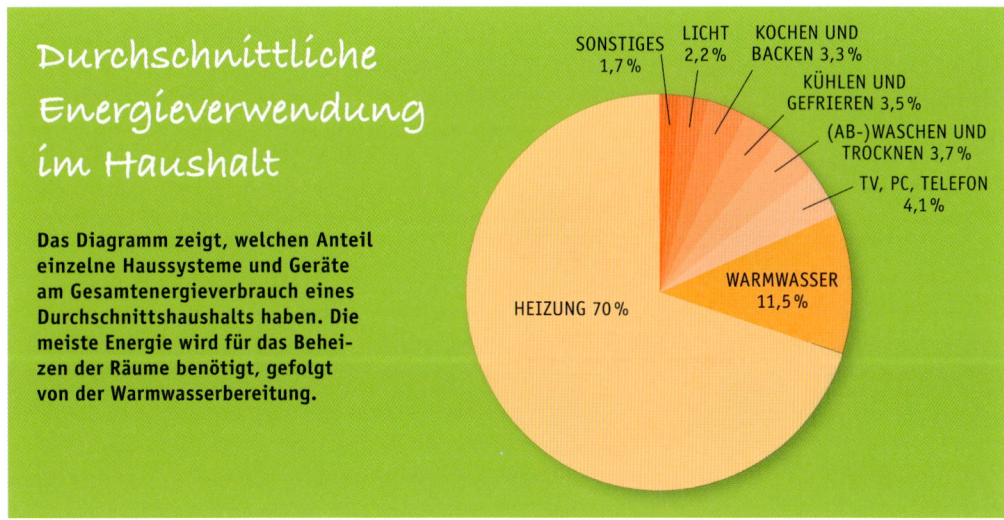

Durchschnittliche Energieverwendung im Haushalt

Das Diagramm zeigt, welchen Anteil einzelne Haussysteme und Geräte am Gesamtenergieverbrauch eines Durchschnittshaushalts haben. Die meiste Energie wird für das Beheizen der Räume benötigt, gefolgt von der Warmwasserbereitung.

- SONSTIGES 1,7 %
- LICHT 2,2 %
- KOCHEN UND BACKEN 3,3 %
- KÜHLEN UND GEFRIEREN 3,5 %
- (AB-)WASCHEN UND TROCKNEN 3,7 %
- TV, PC, TELEFON 4,1 %
- WARMWASSER 11,5 %
- HEIZUNG 70 %

Energiekosten

Da Strom fast viermal so viel kostet wie andere Energien, schlagen Elektrogeräte in der Jahresabrechnung stärker zu Buche, als ihr anteiliger Verbrauch vermuten lässt.

HEIZUNG CA. 50%

ELEKTROGERÄTE INSGESAMT BIS ZU 40%

WARMWASSERBEREITUNG (MIT STROM) BIS ZU 30%

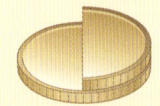

UNTERHALTUNGS- UND BÜROELEKTRONIK BIS ZU 15%

WASCHEN UND TROCKNEN BIS ZU 10%

GERÄTE-STANDBY BIS ZU 5%

eines gut gedämmten Hauses mit neuer Heiztechnik aber auch deutlich unter 65%. Das Einsparpotenzial im Bereich Raumwärme/Heizung ist also enorm – wenngleich sich die Kosten für wirksame Dämmmaßnahmen und effektivere Heiztechnik erst im Lauf mehrerer Jahre amortisieren.

Warmes Wasser Der zweitgrößte Einzelposten in der Verbrauchsbilanz ist die Warmwasserbereitung. Im Durchschnitt werden hierfür 10 bis 12% des Jahresbedarfs an Energie benötigt. Wer seine Warmwasserhähne aus Elektroboilern speist, muss damit rechnen, dass sich das am Jahresende mit bis zu 30% der Gesamtkosten niederschlägt.

Strom Der übrige Energiebedarf eines Haushalts wird durch Strom gedeckt. Der Durchschnittswert beläuft sich auf 15 bis 20% für die Summe alle Elektrogeräte. Wer nun meint, angesichts dieser Zahlen das Einsparpotenzial von Strom vernachlässigen zu können, täuscht sich: Die Kosten für eine Kilowattstunde (kWh) liegen mit ca. 23 Cent fast viermal so hoch wie für die entsprechende Menge an Gas oder Öl. Auf diese Weise kann der Stromkonsum in der Jahresabrechnung mit bis zu 40% zu Buche schlagen. Im Einzelnen ergibt sich bei Elektrogeräten folgendes Bild:

Unterhaltungs- und Büroelektronik Immer leistungsfähigere Computer, größere Fernsehgeräte mit entsprechend höherem Energiekonsum und nicht zuletzt die immer intensivere Nutzung haben dafür gesorgt, dass Geräte der Unterhaltungs- und Büroelektronik (einschließlich Druckern, Spielkonsolen und HiFi-Anlagen) bis zu 15% der Energiegesamtkosten ausmachen – Tendenz steigend.

Waschen und trocknen Zwar werden Waschmaschinen immer energieeffizienter, jedoch leisten sich auch immer mehr Haushalte den Luxus eines Wäschetrockners. Das Resultat: Das Reinigen der Kleidung belastet die Gesamtenergierechnung mit bis zu 10% und liegt beim Verbrauch damit in etwa gleichauf mit Kühl- und Gefriergeräten. Etwas niedriger liegt der Kostenanteil für Kochen und Backen.

Geräte-Standby Wer Fernseher, DVD-Player und HiFi-Anlage an der Fernbedienung ausknipst, schaltet das Gerät nur in den „Standby"-Modus (Bereitschaftsbetrieb). Nicht immer zeigt eine LED, dass noch Strom fließt, so z.B. bei Ladegeräten für Handys oder elektrischen Zahnbürsten. Diese Vergeudung verursacht bis zu 5% der Energiekosten eines Haushalts. Mehrfachsteckerleisten mit Schalter stellen sicher, dass die Geräte tatsächlich vom Netz getrennt sind.

Energiecheck leicht gemacht

Nur wer eine klare Vorstellung davon hat, in welchen Bereichen und zu welchen Zeiten der Verbrauch anfällt, kann gezielt Energie einsparen. Die Analyse beginnt damit, dass Sie die Rechnungen Ihres Energieversorgers unter die Lupe nehmen. Noch aufschlussreicher wird es, wenn Sie Ihren Energiekonsum durch Messungen des tatsächlichen Verbrauchs einzelner Geräte im laufenden Betrieb untersuchen. Näherungswerte kann schon der Stromzähler liefern, für exakte Ergebnisse lohnt sich die Anschaffung eines Energiekosten-Messgeräts. Und schließlich sollten Sie sich einen Vormittag Zeit nehmen, an dem Sie anhand unserer Checkliste (siehe Seite 14 – 15) mögliche Energiefresser in Ihrem Haushalt aufspüren.

Jahresabrechnungen kontrollieren

Erste Anhaltspunkte, ob und wie es zu einem Anstieg bzw. einer Verringerung des Verbrauchs gekommen ist, liefern die Jahresabrechnungen Ihres Energieversorgers.

Vergleichen Sie nicht nur die Jahresbeträge Auf den ersten Blick scheint es so einfach: Steigt oder sinkt Ihr Energiekonsum gegenüber dem Vorjahr, macht sich das in der Abschlagszahlung an Ihren Energieversorger bzw. in der Heizkostenabrechnung bemerkbar. Doch Achtung: Eine höhere Jahressumme kann schlicht daher rühren, dass der Preis für einen Energieträger gestiegen ist. Betrachten Sie also nicht nur die Summe unter dem Strich. Vergleichen Sie den tatsächlichen Verbrauch an Strom (gelistet in Kilowattstunden, kWh), Gas (in Kubikmetern oder kWh), Öl (in Litern) oder anderen Brennstoffen (Kohle, Pellets etc. in Kilogramm).

> Man schätzt, dass im Jahr 2020 Elektrogeräte und Unterhaltungselektronik bis zu
>
> **50 %**
>
> des Energieverbrauchs eines Haushalts ausmachen werden.

Jahreszeitliche Besonderheiten beachten Nicht jedes Jahr verläuft gleich. Ein harter Winter ist eine plausible Erklärung für einen gestiegenen Bedarf an Heizenergie. Dass der Verbrauch in einem darauffolgenden milderen Jahr wieder sinkt, liegt auf der Hand. Wenn Sie also nach generellen Tendenzen in Ihrem Energiekonsum suchen, stellen Sie nur Jahresabrechnungen gegenüber, die unter vergleichbaren Bedingungen zustande gekommen sind.

Abrechnungszeiträume berücksichtigen Bei Strom und Gas umfasst die Abrechnung meist den gleichen Zeitraum. Anders gestaltet sich das bei Brennstoffen wie Öl oder Holzpellets, die nach Bedarf eingekauft werden. Stellen Sie daher sicher, dass Sie nicht versehentlich unterschiedlich lange Verbrauchszeiträume miteinander vergleichen.

Theorien aufstellen und prüfen Zeichnet sich beim Vergleich der Jahresverbrauchsmengen ein Trend ab, suchen Sie nach möglichen Ursachen: Haben Sie neue Geräte angeschafft? Könnte der Boiler im Bad so verkalkt sein, dass er mehr Energie benötigt? Lässt der Wirkungsgrad Ihres Heizkessels nach? Oder ist der gestiegene Brennstoffbedarf darauf zurückzuführen, dass Sie es in letzter Zeit abends auf dem Sofa etwas behaglicher und wärmer mögen? Wenn Sie solche Vermutungen konsequent verfolgen, kommen Sie Energiefressern schnell auf die Schliche.

WOHER WEISS ICH,  was mein Stromzähler anzeigt?

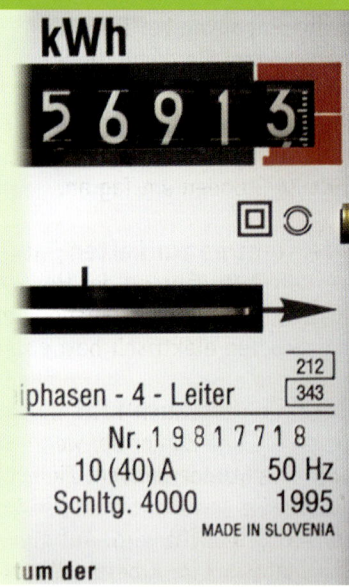

In den meisten Haushalten leisten noch mechanische Stromzähler nach dem Ferraris-Prinzip treue Dienste. Daneben kommen immer häufiger „intelligente" Zähler zum Einsatz.

- **FERRARIS-STROMZÄHLER** arbeiten mit einer durch Induktion in Rotation versetzte Scheibe, die ein mechanisches Zählwerk antreibt. Die Drehgeschwindigkeit entspricht dem Verbrauch. Auf wie viele Umdrehungen pro kWh der Zähler geeicht ist, steht auf dem Typenschild.

- **ELEKTRONISCHE STROMZÄHLER** weisen eine digitale LCD-Anzeige auf. Hier lässt sich neben der Gesamtmenge auch der aktuelle Strombedarf bzw. der Verbrauch bestimmter Zeiträume ablesen. Eine feste Datenverbindung zum Stromversorger ermöglicht die Einrichtung mehrerer, nach Spitzen- und Nebenzeiten gestaffelter Tarife.

Den Zähler im Auge behalten

Wer nach einer effektiven Möglichkeit sucht, seine Energiekosten zu senken, sollte sich angewöhnen, nicht nur bei der Jahresablesung einen Blick auf die im Haushalt installierten Zähler zu werfen. Gezielte Kontrollen geben differenziert Aufschluss darüber, zu welchen Tageszeiten, bei welchen Geräten und in welcher Höhe Verbrauch anfällt.

Wie hoch ist die Grundlast? Wählen Sie eine Zeit, in der Sie und Ihre Angehörigen etwas außer Haus zu erledigen haben. Notieren Sie die Zählerstände, wenn Sie Ihr Heim verlassen, sowie bei Ihrer Rückkehr. Die Differenz der beiden Werte teilen Sie durch die Stunden, die Sie abwesend waren. So bekommen Sie eine Vorstellung davon, wie viel Energie pro Stunde für den Betrieb von Kühlschrank, Boiler, Geräten im Standby-Modus usw. aufgewendet wird. Diese Grundlast fällt 24 Stunden am Tag an.

Wie sieht es zur kalten Jahreszeit aus? Wiederholen Sie den Test während der Heizperiode. So erhalten Sie Aufschluss, wie viel zusätzliche Energie die Heizungsanlage (auch deren elektrisch betriebene Pumpe) verbraucht.

Welcher Verbrauch fällt in einzelnen Räumen an? Lesen Sie den Zähler ab, wenn Sie anfangen zu kochen, und eine Stunde danach. Ziehen Sie die Grundlast ab, schon wissen Sie, wie viel Strom für die Zubereitung der Mahlzeiten verbraucht wird. Auf gleiche Weise ermitteln Sie den Energiebedarf im Arbeits-, Wohn- und Schlafzimmer.

SPITZEN-SPARER

Geräte, die rund um die Uhr Energie verbrauchen, bieten das größte Sparpotenzial. Dazu zählen **Kühlgeräte, Warmwasserbereiter** und Geräte im **Standby-Modus**.

Energiespar-Checkliste für den Haushalt

Sie möchten die Energie im Haushalt effizienter nutzen? Machen Sie in jedem Zimmer eine gründliche Bestandsaufnahme. Dabei gehen Sie Punkt für Punkt der nachfolgenden Checkliste durch und überlegen sich anschließend, welche Energiesparmaßnahmen sinnvoll sind.

Wärmedämmung des Gebäudes
- ❏ Sind die Dachräume gedämmt?
- ❏ Sind die Außenwände gedämmt?
- ❏ Ist der Fußboden gedämmt?
- ❏ Sind die Rollladenkästen gedämmt?

Schlafzimmer
- ❏ Sind die Fenster mit Rollläden bzw. Vorhängen versehen?
- ❏ Können Energiesparlampen eingesetzt werden?
- ❏ Werden Zusatzheizungen (Heizlüfter) wirklich benötigt?
- ❏ Zentralheizung: Sind Thermostat und zeitgesteuerte Regelung optimal eingestellt?
- ❏ Audio und Videogeräte: Sind die Netzschalter bequem zu erreichen, um den Standby-Betrieb zu vermeiden?
- ❏ Haben Sie unnötige Apparate in Betrieb?

Badezimmer
- ❏ Sind die Fenster mit Rollläden bzw. Vorhängen versehen?
- ❏ Können Energiesparlampen eingesetzt werden?
- ❏ Sind Armaturen und Duschköpfe mit Durchflussbegrenzern oder Luftsprudlern ausgestattet?
- ❏ Warmwasserbereitung: Sind die Rohre gedämmt? Ist die Boilertemperatur optimal eingestellt?
- ❏ Werden Zusatzheizungen (Heizlüfter) wirklich benötigt?
- ❏ Nehmen Sie Ladegeräte nach Gebrauch vom Netz?

Küche
- ❏ Sind die Fenster mit Rollläden bzw. Vorhängen versehen?
- ❏ Können Energiesparlampen eingesetzt werden?
- ❏ Haben Kühlschrank und Gefrierschrank eine zeitgemäße Energieeffizienzklasse (A+ oder besser)? Sind die Geräte auf die optimale Temperatur eingestellt? Schließen die Dichtleisten der Türen rundum komplett ab?
- ❏ Steht der Kühlschrank an einem geeigneten Platz, also fern von Wärmequellen?
- ❏ Ist die Dichtleiste der Backofentür intakt?

- ❏ Hat die Geschirrspülmaschine eine zeitgemäße Energieeffizienzklasse (A+ oder besser)? Wird sie so energiesparend wie möglich eingesetzt?
- ❏ Verzichten Sie auf warmes Wasser zum Spülen von Geschirr, wo eine kalte Reinigung genügen würde?

Wohnräume

- ❏ Sind die Fenster mit Rollläden bzw. Vorhängen versehen?
- ❏ Können Energiesparlampen eingesetzt werden?
- ❏ Werden Zusatzheizungen (Heizlüfter) wirklich benötigt?
- ❏ Zentralheizung: Sind Thermostat und zeitgeführte Regelung optimal eingestellt?
- ❏ Gibt es zum Betrieb eines Raumklimageräts wirklich keine Alternative? Falls nein, sind Thermostat und Zeitsteuerung tatsächlich optimal eingestellt?
- ❏ Audio- und Videogeräte: Sind die Netzschalter bequem zu erreichen, um den Standby-Betrieb zu vermeiden?
- ❏ Nehmen Sie Ladegeräte nach Gebrauch vom Netz?
- ❏ Haben Sie unnötige Apparate in Betrieb?

Arbeitszimmer

- ❏ Sind die Fenster mit Rollläden bzw. Vorhängen versehen?
- ❏ Können Energiesparlampen eingesetzt werden?
- ❏ Werden Zusatzheizungen (Heizlüfter) wirklich benötigt?
- ❏ Zentralheizung: Sind Thermostat und zeitgeführte Regelung optimal eingestellt?
- ❏ Gibt es zum Betrieb eines Raumklimageräts wirklich keine Alternative? Falls nein, sind Thermostat und Zeitsteuerung tatsächlich optimal eingestellt?
- ❏ Schalten Sie den Computer aus, wenn Sie ihn über eine Stunde lang nicht benötigen?
- ❏ Schalten Sie den Monitor aus, wenn Sie mehr als fünf Minuten nicht daran arbeiten?
- ❏ Schalten Sie die Rechnerperipherie wie Drucker, Scanner und Ähnliches am Netzschalter aus, wenn die Geräte nicht genutzt werden?
- ❏ Nehmen Sie Ladegeräte nach Gebrauch vom Netz?
- ❏ Sind die Bürogeräte so aufgestellt und angeschlossen, dass sie bequem abgeschaltet werden können?

Die laufenden Kosten ermitteln

Wenn Sie gemäß Checkliste die größten Löcher in Ihrem Energiehaushalt gestopft haben, gehen Sie dazu über, die konkreten Betriebskosten der unverzichtbaren Geräte zu ermitteln und zu optimieren. So gehen Sie vor:

WOHER WEISS ICH, ▶ ob die Thermostateinstellung stimmt?

Der Energieverbrauch von Heiz- und Kühlgeräten hängt entscheidend von der Temperaturwahl ab. Schon ein Grad mehr bzw. weniger senkt die Kosten spürbar. Orientieren Sie sich in der folgenden Auflistung angemessener Temperaturspannen der wichtigsten thermostatgesteuerten Geräte an den grünen Werten.

Heizung (Wohnräume): 19 bis 21 °C
Heizung (Schlafräume): 16 bis 18 °C
Warmwasser: 55 bis 60 °C
Kühlschrank: 3 bis 5 °C
Gefrierschrank: −18 bis −15 °C

Stromkosten berechnen Da der Stromverbrauch in Cent pro Kilowattstunde (kWh) angegeben wird, die Leistung von Elektrogeräten aber in Watt (W), müssen Sie die Wattzahl durch 1000 teilen (Kilo = Tausend): Ein Heizlüfter mit 750 W Leistung verbraucht z. B. 0,75 kW Strom pro Betriebsstunde. Wenn Sie diesen Wert mit dem Strompreis multiplizieren, wissen Sie, wie viel der Betrieb des Geräts pro Stunde kostet. Liegt der Preis pro kW z. B. bei 22 Cent, zahlen Sie für einen Heizlüfter mit 0,75 kW 16,5 Cent pro Stunde.

Leistungsaufnahme messen Nicht auf allen Elektrogeräten ist die Wattzahl angegeben, und wenn, bezieht sie sich auf die maximale Leistungsaufnahme. Deshalb empfiehlt sich die Anschaffung eines Energiekosten-Messgeräts. Dieses wird einfach zwischen Elektrogerät und Steckdose gesteckt und ermittelt auf einem Digitaldisplay den Stromverbrauch im laufenden Betrieb. Die praktischen kleinen Kostendetektive sind preisgünstig im Elektrohandel erhältlich. Können Sie sich nicht zum Kauf entschließen, ermitteln Sie die Leistungsaufnahme einzelner Geräte anhand Ihres Stromzählers (mehr dazu auf Seite 13, „Den Zähler im Auge behalten").

Gas- und Ölverbrauch ermitteln Nur wer den Brennstoffbedarf seiner Heizungsanlage kennt, kann geeignete Energiesparmaßnahmen treffen. Wenn Sie den Stand des Gaszählers im Abstand von 24 Stunden notieren und die Differenz ermitteln, wissen Sie, wie viele Kubikmeter Gas die Anlage pro Tag benötigt. Multiplizieren Sie die Zahl mit dem Faktor 10 (Durchschnittsbrennwert von Erdgas) und dann mit dem kWh-Preis Ihres Gasversorgers. Bei ölbefeuerten Heizkesseln empfiehlt sich die Anschaffung eines geeichten Ölzählers.

Viel Raum für Verbesserungen

Energiebewusstes Verhalten fängt im Haushalt an. Während manche Maßnahmen größere Investitionen erfordern und nicht ohne ein gewisses Maß an Umgewöhnung und Planung funktionieren, können Sie andere sofort und ohne großen Aufwand umsetzen. Hier zunächst eine Übersicht. Ausführliche Informationen und Tipps zu den einzelnen Themen finden Sie in den nachfolgenden Kapiteln.

Das können Sie gleich heute erledigen

Regeln Sie die Heizung herunter Bereits eine geringe Temperaturabsenkung an den Komponenten einer Zentralheizung bewirkt Einsparungen bei den Heizkosten. Das gilt für die Wassertemperatur am Heizkessel ebenso wie für die Heizkörperthermostate in den einzelnen Räumen.

Verwenden Sie Zusatzheizungen nur bei Bedarf und halten Sie die Türen der so beheizten Räume geschlossen, damit die Wärme nicht in ungenutzte Räume entweicht.

Vorhänge und Rollläden helfen sparen Halten Sie diese in der Heizperiode nach Anbruch der Dunkelheit geschlossen. Die isolierende Luftschicht reduziert den Wärmeverlust durch die Scheiben um bis zu 20 %.

Waschen Sie bei möglichst niedriger Temperatur Wählen Sie die Temperatureinstellung an Ihrer Waschmaschine mit Bedacht, denn der größte Teil der Energie wird zum Erhitzen des Waschwassers verwendet.

Lasten Sie den Kühlschrank aus Halb leere Kühl- und Gefriergeräte ver(sch)wenden einen Großteil der Energie auf das Kühlen von Luft. Passen Sie also entweder Ihre Vorratshaltung an die Größe Ihres Kühlschranks an oder legen Sie sich ein Kühlgerät in der passenden Größe zu.

Stellen Sie den Kühlschrank richtig auf Kühlgeräte arbeiten am effizientesten, wenn sie keiner direkten Sonneneinstrahlung ausgesetzt sind und in ausreichendem Abstand zu Öfen und anderen Wärmequellen stehen. Wichtig ist auch eine gute Luftzirkulation an der Rückseite. Halten Sie die dort verlaufenden Kühlschlangen zudem staubfrei.

Nutzen Sie das Tageslicht aus Überprüfen Sie die Aufteilung Ihrer Wohnräume und Arbeitszimmer: Können die Möbel eventuell so umgestellt werden, dass Ihr Arbeits-

---

Pro Grad, um das Sie die durchschnittliche Raumtemperatur absenken, sparen Sie ca.

5 %

Heizenergie. In einem Durchschnittshaushalt entspricht das jährlich etwa **80 l Heizöl**, **90 m³ Gas** oder **180 kg Holzpellets**.

platz oder Ihre bevorzugte Leseecke in die Nähe der Fenster rückt? So können Sie das Sonnenlicht nutzen und tagsüber ganz auf elektrische Leuchtmittel verzichten.

Trocknen Sie Wäsche an der Leine Ob draußen oder in der Wohnung, für die gute alte Wäscheleine gibt es immer eine platzsparende Lösung. Wenn Sie nur ein Minimum an Geduld und Vorausplanung beisteuern, erledigen Luft und Sonne die Arbeit, für die ein Wäschetrockner viel Energie und Kosten verschlingt, auf ganz natürliche Weise.

Schluss mit der Standby-Verschwendung Es sind mehr Geräte, als Sie vielleicht glauben, die Strom ziehen, selbst wenn sie nicht in Betrieb sind. Mit schaltbaren Steckerleisten bereiten Sie dieser Verschwendung ein schnelles Ende.

Nutzen Sie Küchenkleingeräte Wasserkocher, Mikrowelle, Toaster und Eierkocher arbeiten um ein Vielfaches effizienter als Herd und Backofen, wenn es darum geht, kleine Mahlzeiten oder heiße Getränke zuzubereiten oder die Sonntagsbrötchen aufzubacken.

Das ist an einem Wochenende erledigt

Dichten Sie Türen und Fenster ab Gebieten Sie der lästigen Zugluft Einhalt, indem Sie Türritzen und Spalte zwischen Fenstern und Rahmen abdichten – so bleibt die Wärme, wo sie hingehört, nämlich in den Räumen.

Installieren Sie eine intelligente Regeleinheit für Ihre Heizungsanlage. Selbst ältere Heizkessel lassen sich kostengünstig mit einer digitalen Steuereinheit verbinden, die per Funk Daten aus Ihren Wohnräumen übermittelt. Nun können Sie Heiz- und Absenkzeiträume für einzelne Tage, Wochen oder Monate individuell programmieren, sodass der Brenner tatsächlich nur noch anspringt, wenn Sie die bereitgestellte Energie auch wirklich nutzen.

Dämmen Sie die Warmwasserleitungen Nicht selten verlaufen Rohre auf dem Weg vom Warmwasserspeicher zu den Hähnen in Bad und Küche durch unbeheizte Räume. Wenn Sie diese isolieren, minimieren Sie Wärmeverluste.

Achten Sie auf das Energielabel beim Kühlschrank In den letzten zehn Jahren hat sich gerade bei der Entwicklung von Kühlschränken viel getan. Wer sich ein neues Gerät anschafft, sollte ein Modell mit einer möglichst günstigen Energieeffizenzklasse (mindestens A+) wählen.

Bauen Sie wassersparende Armaturen ein Hilfsmittel für einen effizienten Einsatz von Warmwasser wie z. B. Duschköpfe mit Sparvorrichtung und Luftsprudler für Wasserhähne verringern den Wasserdurchfluss und damit die Menge an Wasser, die neu aufgeheizt werden muss.

Steigen Sie konsequent auf Energiesparlampen um
Energiesparlampen (auch als Kompakt-Leuchtstofflampen bekannt) verbrauchen nur ein Viertel der Energie einer herkömmlichen Glühbirne – ein Grund, weshalb der Gesetzgeber dafür gesorgt hat, dass Letztere bald aus dem Handel verschwunden sein wird. Erstaunlich, wie hartnäckig dennoch viele Haushalte der Glühbirne treu bleiben, wo es nur irgend geht. Machen Sie jetzt Schluss damit und steigen Sie konsequent auf energiesparende Leuchtmittel um.

Das Trocknen der Kleidung Ihrer Familie im Wäschetrockner belastet die Atmosphäre mit einer Tonne CO_2-Ausstoß pro Jahr.

Das lässt sich im Lauf des Jahres erledigen

Dämmen Sie Ihr Haus Selbst wenn Sie von den gesetzlichen Verodnungen zur Energieeinsparung (EnEV) nicht unmittelbar betroffen sind, weil Sie nicht neu bauen, Ihr Haus nicht verkaufen wollen und auch nicht Eigentümer und Vermieter eines Mehrfamilienhauses sind, sollten Sie die Zeichen der Zeit erkennen: Unzureichend gedämmte Gebäude verschwenden wertvolle Energie – und treiben angesichts steigender Energiepreise die Nebenkosten immer mehr in die Höhe. Informieren Sie sich daher bereits jetzt über geeignete Dämmmaßnahmen für Dach, oberste Geschossdecke, die Böden zum Kellergeschoss sowie für die Außenwände. So bleibt Ihr Haus im Winter warm und im Sommer kühl, steigt erheblich im Wiederverkaufswert und spart Ihnen und nachfolgenden Generationen eine Stange Geld bei der jährlichen Heizkostenabrechnung.

WAS HÄLT SIE DAVON AB, ...
Ihren Energiekonsum zu überdenken?

☐ **ICH ALLEIN KANN NICHT VIEL AUSRICHTEN ...** Doch! Wenn jeder Einzelne zu kleinen Verbesserungen bereit ist, ergibt sich weltweit eine beträchtliche Energieersparnis. Der Beweis: Während der „Stunde der Erde" (engl. *Earth Hour*), die der *World Wildlife Fund for Nature* (WWF) erstmals 2007 in der australischen Großstadt Sydney ausrief, sind Privatleute wie Firmen aufgefordert, eine Stunde lang die Beleuchtung auszuschalten. Im Jahr 2011 beteiligten sich bereits 134 Länder, Tausende von Großbauten und Millionen von Menschen an der Aktion und setzten ein deutliches Zeichen zum Umdenken.

Investieren Sie in moderne Heizkesseltechnik Wenn die nächste Wartung Ihrer zentralen Heizungs- und Warmwasseranlage ansteht, sollten Sie sich bei Ihrem Kaminkehrer nach den Vorteilen moderner Brennwertkessel erkundigen. Unter Umständen werden Sie feststellen, dass Sie mit weniger als der Hälfte des bisher benötigten Brennstoffs auskommen können – ohne Einbußen beim Komfort!

Mit Gas statt mit Strom kochen Erdgas ist nicht nur billiger als Strom, es produziert auch erheblich weniger CO_2, als bei der Erzeugung der entsprechenden Menge an Elektrizität anfällt. Ist an Ihrem Wohnort der Anschluss an eine Erd-/Stadtgasleitung möglich, sollten Sie den Umstieg auf einen Gasherd in Erwägung ziehen.

Laptop statt PC-Standgerät Laptops benötigen nur ca. ein Achtel der Energie, die ein PC-Standgerät verbraucht. Wenn das Betriebssystem, das Sie benutzen, ohnehin nicht mehr aktuell ist, könnten Sie auch gleich darüber nachdenken, sich ein tragbares Gerät zuzulegen.

Mehr zum *Thema* ...

Was kann ich persönlich zum Klimaschutz beitragen? www.greenpeace.de/themen/klima/klimawandel_aufhalten/

Ist mein Verbrauch normal? Online-Stromcheck: www.ea-nrw.de/haushalt/energiecheck/

Formel zur Berechnung des durchschnittlichen Energieverbrauchs: www.energieverbraucher.de/de/Energiebezug/Strom/Stromsparen/Bewertung-des-Stromverbrauchs__646/ContentDetail__5472/

Zum Klimawandel: www.wwf.at/de/menu164//

Zu *Earth Hour* – die „Stunde der Erde": www.wwf.ch/de/tun/aktivwerden/earth_hour.cfm

---

LEBEN SIE NACHHALTIG?

Der Energieverbrauch in einem Haushalt lässt sich genau beziffern. Jedoch macht er nur einen Teil dessen aus, was tatächlich aufgewendet wird, um unseren Lebensstandard aufrechtzuerhalten. Denn in jeder Mahlzeit, die wir zu uns nehmen, in jedem Stück Kleidung, das wir tragen, und in jedem Konsumgut, das wir kaufen, steckt ebenfalls Energie.

Konsum hat globale Auswirkungen

Erntet man ein Körbchen Erdbeeren frisch vom Feld, verbraucht das weit weniger Energie, als wenn man es per Flugzeug importiert. Im Preis oder der Qualität äußert sich dieser Umstand nicht zwangsläufig – in der CO_2-Bilanz unserer Erde hingegen sehr wohl. Und genau auf diesen globalen Zusammenhang zielt der Begriff der Nachhaltigkeit ab: Wer darauf achtet, nachhaltig erzeugte Produkte zu kaufen, trägt dazu bei, dass die Ressourcen unserer Erde auch danach noch möglichst lange halten.

Wie groß ist Ihr ökologischer Fußabdruck?

Heizbedarf, Stromverbrauch, Verkehrsmittelnutzung, Kaufgewohnheiten – all das fließt in die Energiebilanz unseres Planeten ein. Um eine Vergleichsgröße für die Gesamtheit dieser Faktoren zu erhalten, ersannen Umweltexperten den Begriff des ökologischen Fußabdrucks. Er besagt, wie viele Hektar produktiver Fläche jeder von uns für seine persönliche Lebensführung in Anspruch nimmt (vgl. Kasten unten). Wenn wir davon sprechen, den ökologischen Fußabdruck zu verringern, geht es darum, unser Konsumverhalten so zu ändern, dass wir insgesamt weniger Ressourcen verbrauchen.

Kaufen Sie frische Lebensmittel aus der Region

In vielen Industrienationen verursacht die Ernährung den Hauptanteil an klimarelevanten Emissionen. Lebensmittel werden oft rund um den Erdball transportiert, dazu kommen zweifelhafte Anbaupraktiken in manchen Ländern. Setzen Sie saisonal und regional erzeugte Lebensmittel auf Ihren Speiseplan und verzichten Sie öfter einmal auf Fleisch.

Wissen SPEZIAL

GLOBALER FUSSABDRUCK

Alle zwei Jahre veröffentlicht der *World Wildlife Fund for Nature* den *Living Planet Report*. Diese Studie über den Zustand unseres Planeten untersucht im Detail, welchen ökologischen Fußabdruck die einzelnen Nationen hinterlassen. Statt ca. 1,8 ha Fläche, die jedem Menschen bei gleichmäßiger Aufteilung zur Verfügung stünden, beansprucht unsere Lebenshaltung derzeit eigentlich ca. 2,7 ha pro Kopf. Wir bräuchten demnach 1,5 Erden, um den momentanen Lebensstandard aufrechtzuerhalten. Den größten Flächenbedarf haben u. a. die Arabischen Emirate (10,7 ha), Dänemark (8,2 ha) und die USA (7,8 ha). Deutschland, Österreich und die Schweiz rangieren mit etwas über 5 ha pro Kopf ebenfalls über dem Durchschnitt.

Konsum und Ernährung verursachen fast 75 % Ihres persönlichen ökologischen Fußabdrucks.

Gehen Sie sparsam mit Energie um Wo das Heizen im Winter unerlässlich ist, steht der Energieverbrauch im Haushalt an zweiter Stelle der persönlichen Energiebilanz. Zum Glück können Sie diesen Faktor stärker beeinflussen als andere. Mit jedem Schritt in Richtung verbesserte Energieeffizienz in Ihrem Haushalt wird Ihr Fußabdruck kleiner.

Darf es etwas weniger sein? Natürlich gibt es Güter und Dienstleistungen, auf die man nicht verzichten kann, doch bei Waren wie Schmuck und Handtaschen, Hightech-Spielereien und Sportartikeln handelt es sich in vielen Fällen um überflüssige Einkäufe. In den hoch entwickelten Ländern macht Konsum aus reinem Lustgewinn den drittgrößten Anteil am persönlichen Fußabdruck aus, bei Personen mit überdurchschnittlichem Verdienst steht dieser Posten sogar an zweiter Stelle. Wer hier zu gewissen Einschränkungen bereit ist, tut in jedem Fall etwas Gutes für die Umwelt.

Alleinsein belastet Wer in einem Mehrpersonenhaushalt lebt, hat eine wesentlich bessere Ökobilanz als ein Single. Durchaus logisch, denn wer mit anderen zusammenlebt, teilt mit ihnen die Energie für Heizung und Licht. Auch werden Möbelstücke (Sofa) und Elektrogeräte (Kühlschrank) gemeinsam genutzt: Der Verbrauch pro Person sinkt. Natürlich können Sie über diesen Punkt nicht immer nach Belieben entscheiden, behalten Sie ihn trotzdem im Hinterkopf.

Alternativen zum Auto Auch wenn der Posten Fortbewegungsmittel nicht so stark zu Buche schlägt, wie man vermuten könnte, lohnt es sich durchaus, ihn zu überdenken. Die Entscheidung, ob Sie zu Fuß gehen, Fahrrad fahren, die öffentlichen Verkehrsmittel benutzen oder ins Auto steigen, liegt ja allein bei Ihnen. Es wirkt sich vor allem positiv aus, wenn Sie die Fahrten im Privat-Pkw reduzieren.

Wissen SPEZIAL

KLEIDER MACHEN LEUTE

Wer sein Einkaufsverhalten kritisch überdenken möchte, sollte bei der Kleidung den Anfang machen. Sie macht den größten Einzelposten einer Kategorie aus, die Konsumgüter wie Bücher, Möbelstücke, Körperpflegeprodukte und elektrische Geräte umfasst. Kleine Gebrauchsspuren können ausgebessert, Kleidungsstücke, die nicht mehr ganz modern sind, aufgepeppt werden. Wenn Sie trotzdem etwas „Neues" möchten, schauen Sie doch zuerst in den Second-Hand-Laden: Nicht selten prägt die Mode von vorgestern den „Retro-Stil" von morgen.

Für eine bessere Welt

Beim Vergleich des ökologischen Fußabdrucks aller Länder wird klar, dass die Industrienationen ihren Lebensstil nicht auf Dauer aufrechterhalten können. Würden alle Erdbewohner auf so großem Fuß leben wie wir Westeuropäer (Pro-Kopf-Verbrauch ca. 5,2 ha), bräuchten wir fast drei Erden! Glücklicherweise können Veränderungen zum Positiven auch ohne großen Aufwand verwirklicht werden.

Zehn Wege zu einem kleineren Fußabdruck

1 Essen Sie weniger Fleisch Ersetzen Sie das Fleisch auf Ihrem Speiseplan öfter durch Gemüse. Die Produktion von Nahrungsmitteln macht den Löwenanteil an Ihrer persönlichen Ökobilanz aus, hauptsächlich durch Eingriffe in die Natur, den hohen Futterverbrauch und Ausstoß von Treibhausgasen, die bei der Zucht von Nutzvieh anfallen.

2 Wählen Sie Milchprodukte sorgfältig Auch Milchvieh wird in Massen gehalten. Der Futteranbau verschlingt enorme Flächen. Wer Milchprodukte massenweise (z. B. in Form von Joghurt als Süßigkeitenersatz) konsumiert, ruiniert seine Ökobilanz. Betrachten Sie Milch und Käse stattdessen wie Fleisch als seltene Kostbarkeiten.

3 Lassen Sie Ihr Auto stehen Kurze Wege können Sie zu Fuß oder mit dem Fahrrad zurücklegen, für längere Strecken steigen Sie auf Bahn und Bus um. Die Verringerung des Treibstoffverbrauchs ist einer der einfachsten Wege, wie Sie Ihre Ökobilanz deutlich verbessern.

4 Qualität zahlt sich aus Die Anschaffung von qualitativ hochwertigen und damit länger nutzbaren Waren ist zunächst mit einer gewissen Investition verbunden, die sich aber rasch amortisiert. Und natürlich belasten Sie die Umwelt weniger, als wenn Sie billige Sachen kaufen, die bereits nach kurzer Zeit kaputtgehen.

5 Die Verpackung im Visier Oft steht die Verpackung in keinem Verhältnis zur Ware oder besteht aus schwer wiederverwertbaren Materialien. Damit belastet sie die Umwelt mehr als das eigentliche Produkt. Halten Sie Ausschau nach Waren, die sparsam verpackt sind, deren Verpackung aus wiederverwertbaren Materialien besteht oder die nach Gebrauch recycelt werden kann.

6 Second-Hand ist in Nehmen Sie sich doch einmal die Zeit, in Second-Hand-Läden und auf Flohmärkten nach Kleidung oder Büchern zu stöbern, statt in den Läden großer Handelsketten einzukaufen. Schon bei der Produktion der Rohstoffe wie Baumwolle, Seide, Wolle oder Papier fällt ein hoher Verbrauch von natürlichen Ressourcen an. Hinzu kommen die Umweltbelastung bei der Herstellung sowie der Transport rund um den Globus. Mit der Entscheidung für Second-Hand-Ware entlasten Sie die Umwelt und Ihren Geldbeutel.

7 Alternativen zum Kaufen Es gibt durchaus Alternativen zum Kaufen. Stöbern Sie in der Leihbücherei nach interessanten Büchern oder Gesellschaftsspielen. Und ein neues Kinderspielzeug für Ihre Kleinen finden Sie auch auf einer Tauschbörse. Steht eine größere Anschaffung an, z. B. ein Wohnmobil, können Sie erwägen, Nutzung und Unterhaltskosten mit Gleichgesinnten zu teilen. Wer Dinge ausleiht oder gemeinsam mit anderen nutzt, spart nicht nur Geld, sondern schont auch die Umwelt.

8 Entdecken Sie neue Freizeitvergnügen Natürlich macht Einkaufen Spaß, aber zum Steckenpferd muss es nicht werden. Auch wenn Sie kein sportlicher Typ sind, gibt es Freizeitaktivitäten, die billiger und nachhaltiger sind als die Schnäppchenjagd im Einkaufszentrum: Gehen Sie ins Kino, erleben Sie ein Fußballspiel im Stadion, schlendern Sie durch eine Kunstausstellung, besuchen Sie eine Kleinkunstbühne. Sie hinterlassen dabei einen wesentlich geringeren Fußabdruck als beim Kauf von letztlich unnützen Dingen.

9 Wie wäre es mit Car-Sharing? Wenn Sie sich an einer Car-Sharing-Initiative beteiligen, zahlen Sie viel weniger als für einen Privat-Pkw und beeinflussen zudem Ihren Öko-Fußabdruck sehr positiv. Wenn das für Sie nicht infrage kommt, ziehen Sie wenigstens die Anschaffung eines Hybrid-Autos oder eines verbrauchsarmen Autos der neuesten Generation in Erwägung.

10 Lernen Sie Ihre Region kennen Muss es im nächsten Urlaub unbedingt eine Fernreise sein? Wir leben im Herzen Europas. Innerhalb eines Radius von 200 km finden Sie eine kulturelle und landschaftliche Vielfalt, die weltweit ihresgleichen sucht. Bei Flugreisen fallen große Mengen an Treibhausgasen an. Jeder Flug, den Sie nicht antreten, beeinflusst Ihre persönliche Ökobilanz positiv. Wie wäre es, wenn Sie die Sicherheitschecks am Flughafen diesmal eintauschten gegen das Idyll eines verschlafenen Regionalbahnhofs an einer Nebenstrecke?

Der ökologische Fußabdruck durch Nahrungsmittelverpackungen, die wir wegwerfen, ist in den meisten Fällen größer als der, den unser Individualverkehr verursacht.

Mehr zum *Thema* ...

Hier können Sie Ihren Öko-Fußabdruck online berechnen:
Deutschland: www.gjgt.de/fussabdruck/
Österreich: www.mein-fussabdruck.at/
Schweiz: www.wwf.ch/de/tun/tipps_fur_den_alltag/footprintrechner_klimacheck/

KAPITEL 2

RICHTIG DÄMMEN UND ISO-LIEREN

- Basiswissen Haustypen 28
- Wo Energie entweicht 34
- Fachgerecht dämmen 36
- Lückenlos abdichten 47
- Energiesparfenster 52
- Feuchtigkeit regulieren 58

BASISWISSEN HAUSTYPEN

Wie viel Heizwärme ein Gebäude benötigt und wie viel davon durch schlecht gedämmte Wände verloren geht, hängt von der Bausubstanz ab. Je nach Epoche, aus der ein Haus stammt, kann der Aufwand für effektive Energiesparmaßnahmen ganz erheblich variieren. Hier ein grober Überblick.

Historische Gebäude

Die Sanierung sehr alter Gebäude unter modernen energietechnischen Aspekten nimmt oft Jahre in Anspruch. Original erhaltene, aber bröckelnde Fassaden, marode Fenster und Türen, kaputte Böden, Decken und ein eingefallener Dachstuhl ... Nur ausgebildete Handwerker und Spezialbetriebe sollten sich hier an die Instandsetzung wagen, insbesondere, wenn der alte Bauernhof, die historische Mühle oder dergleichen unter Denkmalschutz stehen.

Fassade Ist die Bausubstanz noch gut erhalten, muss eventuell nur die vorhandene Holzfassade ausgebessert werden. Fingerspitzengefühl braucht es dagegen, um die Fenster und Türen im passenden Stil zu erneuern.

Dachstuhl Müssen Dachbalken erneuert werden, sollte man das Dach vollständig und fachgerecht mit einer Aufsparrendämmung isolieren und neue Dachfenster einbauen.

Heizung und Warmwasser Der alte Ofen in der Wohnstube kann ein Schatz sein, der die Wärmegrundversorgung in der Wohnstube und oft auch in der Küche sichert. Ökologisch wertvoll ist dann eine Ergänzung durch regenerative Energien (Solar/Erdwärme) für Schlafzimmer, Bäder, Kinder- und Gästezimmer mit integrierter Warmwasserbereitung.

MASSNAHMEN

- Maßnahmen zur Dachdämmung, *Seite 42*
- Wände dämmen, *Seite 44*
- Türen abdichten, *Seite 48*
- Fenster abdichten, *Seite 48*
- Bauartbedingte Wärmebrücken, *Seite 50*
- Zum Kamin hinausgeheizt, *Seite 51*

Häuser der Gründerzeit (ca. 1850–1914)

Bis heute sind die stolzen Stadthäuser mit ihrem großzügigen Wohnungsschnitt und den prunkvollen Fassaden sehr begehrt. Doch die Sanierung dieser grundsoliden Gebäude gestaltet sich ebenso aufwändig wie die der ebenfalls um die vergangene Jahrhundertwende an den Rändern der Städte oft hastig hochgezogenen Mietskasernen, die vielerorts nicht abgerissen, sondern ebenfalls renoviert werden. Dabei lassen sich bis zu 85 % der Energiekosten sparen.

Heizöfen In (fast) jedem Zimmer ein Kachelofen – das galt an der Schwelle zum 20. Jahrhundert als echter Luxus. Bewohner der Mietskasernen jener Zeit mussten sich dagegen mit rußenden Öl- und Kohleöfen begnügen. Heute sind die historischen Öfen veraltet und müssen saniert werden. Die effektivste Maßnahme ist ein Austausch der Einzelheizöfen durch eine Zentralheizung. Die damit verbundenen Kosten kann, sofern der Eigentümer die Investition nicht scheut, nur die Hausgemeinschaft stemmen. Mietern oder Besitzern einer Etagenwohnung bleibt nur übrig, die Thermostate mit Bedacht einzustellen oder gegen programmierbare Heizungsventile auszutauschen.

Zentralheizung Noch schlechter ist es um alte Zentralheizungen bestellt, deren Rohre nicht isoliert waren oder die noch mit alten Röhrenheizkörpern arbeiten. Eine Generalsanierung der Heizung und der alten Warmwasserboiler in Bad und Küche und das Umsteigen auf moderne Technik verschlingen in einem solchen Fall zunächst hohe Summen, schenken aber auf Dauer eine enorme Kostenersparnis.

Fenster und Türen Effektiver als die Instandsetzung der alten Rahmen ist das Ersetzen der einfach verglasten Doppelfenster durch moderne Isolierglasfenster.

Balkone Die kleinen Küchenbalkone vieler dieser Häuser stellen unliebsame Wärmebrücken dar. Neue Balkone, die über eine Trägerkonstruktion vor dem Haus angebracht werden, schaffen am wirkungsvollsten Abhilfe.

Eine relativ kostengünstige Sanierungslösung, um die Wärmeverluste eines alten Balkons zu reduzieren, stellt dessen nachträgliche Verglasung dar.

MASSNAHMEN
- **Wände dämmen**, *Seite 44*
- **Was tun bei alten Fenstern**, *Seite 54*
- **Ihre Alternativen – Fensterrahmen**, *Seite 55*

Bauten der 1920er- und 1930er-Jahre

Die heute oft nüchtern wirkenden Bauten der 1920er- und 1930er-Jahre wurden als Siedlungshäuser oder im Bauhausstil errichtet: kleine, aber praktisch geschnittene Wohnungen, dünnere Wände und das Bad in der Wohnung.

Wärmedämmung Wärmeisolierung und Schallschutz fehlen bei den Gebäuden der 20er- und 30er-Jahre. So steht man vor der Aufgabe, die Fassaden zu dämmen, ohne dass der Charakter des Hauses verloren geht.

Innendämmung Wer die Decken zum Keller und zum Dachboden sowie den Dachstuhl dämmt, kann das Haus in eine gute Wärmeschutzhülle einpacken – was zu einer sofortigen deutlichen Minderung der Heizkosten führt.

Heizung und Warmwasser Öl- oder Kohleöfen in jedem Zimmer, Boiler in der Küche und im Bad – das war damals ein Fortschritt. Heute sind die Heizungen veraltet und müssen modernisiert werden. Am sinnvollsten ist es, ein regeneratives Heizsystem einzubauen, etwa eine Wärmepumpe.

Fenster Es erfordert viel Fingerspitzengefühl, die großartig mit der Fassade harmonierenden Sprossenfenster durch modernes, oft sehr viel funktionelleres Material zu ersetzen. Da die alten Roll- und Klappläden nicht mehr richtig funktionieren, muss auch hier ausgetauscht und neu isoliert werden.

MASSNAHMEN

- Maßnahmen zur Dachdämmung, *Seite 42*
- Wände dämmen, *Seite 44*
- Böden und Geschossdecken isolieren, *Seite 46*
- Ihre Alternativen – Fensterrahmen, *Seite 55*
- Basiswissen Fenster (Tabelle), *Seite 55/56*

Häuser und Wohnungen nach 1945

Unmittelbar nach dem Krieg wurden einfache Häuser gebaut. Bausubstanz von geringer Güte, dünne Außenwände, fehlende Isolierung, wenig effiziente Heizungen und schlechter Lärmschutz gehören zu den Nachteilen dieser Gebäude, bei denen durch eine konsequente Sanierung fast ebenso viel Energiekosten eingespart werden können wie bei noch älteren Gebäuden – und das sind fast 85 %.

Fassaden Mit einer Sanierung des feuchten Haussockels, mit einer guten Wärmeisolierung der dünnen Außenwände und eventuell einer zusätzlich vorgehängten Fassade lassen sich deutliche Einsparungen erzielen.

Innendämmung Da Nachkriegshäuser auch innen nicht isoliert wurden, verbessern das Dämmen der Kellerdecke und vor allem die umfassende Sanierung des Dachs die Energiebilanz des Gebäudes enorm.

Fenster Kleine alte Fenster mit Holzrahmen aus Nadelholz sind wahre Energielöcher: Es zieht, und auch durch die alte Einfachverglasung verpufft an kalten Tagen die Wärme. Neue Fenster, fachgerecht eingesetzt und gedämmt, bieten eine um das Vielfache bessere Wärmeisolierung, vor allem, wenn sie zusätzlich mit Rollläden versehen werden.

Heizung und Warmwasser Veraltete Brenner, oft noch Einzelöfen in jedem Zimmer, nicht isolierte Leitungen und Rohre erweisen sich als kostenintensive Energiefresser. Ob der Umstieg auf modernste Heiztechnik mit Wärmepumpen möglich ist, muss im Einzelfall geklärt werden, aber die Erneuerung der Heizanlage in Kombination mit fachgerechter Dämmung birgt enorme Einsparmöglichkeiten.

Balkone In den 50er-Jahren wurden Balkone als vorspringende (auskragende) Betonplatten gebaut, sodass die Wärme ungehindert über den Boden nach außen entweicht, der als Wärmebrücke wirkt. Da die Sanierung schwierig ist, werden die alten Balkone abgeschlagen und eine neue Tragkonstruktion vor die Fassade gebaut.

SPITZEN-SPARER

Der nachträgliche Einbau von **Rollläden** vor alten Fenstern schafft eine isolierende Luftschicht, die den Wärmeverlust durch die Scheiben um bis zu **40 %** reduziert.

MASSNAHMEN
- **Fenster abdichten**, *Seite 48*
- **Bauartbedingte Wärmebrücken**, *Seite 50*
- **Böden und Geschossdecken isolieren**, *Seite 46*

Bauten nach 1960

Der Aufschwung der 60er-Jahre brachte neue Materialien (Beton, Porenbeton), verbesserte Ziegel, Zentralheizung, teilweise Flachdächer, größere Balkone, weite Treppenhäuser und hochwertigere Materialien im Innenausbau. So solide die Bausubstanz – die Energiekrise war noch fern und es wurde kaum Wert auf Wärmedämmung gelegt.

Dämmung Wärmeisolierung durch nachträgliche Dämmung ist die wichtigste Sanierungsmaßnahme. Infrage kommen neben der Dämmung von Keller- und Geschossdecken sowie des Dachstuhls eine zusätzliche Dämmung der Außenmauern sowie eine vorgehängte Fassade, um die heute gesetzlich vorgeschriebenen Werte der Energieeinsparverordnung zu erreichen.

Fenster Größere Fenster und Haustüren sind typisch für den Baustil der 60er- und 70er-Jahre. Die Fensterrahmen, meist aus Holz, sind oft noch gut erhalten, doch ihre Einfachverglasung legt es nahe, moderne Kunststoff- oder Aluminiumfenster einzusetzen.

Heizung und Warmwasser Zwar wurden die Häuser meist mit einer Zentralheizung ausgestattet, die auch für das Erwärmen des Brauchwassers sorgte. Von der Effektivität moderner Brenner- und Heizkörpertechnik sind diese Anlagen jedoch weit entfernt. Besonders viel lässt sich sparen, wenn bei der Erneuerung der Heizanlage regenerative Energien (Solar, Wärmepumpen) im Haus Einzug halten.

SPITZEN-SPARER

Moderne **Thermostate** lassen sich nach den Erfordernissen Ihres Haushalts **programmieren**. Unterschiedliche Heiz- und Absenktemperaturen für jede Tageszeit, die einzelnen Wochentage und sogar für Urlaube und besondere Anlässe sparen bis zu **40 % Heizenergie**.

MASSNAHMEN
- Maßnahmen zur Dachdämmung, *Seite 42*
- Türen abdichten, *Seite 48*
- Fenster abdichten, *Seite 48*
- Bauartbedingte Wärmebrücken, *Seite 50*
- Was tun bei alten Fenstern, *Seite 54*

Fertighäuser und Plattenbauten

Die Möglichkeit, ganze Bauelemente aus Beton industriell vorzufertigen und erst direkt am Bau zu montieren, war die Revolution der 1970er-Jahre. Prestigeobjekte (Olympiastadt/München, neue Kliniken, Schulen und Universitäten) sowie die Plattenbauten im Osten Deutschlands tragen ein unverwechselbares Gesicht, das damals als hochmodern galt. Da ab etwa 1975 immer öfter Dämmmaterial verwendet wurde (1973/73 erste Energiekrise), ist die nachträgliche Isolierung nicht das beherrschende Thema bei einer Renovierung.

Fenster Dem Stil der 70er-Jahre entsprechend wurden große Tür- und Fensterelemente (Thermopen) verbaut. Ersetzen Sie abgenutzte Rahmen durch moderne Elemente mit verbessertem Wärmeisolierglas.

Innenwände dämmen Damals galt Sichtbeton als schick. Wenn Sie heute den grauen Beton an Wänden und Decken verbergen wollen, können Sie Gipskartonwände vorbauen. Sie lassen sich nicht nur leicht verputzen und dekorieren (Farbe oder Tapete), sondern auch dämmen.

Heizung Obwohl die Bauten der 70er-Jahre oft schon mit Zentralheizung ausgestattet waren, fehlt fast immer die Möglichkeit, die Heizung optimal einzustellen. Hier kann mit programmierbaren Thermostaten deutlich gespart werden. Mit einem Brennwertkessel neuester Generation lässt sich der Wirkungsgrad weiter verbessern.

Fertighäuser Besitzer eines Fertighauses können neben der Renovierung von Fenstern und Türen und zusätzlicher Dämmung der Wände ebenfalls an drei Punkten wesentliche Einsparungen erzielen:
- Die Heizung lässt sich in einem Einfamilienhaus leichter auf moderne regenerative Techniken und ein hausinternes Lüftungssystem umstellen als in einem Wohnblock.
- Der Austausch der Fenster und Glastüren dichtet das Haus weiter gegen das Verpuffen von Wärme ab.
- Eine Erneuerung der Dachdämmung (vor allem bei Flachbauten) beseitigt giftiges Bitumen oder Asbest, die damals bedenkenlos verbaut wurden – und stopft ein weiteres großes Energieloch.

MASSNAHMEN
- **Maßnahmen zur Dachdämmung,** *Seite 42*
- **Türen abdichten,** *Seite 48*
- **Fenster abdichten,** *Seite 48*
- **Bauartbedingte Wärmebrücken,** *Seite 50*
- **Was tun bei alten Fenstern,** *Seite 54*

Energiesparhäuser

Kurz vor der Jahrtausendwende entstanden die ersten Energiesparhäuser. Sie kommen, intelligent positioniert, konstruiert und auf höchstem technischem Niveau ausgestattet, mit einem Minimum an Energie aus und nutzen natürliche Energiequellen wie Sonnenlicht und Erdwärme. Diese jetzt etwa 15 Jahre alten Häuser zeigen, dass sich die höheren Baukosten durch die erheblichen Einsparungen von Gebrauchsenergie schon bald ebenso amortisiert haben wie durch die geringen Instandhaltungskosten.

Die meisten Wärmedämmmaßnahmen wirken sich auch positiv auf die Schallschutzeigenschaften der Wände, Türen und Fenster aus, was den Komfort zusätzlich steigert.

Wärmedämmung Ein Energiesparhaus ist nahezu luftdicht geschlossen und perfekt gedämmt. Damit das so bleibt, dürfen in der Fassade keine Sprünge und Risse entstehen, die das darunterliegende Dämmmaterial beeinträchtigen. Hier heißt es: Sofort reagieren und schon kleinste Risse – vor allem um Fenster und Türen herum – ausbessern.

Heizung und Lüftung Das Energiesparhaus wird in der Regel über eine Lüftungsanlage mit Wärmerückgewinnung geheizt, die ihre Energie aus Solarmodulen und/oder aus Erd- bzw. Luftwärme bezieht. Oft ist noch ein Ofen angeschlossen, der mit Holz (Pellets etc.) betrieben wird. Diese hochwertigen Anlagen zeigen auch über die Jahre kaum Verschleiß. Lassen Sie die Anlage regelmäßig prüfen.

Warmwasser Da auch die Warmwassergewinnung über den Wärmetauscher funktioniert und hochwertig ausgeführt ist, reicht ein regelmäßiger Check durch den Experten, um die Funktionsfähigkeit sicherzustellen.

Fenster Hohe und große Fenster mit Dreifach-Wärmeschutzverglasung gehören zur Bauphilosophie des Energiesparhauses. Da diese Fenster schwer sind, können sie sich verziehen, sodass Ritzen entstehen und das Haus nicht mehr 100%ig luftdicht abgeschlossen ist. Solche Mängel müssen sofort nachjustiert werden.

Passivhäuser In diesem hochmodernen Haustyp erreichen energiesparende Bauweise, Fensterverglasung, Wärme- und Luftleitung im Haus sowie die Warmwasserbereitung das höchste technische Niveau. Kleine Verschleißspuren an der Fassade oder an den Fenstern können allerdings genauso auftreten wie bei allen anderen Energiesparhäusern auch. Auch im Passivhaus sollten also alle Wartungsmaßnahmen zuverlässig ausgeführt werden.

MASSNAHMEN

- Maßnahmen zur Dachdämmung, *Seite 42*
- Türen abdichten, *Seite 48*
- Fenster abdichten, *Seite 48*
- Bauartbedingte Wärmebrücken, *Seite 50*
- Was tun bei alten Fenstern, *Seite 54*

WO ENERGIE ENTWEICHT

Auf den vorhergehenden Seiten konnten Sie lesen, dass Energieeinsparungen von bis zu 85 % möglich sind, wenn das Gebäude konsequent in einen wärmenden Mantel gehüllt wird. Generell lässt sich feststellen, dass Fenster, Dach und Außenwände die größten Schwachstellen darstellen.

Energielecks aufspüren

Welche Dämmmaßnahmen man durchführt, hängt von drei Faktoren ab: der Ersparnis, die sie einbringt, dem technischen bzw. handwerklichen Aufwand, mit dem sie verbunden ist, und nicht zuletzt dem Budget, das zur Verfügung steht. Denn was tun, wenn die Dämmung der Außenwände zwar die effektivste Lösung wäre, aber der Kontostand die Material- und Handwerkerkosten nicht abdeckt? Der folgende Überblick hilft Ihnen, Aufwand und Nutzen der einzelnen Maßnahmen besser abzuschätzen.

Zugluft bannen Den Wärmeabfluss durch Ritzen und Spalte zu stoppen ist meist einfach. So hilft bei alten Holzfenstern und -türen schon eine selbstklebende Gummidichtung am Rahmenfalz. Mit einigen Kartuschen Dichtsilikon- bzw -acryl werden Sie auch der Fugen an

Ein moderner **Brennwertkessel** nutzt die Abwärme und bewirkt so eine Energieersparnis von bis zu

35 %

Wärmeverluste

Energetische Schwachstellen
Die Abbildung gibt einen Anhaltspunkt, an welchen Stellen ein Haus ohne Zusatzdämmung durchschnittlich am meisten Energie verliert (Referenz-Baujahr ca. 1985; bei älteren Gebäuden können die Verluste über Dach, Wände und Fenster um bis zu 15 % höher liegen).

HEIZUNG/KAMIN 25–35 %
DACH 20–25 %
FENSTER 20–25 %
AUSSENWÄNDE 20–25 %
ZUGLUFT 10–20 %
BODEN/KELLER 5–10 %

den Wandanschlüssen der Fenster und Türen schnell Herr. So reduzieren Sie den Wärmeverlust um bis zu 20 % – und das für den Gegenwert eines Wochenendausflugs.

Dach Das Dach sollte Ihr Haus nicht nur gegen Regen und Schnee abdichten, sondern auch die kostbare Heizenergie dort halten, wo sie benötigt wird – in den Wohnräumen. Dabei bieten sich Ihnen drei Möglichkeiten: Die Dämmung der obersten Geschossdecke, die Dämmung zwischen den Dachsparren und die deutlich aufwändigere Aufsparrendämmung. Der Effekt der drei Maßnahmen ist vergleichbar: Sie sparen ca. 20 % der Heizkosten, bei Häusern mit Zwischendecken aus Holz sogar über 30 %.

Dämmung der Außenwände Diese ist meist aufwändig und sollte vom Fachmann vorgenommen werden. Die Möglichkeiten reichen vom Aufbringen verschiedener Verbunddämmstoffe bis hin zum Vorhängen einer Schutzfassade. In jedem Fall reduzieren Sie Ihre Heizkosten um bis zu 25 %.

Kellerdecke Auch an dieser Stelle im Haus sind Isoliermaßnahmen relativ kostengünstig und für geübte Heimwerker leicht in Eigenleistung zu bewerkstelligen.

Fenster und Türen nachrüsten Durch alte Fenster mit Einfachverglasung geht bis zu 25 % der Wärme verloren. Lassen Sie sie durch Fenster mit modernem Isolierglas ersetzen. Ist das aus Kostengründen nicht überall am Haus auf einmal möglich, helfen Rollos, dicke Vorhänge oder gut schließende Fensterläden, die Wärme im Haus zu halten.

FACHGERECHT DÄMMEN

Wer dämmt, hat viele Vorteile. Nicht nur der Wohnkomfort steigt, eine gute Isolierung schlägt auch beim Wiederverkauf oder der Vermietung eines Gebäudes auf der Habenseite zu Buche.

Ein Arbeitsschritt – viele Vorteile

Isoliermaterial sorgt nicht nur dafür, dass die Wärme im Winter im Haus bleibt. Man dämmt Häuser auch, damit Wände und Mauern nicht feucht werden, oder zum Schutz vor Lärm. Fachgerecht ausgeführt, steigert eine Dämmung den Wert ganz erheblich. In Deutschland gehört der soge-

WAS HÄLT SIE DAVON AB, ...

mit Ökobaustoffen zu dämmen?

- **KANN ICH MIR NICHT LEISTEN.** Der hohen Nachfrage wegen ist der Preis für Naturdämmstoffe deutlich gesunken. Den geringfügig höheren Kosten steht die deutlich einfachere Verarbeitung entgegen. Und sollte einmal der Rückbau der Dämmung nötig werden, können sie Ökobaustoffe bedenkenlos entsorgen – Mineralwolle nicht.

- **DAS MATERIAL SCHIMMELT LEICHTER.** Diese Aussage lässt sich nur bedingt aufrechterhalten, da z. B. Kokos- und Flachsfasern mikrobiologisch mindestens so resistent sind wie anorganische Produkte. Zudem hängt Schimmelbildung in erster Linie von der Umgebungsfeuchtigkeit und nicht vom Dämmmaterial ab. Ohne funktionierende Dampfsperre ist die Gefahr des Sporenwachstums in jedem Dämmmilieu gegeben.

---

nannte Energiepass inzwischen fest zur Visitenkarte jeder Immobilie. Darüber hinaus haben Dämmmaßnahmen noch einen tieferen Sinn: Sie wirken sich letztendlich auf die Energieversorgung des ganzen Lands aus. Deshalb ist es auch nicht gleichgültig, welches Material Sie verwenden. Das folgende Basiswissen über Dämmmaterial erleichtert es Ihnen, für jeden Zweck die effektivste Dämmung zu finden.

Qualitätsmerkmale von Dämmstoffen

Prinzipiell sollten Sie nur Dämmstoffe wählen, die von der Bauaufsicht zugelassen sind. In Deutschland erkennen Sie solche Produkte an einem großen „Ü" auf der Verpackung. Legen Sie Wert darauf, dass mehr als die Mindestanforderungen der Industrienorm erfüllt sind, sollten Sie nach einem Ökobausiegel wie *natureplus* Ausschau halten. Aber nicht nur die Unbedenklichkeit, auch die Eignung des Baustoffs sollte gewährleistet sein. Den Dämmstoff nach Maß für Ihre Zwecke finden Sie, wenn Sie die folgenden drei Richtwerte beachten:

Der U-Wert (Wärmedurchgangskoeffizient)
Ein Dämmstoff ist umso effektiver, je weniger Wärme er durchlässt. Je geringer die in Watt pro Meter und Kelvin (W/mK) angegebene Wärmeleitfähigkeit (Lambda-Wert) eines Materials, desto besser dessen Dämmeigenschaften. Bezieht man nun noch die Dicke des Materials (z. B. die Stärke einer Wand) in den Kennwert mit ein, erhält man den viel zitierten U-Wert oder Wärmedurchgangskoeffizienten (mit der Einheit W/m²K) einer Konstruktion.

Verbundplatten aus Kork und Kokosfasern bilden eine ideale Kombination aus Wärme- und Trittschalldämmung z. B. für die oberste Geschossdecke.

Diffusionswiderstand (sd-Wert) Trifft Warmluft auf eine kalte Oberfläche (z. B. eine Fensterscheibe), fällt der Wasserdampf als Tau aus. Passiert das innerhalb des Dämmstoffs, kann sich Schimmel bilden. Um das zu verhindern, muss die Dämmschicht auf der (warmen) Innenseite den Durchtritt von Wasserdampf (Diffusion) weitgehend verhindern, während nach außen hin ein gewisser Feuchtigkeitsaustausch dafür sorgt, dass sich keine Nässe staut. Technisch wird dies durch Folien mit unterschiedlichem Diffusionswiderstand erreicht. Je höher der sd-Wert, desto undurchlässiger die Folie. Typische sd-Werte reichen von 1500 m (Dampfsperre) über 300 m (Dampfbremse) bis 0,5 m (diffusionsdurchlässig).

Brennbarkeit Baumaterial muss nicht nur lange haltbar sein – es darf auch nicht brennen! Die sogenannte Baustoffklasse zeigt, wie sich ein Material bei einem Brand verhält: In der Klasse A1/A2 findet man die „nicht brennbaren" Baustoffe, in B1 die „schwer entflammbaren" und in B2 die „normal entflammbaren".

Welches Material verwenden?

Die Produktpalette an Dämmstoffen ist groß. Bei Innenräumen reicht sie von Klemm- über Rollfilze bis hin zu losem Granulat, das eingeschüttet wird. Für Außenfassaden haben sich Platten ebenso bewährt wie komplette Wärmedämm-Verbundsysteme. Welches Material Sie für Ihre Zwecke am besten verwenden, hängt auch davon ab, wie viel Platz Sie haben oder wie feuergefährdet ein Bereich ist. Näheres entnehmen Sie der Tabelle rechts.

IM ÜBERBLICK ▸ Dämmprodukte

Bei Dämmstoffen denkt so mancher zunächst an Styropor. Doch das Isoliermaterial wird aus ganz unterschiedlichen Rohstoffen hergestellt:

Organische Basis Alte und bewährte Dämmstoffe sind u. a. Torf, Kork, Kokosfaser, Holzfaser, Flachs, Hanf, Baumwolle, Schafwolle und Holzwolle. Zellulose wird aus Altpapier hergestellt. Diese Dämmstoffe wachsen nach und zersetzen sich ohne Rückstände. Als Dämmstoffe müssen manche von ihnen behandelt werden – z. B. gegen Ungezieferbefall.

Anorganische natürliche Rohstoffe Altglas, Sand und Kalkstein werden zu Glaswolle, Basalt und Dolomit zu Steinwolle verarbeitet; Blähton ist der Grundstoff für Perlite.

Kunststoff Aus Erdöl wird Polystyrol gewonnen, ein perlenförmiges Granulat, das mit Hilfe von Wasserdampf in verschiedenen Stufen aufgeschäumt wird und sich um das 20- bis 50-Fache des ursprünglichen Volumens aufbläht. Es ist die Grundlage für Styropor und extrudierten Polystyrol-Hartschaum.

DÄMMSTOFFE

Dämmmatten von der Rolle (Rollfilze)

Material	bewährt für	Vorteile	Nachteile	selbst?
Mineralwolle *Oberbegriff für Glaswolle (Fasern aus Altglas, Sand, Kalkstein u. a.) und Steinwolle (Fasern aus Basalt, Magnesium u. a.)*	• Bodendämmung im Dach • Zwischensparrendämmung • unter Holzböden • in Zwischenwänden	• gut zu schneiden und zu verarbeiten • enthält recyceltes Altglas • gute Wärmeschutzeigenschaften (Stadtwohnungen) • Brennbarkeitsklasse A	• kann bei der Installation zu Hautreizungen und Atembeschwerden führen • Schutzkleidung tragen	✔
Mineralwollematten mit Alubeschichtung	• Rohre und Kanäle für Klima- und Lüftungsleitungen	• hervorragender Schutz vor Wärmeverlusten • Brennbarkeitsklasse A	• nur ganz gezielt einsetzbar • teuer	✔
Hanf *aus Hanf gewonnen, mit Maisfasern verstärkt*	• Innendämmung und Fassadendämmung (mit Aluminiumhaltern)	• gut zu verarbeiten • schafft gutes Raumklima • kompostierbar • Einsatz wird gefördert	• Brennbarkeitsklasse B2	✔
Kokos *pflanzliches Material, desinfiziert, gegen Schimmel behandelt (Borsalz) und zu Matten gewebt*	• unter Hartfaserplatten	• nachwachsender Rohstoff • baubiologisch erstklassiger Dämmstoff • gute Hautverträglichkeit	• hohe Brennbarkeit: Brennbarkeitsklasse B2– B3	✔
Holzweichfasermatten *Dämmstoffmatten aus Holzfasern*	• zwischen Geschossen • Dach, Wände, Böden, Decken	• kostengünstig; leicht zu verarbeiten • geben aufgenommene Feuchtigkeit langsam ab (kein Kondenswasser)	• Brennbarkeitsklasse B2	✔
Weitere Naturmaterialien *Schafwolle, Baumwolle, Schilfrohr, Flachs, Stroh, Zellulose, meist als Matten oder Filz*	• Dach, Decke, Fußboden	• nachwachsende Rohstoffe • ökologisch abbaubar	• Schädlingsbefall • brennbar: Brennbarkeitsklasse B2	✔

DÄMMSTOFFE – *FORTSETZUNG*

Klemmfilze, Keile und Platten

Material	bewährt für	Vorteile	Nachteile	selbst?
Mineralwolleplatten *Glas- oder Steinwolleplatten in verschiedenen Größen und Stärken*	• Dachgeschoss; Zwischenwände; Innendämmung der Außenwand; • unter Holzböden • Kellerdecke	• Platten lassen sich zusammendrücken und gut anpassen. • gut zu schneiden • Brennbarkeitsklasse A	• kann zu Hautreizungen und Atembeschwerden führen • Schutzkleidung tragen	✓
Mineralwolledämmkeile *Elastische Keile mit vorgefertigtem Längsschnitt zum leichten Verschieben*	• Zwischensparrendämmung	• gut für Winkel und ungewöhnliche Sparrenabstände • gut zu verarbeiten • Brennbarkeitsklasse A	• kann zu Hautreizungen und Atembeschwerden führen • Schutzkleidung tragen	✓
Polystyrolplatten *Verbackene Schaumstoffkügelchen; besser bekannt als Styropor/EPS*	• Flachdach, Wand, Decken, Keller; ca. 60% Marktanteil	• gut zu verarbeiten • sehr gute Dämmfähigkeit (0,035–0,040 W/mK) • Brennbarkeitsklasse B1	• unverrottbares Material; im Brandfall werden Giftstoffe frei	✓
Extrudierter Polystyrol-Hartschaum *XPS; feinkörniger als Styropor*	• Fassaden; Sockelbereich, Keller	• nimmt kaum Feuchtigkeit auf (gut für Feuchträume) • Brennbarkeitsklasse B1	• Unverrottbares Material; im Brandfall werden Giftstoffe frei	✓
Polyurethan *Schaumstoffplatten, auch als PUR/PIR-Hartschaum bekannt*	• Dach (Auf-, Unter- und Zwischensparren), Wand, Boden und Decke	• luftdicht, formstabil auch bei großem Druck; gut zu verarbeiten; langlebig	• nur zwischen nicht brennbaren Stoffen anzuwenden (Klasse B2)	✓
Kork *Rinde der Korkeichen als Platten*	• Dach; Außendämmung	• nachwachsender Rohstoff; guter Dämmwert • nimmt kaum Feuchtigkeit auf; selten Schädingsbefall	• lange Transportwege (Portugal) • teuer; starker Geruch im Innenraum; Brennbarkeitsklasse B2	✓
Zelluloseplatten	• Zwischen- und Aufsparrendämmung im Steilach • Innenwände, Decken	• Papierrecycling • vollständig abbaubar; preiswert • Brennbarkeitsklasse B1	• anfällig für Nagetiere; saugt sich mit Feuchtigkeit voll	✓

DÄMMSTOFFE – *FORTSETZUNG*

loses Material (Schüttungen)

Material	bewährt für	Vorteile	Nachteile	selbst?
Blähton, Blähperlite *aufgeblähtes Vulkanglas oder Ton; körnige Schüttung*	• Fußböden; Kernschüttung	• nicht brennbar • ungeziefersicher • Brennbarkeitsklasse A–B1	• zum Selbstdämmen nur in Hohlräumen	✔✘
Zellulose *aus Altpapier hergestellte Flocken*	• als Flocken vor allem für Altbaudächer	• Papierrecycling • vollständig abbaubar, preiswert • füllt lückenlos Brennbarkeitsklasse B1	• Einblasdämmung – nur vom Fachmann mit entsprechenden Geräten auszuführen	✘
Sonstige Schüttungen *Korkgranulat oder Flocken aus Hanffaser*	• als Fugenfüller z. B. Dachfenster	• Gute Feuchtigkeitsregulierung; nachwachsender Rohstoff • baubiologisch erstklassiger Dämmstoff; gute Hautverträglichkeit	• intensiver Geruch	✔

Zusatzmaterial

Material	Bewährt für	Vorteile	Nachteile	selbst?
PE-Folien *als Dampfsperre (meist diffusionsoffene Unterspannbahnen) oder Dampfbremse in verschiedener Ausführung*	• Dach; Trennwände	• Schutz vor Feuchtigkeit	• nur im passenden Materialverbund sinnvoll • Vorsicht bei der Montage – Risse etc. können zur Kondenswasserbildung führen	✔
Dichtkleber *dickflüssige Klebemasse in der Kartuschenpresse*	• Anschluss zwischen Dämmmaterial und festen Bauteilen (Fensterrahmen, Sparren, Rohre etc.)	• schließt bei sorgfältigem Auftrag luftdicht ab	• nur im passenden Materialverbund sinnvoll	✔
Klebebänder *Spezial-Klebebänder für Dämmsysteme mit Folien*	• verbinden Dampfsperren und -bremsen	• luftdicht	• nur im passenden Materialverbund sinnvoll	✔

Maßnahmen zur Dachdämmung

Ein perfekt gedämmtes Dach reduziert Ihre Heizkosten ganz erheblich – bei einigen Haustypen um bis zu 35 %. Je nach Zustand des Dachs und geplanter Nutzung des Dachgeschosses bieten sich verschiedene Möglichkeiten. Bei einem intakten (also ansonsten dichten) Dach ist die Dämmung zwischen den Dachsparren meist der günstigste Weg zu einem gut isolierten Dachraum. Muss die Dachdeckung hingegen ohnehin erneuert werden, lohnt es sich, das Dach bei dieser Gelegenheit von außen vollflächig mit einem Dämmsystem zu isolieren.

Wissen SPEZIAL: ENERGIESPARGESETZE

2002 verabschiedeten die EU-Mitgliedstaaten eine Richtline zur Verringerung des Energiebedarfs von Gebäuden. Generell gilt: Wer neu baut oder durch Umbaumaßnahmen Wohn- und Nutzflächen schafft, muss – national oder regional festgelegte – Mindestdämmwerte einhalten. Was die Sanierungspflicht betrifft, legen die Länder unterschiedliches Tempo vor: Deutschland geht mit strengem Beispiel voran und schreibt seit Ende 2011 die Dämmung der obersten Geschossdecke vor. Noch ausgenommen sind Ein- und Zweifamilienhäuser, die seit 2002 selbst bewohnt werden. Wer freiwillig die maximal erreichbaren Dämmwerte anstrebt, kann Zuschüsse und Kredite in Anspruch nehmen.

Nicht ausgebautes Dach Am einfachsten ist das Dämmen, wenn das Dachgeschoss nicht bewohnt ist und nicht begangen wird. Dann reicht es, wenn Sie auf dem Speicherboden Dämmstoffbahnen auslegen – rutschfest und fugendicht verlegt. Diese Maßnahme ist kostengünstig, auch für Ungeübte leicht zu bewerkstelligen und schnell erledigt. Für unausgebaute Dachräume, die begehbar bleiben sollen, eignen sich druckfeste Dämmplatten, auf die ein begehbarer Belag aus Gipsfaser- oder Holzspanplatten gelegt wird.

Aufsparrendämmung Wer das Dachgeschoss als Atelier oder Wohnraum nutzen möchte, dem ist wenig damit geholfen, den Boden mit Dämmmatten auszulegen. Um die Wärme im Dachraum zu halten, muss die Dachschräge isoliert werden. Allerdings stellen die Dachsparren hierbei eine Schwachstelle dar, denn durch sie entweicht mehr Wärme als durch das Dämmmaterial dazwischen (vgl. Dämmung zwischen den Sparren). Die bessere Lösung für ein bewohnbares Dachgeschoss ist daher die große

Sanierung. Dabei wird das Dach bis auf den Dachstuhl abgedeckt und mit einem auf den Balken befestigten, mehrschichtigen Dämmsystem neu aufgebaut. Die erste Komponente auf den Sparren ist eine wasserdichte Kunststofffolie, die als Dampfbremse wirkt, aber ein gewisses Maß an Feuchtigkeitsaustausch (Diffusion) zulässt. Darauf wird eine ca. 20 cm dicke Dämmschicht, z. B. aus Mineralwolle oder Polyurethanplatten, angebracht. Diese Schicht wird wiederum geschützt z. B. durch eine Bitumenbahn. Auf der darübergelegten Lattung findet zum Schluss die neue Eindeckung ihren Platz. Wurde das Dach bereits zwischen den Sparren gedämmt, besteht die Möglichkeit, außen mit einer wesentlich dünneren Schicht zu dämmen. Bei dieser sogenannten Kombinationsmethode hat sich wenig Zentimeter dickes Mineralvlies bewährt.

Dämmung zwischen den Sparren Sind die Dachbalken (Sparren) von innen zugänglich, steht einer nachträglichen Wärmedämmung nichts im Weg. Diese Maßnahme kann man ohne großes Fachwissen selbst ausführen. Sie haben die Wahl zwischen Dämmmatten, die zwischen die Sparren geklemmt werden, oder einer Einblasdämmung. Achten Sie in jedem Fall auf ausreichende Hinterlüftung nach außen hin und eine intakte Dampfsperre an der Innenseite. Reicht die Gefachtiefe zwischen den Balken nicht aus, um eine den gesetzlichen Richtlinien entsprechende Dämmschicht einzubringen, versehen Sie die Sparren mit einer Konterlattung, die eine weitere Dämmschicht trägt.

Die Kosten für das Einbringen einer Zwischensparrendämmung unter dem Dach haben sich bereits nach sechs Jahren vollständig amortisiert.

WOHER WEISS ICH, ▶ welche Dämmmethode ich wähle?

- ☐ Die Art der Dämmung richtet sich danach, wie der Raum unter dem Dach genutzt werden soll: als Stauraum (begehbare Dämmung der obersten Geschossdecke), als Atelier (Zwischensparrendämmung) oder als Wohung mit Bad und Küche (Aufsparrendämmung).
- ☐ Prüfen Sie: Ist das Dach in gutem Zustand oder zeigt die Eindeckung Schäden? Wenn es neu eingedeckt werden muss, empfiehlt sich in jedem Fall die Komplettsanierung mit Aufsparrendämmung.
- ☐ Sind Ihre Sparren tief genug? Klemmfilze für die Zwischensparrendämmung sind bis zu 35 cm dick. Müssten die Sparren sehr stark aufgerüstet werden, lassen Sie sich vom Fachmann beraten.

Klemmfilze für die Dämmung zwischen den Sparren (oben) und Dämmplatten zur Aufsparrendämmung (unten)

- Messen Sie die Kammern zwischen den Balken exakt aus und schneiden Sie die Platten auf das erforderliche Maß zu.
- Ist der Sparrenabstand gleichmäßig, stellen Klemmfilze aus Mineralwolle das ideale Dämmmaterial dar.
- Bei unregelmäßigen Kammern greifen Sie auf Dämmmatten von der Rolle zurück, die Sie zurechtschneiden.
- Haben Sie keine Hilfe beim Dämmen, arbeiten Sie am besten mit handlichen Filzen in Keilform (Dämmkeile).
- Anschließend bahnenweise eine Dampfsperrfolie bzw. Dampfbremse (sd-Wert laut Herstellerangabe) anbringen.
- Mit Gipskartonplatten wird die Innenwand perfekt. Sie können sie nach Belieben streichen oder tapezieren.

Wände dämmen

Wände sind komplexe Systeme. Außenmauern werden aus unterschiedlichen Ziegeln oder aus Kalksandstein, Beton, Porenbeton oder Leichtbeton gebaut. Jedes Grundmaterial zeichnet sich durch eine bestimmte Wärmeleitfähigkeit und einen typischen Diffusionswiderstand (sd-Wert) aus. Zusätzlich werden die Eigenschaften einer Mauer durch Mörtel und Putz beeinflusst. Das Zusammenspiel dieser drei Baumaterialien macht die Wand aus und gibt die Anforderungen an eine zusätzliche Wärmedämmung vor.

Tragende Innenwände isolieren Im Allgemeinen werden tragende Innenwände nicht wärmegedämmt, da deren Wärmeleitfähigkeit für Innenräume ausreicht. Allerdings lässt sich mit einer vorgebauten Wand in Trockenbauweise der Schallschutz verbessern.

Trockenbauwände isolieren Sind die Innenwände nicht tragend, sondern in Leichtbauweise mit Holz- oder Metallständern gebaut, gibt es zwei Möglichkeiten der zusätzlichen Wärmeisolierung: Sie können eine zweite Leichtbauwand so aufstellen, dass ein Abstand zwischen den beiden Wänden besteht, und diesen mit Dämmmaterial füllen. Oder Sie kleben eine Schicht diffusionsoffenes Styropor, das auch Schläge oder Stöße aushält, an die Wand.

Wärmedämmung von Außenwänden In den verschiedenen Landschaften zwischen Alpen und Nordsee entstanden im Lauf der Jahre so unterschiedliche Hausformen, dass die Auswahl des passenden Dämmmaterials und Dämmsystems für die Außenwände eine Wissenschaft für sich ist. Das Prinzip an sich ist einfach – der Teufel steckt jedoch im Detail, weswegen man unbedingt die Hilfe eines Fachmanns (Energieberaters) in Anspruch nehmen sollte.

- Die wirksamste Methode ist ein Wärmedämmverbundsystem (WDVS), das aus einer Dämmung sowie einer Putzschicht besteht, die außen auf die vorbereitete einschalige Außenwand aufgebracht werden. Wichtig: Keine Lücken in der neuen Außenhaut einbauen, denn so entstehen Wärmebrücken, über die sich die Wärme wie eh und je in die Umgebung verflüchtigt.

- Werden einfache Platten aus Hartschaum verwendet, schwankt die Dicke je nach der vorhandenen Bausubstanz zwischen 12 und 30 cm. Bei dicken Dämmplatten müssen anschließend die Fenster nach außen gesetzt und/oder den Dachüberstand angepasst werden, damit das Haus wieder einen harmonischen Eindruck macht. Dünner sind Korkplatten, aber sie können nur verwendet werden, wenn die ursprüngliche Wand ihren Einsatz zulässt. Ob bei der Verarbeitung des Wärmedämmverbundsystems Dampfsperren oder -bremsen verwendet werden, hängt ebenfalls von der Bausubstanz ab.

- Mit nur 3 cm statt 30 cm Dicke (bei gleichem Dämmeffekt) kommen moderne Vakuum-Isolationspaneele für die Außendämmung aus – allerdings zu einem erheblich höheren Anschaffungspreis.

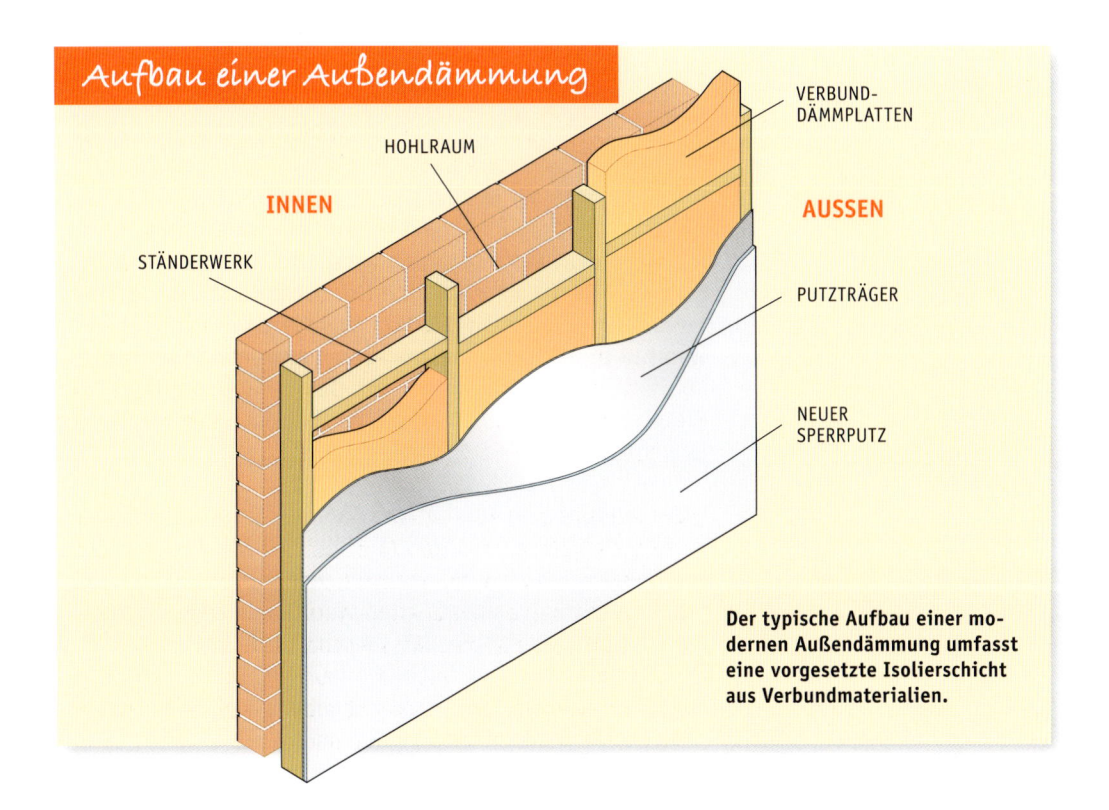

Aufbau einer Außendämmung

- INNEN
- AUSSEN
- HOHLRAUM
- STÄNDERWERK
- VERBUND-DÄMMPLATTEN
- PUTZTRÄGER
- NEUER SPERRPUTZ

Der typische Aufbau einer modernen Außendämmung umfasst eine vorgesetzte Isolierschicht aus Verbundmaterialien.

- Eine altbewährte Methode der Wärmedämmung sind Vorhangfassaden. Dabei werden Paneele aus Kunststoff, Holz oder Keramik zusätzlich über einer bereits gedämmten Wand angebracht. Eine hervorragende Hinterlüftung und sicherer Wetterschutz sind weitere Vorteile dieser Maßnahme, die allerdings auch ihren Preis hat.

- Zweischaliges Mauerwerk lässt sich besonders leicht dämmen. Seine Dämmeigenschaft ist bauartbedingt an sich bereits besser als bei massiven Mauern. Das Einschütten von Dämmmaterial (z. B. Einbblasdämmung) in den luftgefüllten Hohlraum zwischen Hausmauer und vorgesetzter zweiter Schale ist leicht zu bewerkstelligen und sehr effizient.

Außenwände von innen isolieren Nicht immer erlaubt die bauliche Situation ein Dämmen der Wände von außen – etwa, weil die Fassade unter Denkmalschutz steht. In solchen Fällen muss von innen isoliert werden. Der Nachteil: Die Dämmschicht macht beengte Innenräume noch kleiner. Zudem besteht bei unsachgemäßer Anbringung der Innendämmung die Gefahr, dass sich in Ecken, Fensternischen und bei Balkonen Nässe staut und zur Schimmelbildung führt. Ziehen Sie deshalb in der Planungsphase einen Fachmann hinzu, der entscheidet, ob ein Verbundsystem, eine Dämmung mit diffusionsoffenen Dämmplatten oder eine vorgesetzte Leichtbauwand die beste Lösung wäre.

Fußböden dämmen

Fußkalte Böden sind häufig ein Zeichen dafür, dass die darunterliegenden Decken unzureichend oder gar nicht isoliert sind. Eine Dämmung solcher Schwachstellen steigert nicht nur den Wohlfühlfaktor, sondern macht sich auch in einem bis zu 10 % niedrigeren Energieverbrauch bemerkbar.

Dämmung auf dem Fußboden In älteren Häusern liegt der Bodenbelag häufig direkt auf dem Estrich. Ist der Altbelag erst entfernt, sind solche Fußböden dank moderner Dämmstoffe einfach und wirksam zu isolieren.

- Bei Betondecken kann man auf den alten Estrich stark verdichtete Platten aus Mineralwolle oder Naturmaterial legen und darauf den Estrich nass verstreichen bzw. Holzspan- oder Gipsfaserplatten verlegen (Trockenestrich). Vorsicht beim Estrich: Er darf nicht mit dem aufgehenden Mauerwerk (Wände) verbunden sein, sonst überträgt sich der Schall! Ist der neue Estrich begehbar, wird darauf der neue Bodenbelag verlegt.

• Holzböden sind aufwendiger zu dämmen: Nach Entfernung des Altbelags dämmt man zunächst die Räume zwischen den Holzbalken. Wird eine lose Schüttung als Dämmmaterial verwendet, folgt darüber ein Rieselschutz. Bei Dämmmatten kommt eine Spanplatte über die Balken, auf der begehbare Trittschalldämmplatten (Mineralwolle oder anderes Material) verlegt werden. Den Abschluss bildet ein „schwimmender Estrich" auf einer Dämmschicht bzw. der neue Bodenbelag.

Kellerdecke dämmen Vorausgesetzt, die Kellerdecke ist trocken und tragfähig, lassen sich Fußböden im Erdgeschoss gut von der Kellerseite aus dämmen. Die Dämmplatten werden einfach von unten an die Decke gedübelt oder geklebt. Stahlträger, feuchte Stellen und Rohre sollten jedoch gesondert behandelt werden – am besten einen Fachmann hinzuziehen.

Mehr zum *Thema* ...

Onlineberechnung Ihrer Wärmedämmung: www.u-wert.net/
Dämmlösungen im Überblick: www.bauen.de/ratgeber/ausbau-renovierung/daemmung/
Dämmung im Energiesparhaus: www.energiesparhaus.at/gebaeudehuelle/daemmstoffe.htm/
Kosteneffizienzanalyse (Schweiz): www.jetzt-daemmen.ch/evalo/

LÜCKENLOS ABDICHTEN

Selbst das effizienteste Bau- und Dämmmaterial ist ohne Wirkung, wenn die unter hohem Energieaufwand erwärmte Luft durch undichte Stellen nach draußen entweicht. Nicht nur bei Türen und Fenstern älterer Bauart können sich die Wärmeverluste durch Fugen und Ritzen auf bis zu 20 % belaufen.

Undichte Stellen aufspüren

Stellen, an denen der Wind an stürmischen Tagen regelrecht durch die Ritzen pfeift, oder Fugen, die so breit sind, dass die nächtliche Beleuchtung Lichtstrahlen nach außen wirft, sind schnell erkannt. Doch um auch die vielen verborgenen Ritzen in der Gebäudehülle aufzuspüren, sollten Sie sich nicht alleine auf Ihre unmittelbare Wahrnehmung verlassen.

Wenn es durch alte Fenster oder Türen zieht, ist die Ursache häufiger an den Anschlüssen der Rahmen zur Mauer hin zu finden als an der Schließkonstruktion selbst.

Zur Veranschaulichung können Sie sich vorstellen, dass alle Fugen eines Altbaus aneinandergereiht ein ca. 1,50 m² großes Loch in der Wand ergeben würden.

Traditionelle Methoden Wer sich nicht auf Gehör und Gänsehaut verlassen möchte, kann auf eine Daune, eine Kerze oder ein Räucherstäbchen als altbewährte Messinstrumente für Zugluft zurückgreifen (vgl. Kasten unten).

Differenzdruckmessung Auch wissenschaftlich lässt sich der Luftzug erfassen: Luftwechselrate lautet der Fachbegriff für die Dichtigkeit der Gebäudehülle. Sie gibt an, wie oft pro Stunde die gesamte Luft gegen frische Außenluft ausgetauscht würde, wenn ein Wind der Stärke 5 (ein Druck von 50 Pascal) um das Haus wehen würde. Simuliert wird dieser Zustand mithilfe eines großen Ventilators, der an einer Tür- oder Fensteröffnung angesetzt wird. Aus dem Druckunterschied, den dieses Türgebläse (daher der Ausdruck Blower-Door-Test) zwischen außen und innen erzeugt, ermittelt ein Computer die Luftwechselrate. Bei Altbauten liegt diese zwischen vier und zwölf (!) Luftwechseln pro Stunde, bei Passivhäusern gilt ein Wert von 0,6 als Norm.

WOHER WEISS ICH, ▸ durch welche Ritzen es zieht?

Mit einer an eine Schnur gebundenen Daune, einer brennenden Kerze oder einem Räucherstäbchen ist das leicht festzustellen. Führen Sie Ihr „Messinstrument" langsam an allen verdächtigen Stellen (rund um Fenster- und Türrahmen, unter Fenstersimsen, an Schlüssellöchern und Briefschlitzen) entlang. Bewegt sich die Feder, flackert die Flamme oder wird die Rauchsäule verwirbelt, sind Sie fündig geworden. Achtung: Halten Sie die Flamme stets fern von brennbaren Materialien wie Vorhängen.

Türen und Fenster abdichten

Fugen an den Schließkanten Um Wärmeverluste zu minimieren, sind Fenster und Außentüren rundum mit Schließfalzen versehen – jene Stege, mit denen Fensterflügel bzw. Türblatt am Rahmen anschlagen. Während neuere Modelle an dieser Stelle mit Gummidichtungen ausgestattet sind, setzte man bei alten Holzfenstern und -türen auf die passgenaue Abrichtung der Kanten. Verzieht sich die Konstruktion im Lauf der Jahre, hat die Zugluft freie Bahn. Abhilfe schaffen selbstklebende Dichtbänder aus Schaum- oder Moosgummi, die in unterschiedlichen Breiten, Stärken und Profilen im Handel sind. Abgenutzte Profilgummis ersetzen Sie am besten durch Originalware.

IM ÜBERBLICK ▶ Dichtungsmaterialien

Fugenfüller Die Anschlussfugen von Tür- und Fensterrahmen zur Mauer sollten mit dauerelastischem, wasserdichtem Material abgedichtet werden. Geeignete Produkte auf Silikon- oder Acrylbasis sind als Spachtelmasse oder in Auspresskartuschen auf dem Markt. Auch mit Bau- oder Montageschaum erzielen Sie zufriedenstellende Ergebnisse. Achten Sie auf Eigenschaften wie UV-Beständigkeit und Überstreichbarkeit. Für breite Fugen empfiehlt sich das Einbringen einer Gummidichtschnur vor dem Verfüllen.

Klebedichtungen Gilt es, Spalte und Ritzen an Tür- und Fensterfalzen ohne großen handwerklichen Aufwand wirkungsvoll zu verschließen, sind selbstklebende Gummidichtbänder von der Rolle eine gute Wahl. Die Vielfalt der im Handel angebotenen Produkte reicht von einfachen Schaumgummistreifen bis hin zu Gummiprofilen mit wärmeisolierenden Luftkammern. Neben der auf Ihre Belange zugeschnittenen Fugenbreite (sie ist auf der Packung angegeben) sollten Sie auch die teilweise erheblichen Preisunterschiede beachten.

Dichtprofile Effektiver, aber auch teurer als Klebedichtbänder sind Dichtprofile, die in eine im Rahmenfalz vorhandene oder nachträglich eingefräste Nut eingepasst werden. Die Gummimischungen dieser professionellen Dichtungen sind äußerst robust und behalten ihre hohe Flexibilität über viele Jahre. Die erhältlichen Querschnitte reichen von Hohlkammer- über Lamellen- bis hin zu Lippenprofilen. Das Eindrücken in die Nut erfordert etwas Übung. Damit wird das Dichtprofil jedoch dauerhaft und fest im Rahmen verankert.

Dichtschienen Um die Unterkante des Türblatts gegen Zugluft abzudichten, werden Dichtschienen eingesetzt. Hierbei handelt es sich um Profilleisten (aus Aluminium oder Kunststoff), die mit einer Bürste oder einem Dichtprofil versehen sind. Sie werden meist auf der Seite, zu der hin sich die Tür öffnet, angeschraubt. Die professionellste Lösung stellen Dichtschienen mit automatischer Absenkung dar: Eine Mechanik ähnlich einem Schlossschnapper drückt das Dichtprofil nur auf den Boden, wenn die Tür geschlossen ist.

Türschwellen und Bodendichtungen An der Unterkante der Tür ist der Spalt konstruktionsbedingt (die Tür darf nicht schleifen) am größten. Mit einer geeigneten Dichtschiene (siehe Kasten oben) sperren Sie die Zugluft aus. Alternativ hilft eine vorgesetzte Türschwelle, die Sie an der Anschlagkante mit einem Dichtgummi versehen.

Lose Scharniere und Bänder führen dazu, dass Tür oder Fenster im geschlossenen Zustand nicht mehr fest gegen den Rahmen gedrückt werden. Häufig schafft bereits das Anziehen der losen Beschläge Abhilfe.

Fugen in den Maueranschlüssen von Tür- oder Fensterrahmen lassen Wärme oft unbemerkt ins Freie entweichen. Verfüllen Sie die Anschlussfugen zwischen Rahmen und Wand rundum luftdicht mit einem dauerelastischen Dichtstoff (siehe Kasten oben).

Werden eklatante Wärmebrücken nicht beseitigt, bleiben weitergehende Energiesparmaßnahmen wie der Einbau von Isolierglasfenstern wirkungslos.

Bauartbedingte Wärmebrücken

Selbst wenn alle Ritzen luftdicht verschlossen sind, kann die Gebäudehülle Schwachstellen aufweisen, an denen die Wärme so leicht nach draußen dringt, dass der Dämmwert, den eine Wand oder ein anderes Bauteil (Tür, Fenster) normalerweise erreichen würde, nicht mehr maßgeblich ist. Solche Stellen werden als Wärmebrücken bezeichnet. Typischerweise treten sie in folgenden Bereichen auf:

- an Rollladenkästen
- an Leitungsdurchführungen und Mauerdurchbrüchen
- an Tür- und Fensterlaibungen (Mauerstürze)
- an Heizkörpernischen und Heizkörperbefestigungen
- an Grundplatte und Tragkonstruktion von Balkonen
- an ungedämmten Stahlbetonbauteilen und Stahlträgern
- an Decken- und Wandanschlüssen sowie Mauersohlen

Da an Wärmebrücken auch Kälte nach innen dringt, sind Dämmmaßnahmen schon deshalb dringend geboten, damit an den kalten Stellen keine Kondenswasserflecken entstehen, die wiederum Schimmelwachstum begünstigen.

Sofortmaßnahmen und Sanierungsfälle

Ist eine Wärmebrücke durch die Baukonstruktion bedingt (das trifft auf die drei letztgenannten Schwachstellen zu), bleibt nur die grundlegende Sanierung durch einen Fachbetrieb. In anderen Fällen können Sie die Wärmeverluste durch Sofortmaßnahmen zumindest erheblich reduzieren.

Rollladenkästen bieten zwar nur wenig Platz für eine nachträglich eingebrachte Dämmschicht, doch moderne Hartschaumprodukte erzielen bereits bei einer Schichtdicke von 1 cm eine 30%ige Verbesserung (50% bei 2 cm).

Rund um Mauerdurchbrüche wie z. B. Abluftöffnungen schaffen Verkleidungen aus Faserplatten, die mit Mineralwolle ausgepolstert werden, Abhilfe gegen Wärmebrücken.

An Tür- und Fensterlaibungen kann sich die Kälte einen Weg nach innen bahnen, weil die Dämmung häufig nur vor der Wand angebracht wurde. Verkleiden Sie die Tür- bzw. Fensterstürze mit überputzbaren Dämmplatten.

Heizkörpernischen werden bei der Innendämmung häufig vergessen. Passen Sie nachträglich Isolier- oder Faserplatten in die Wandaussparung des Heizkörpers ein.

Zum Kamin hinausgeheizt

Nach Feierabend entspannt die Füße vor dem Kaminfeuer ausstrecken – das war in den 1970er- und 1980er-Jahren der Inbegriff von Gemütlichkeit. Dass ein offener Kamin aus energietechnischer Sicht eine gigantische Heißluftschleuder darstellt, spielte zu jener Zeit keine Rolle. Inzwischen ist man sich des mäßigen Wirkungsgrads des guten alten Kaminfeuers bewusst und sucht nach Lösungen, die Wärmeverluste über den Schornstein zu begrenzen.

Eine Heiz- oder Kaminkassette verwandelt Ihren offenen Kamin in eine geschlossene Feuerstätte. Diese Einsätze werden aus Eisen, Stahl und hitzebeständigem Glas passgenau angefertigt. Der Aufwand eines Umbaus hält sich also in Grenzen, ohne dass Sie auf den Anblick der züngelnden Flammen verzichten müssten. Kaminkassetten verbessern die Heizleistung eines offenen Kamins, die bei 10 % bis 20 % liegt, auf mindestens 70 % und erlauben das Verbrennen von Holz in jeder Form. Der Kamineinsatz saugt im unteren Bereich frische Luft ein. Diese wird erwärmt und anschließend im oberen Bereich wieder in den Raum ausgeblasen. Mit einer Kaminkassette ist auch das Problem der Zugluft behoben – bzw. das Problem, dass Wärme unkontrolliert über den Schornstein entweicht.

Den Kaminzug dämmen Rauchfang und Schornstein eines traditionellen offenen Kamins sind für den Durchsatz großer Heißluftmengen ausgelegt, was im Zuge der verbesserten Energieeffizienz eines Gebäudes zu Problemen führt. Denn durch die lückenlos abgedichtete Außenhülle des Hauses strömt nun deutlich weniger Luft nach. Darüber hinaus geht eine effektivere Verbrennung (z. B. im Kamineinsatz) mit weniger und kühleren Abgasen einher. Um sicherzustellen, dass der Kamin weiterhin gut zieht und der Schornstein im oberen Bereich nicht verrußt, müssen sämtliche Wände des Kaminzugs lückenlos gedämmt werden.

Möchten Sie auf die gelegentliche Nutzung Ihres offenen Kamins nicht verzichten, ist die beste Lösung eine abnehmbare, dicht schließende Platte vor der Kaminöffnung. Ohne diese bleibt Ihnen nur der Verschluss des Kaminzugs am Kaminschieber – einer schwenkbaren Platte oder Klappe, die über einen Griff an der Wand oder einen Hebel im Feuerraum bedient wird. Allerdings dichtet der Schieber den Rauchzug nur selten zuverlässig gegen Wärmeverluste ab. Etwas bessere Ergebnisse erzielen Sie mit einer Klappe, die wie ein Deckel auf dem Schornstein sitzt.

ENERGIESPARFENSTER

Im Grunde genommen ist eine Fensteröffnung – der Rohbau zeigt es deutlich – nichts weiter als ein Loch in der Gebäudehülle, durch das Licht ungehindert ins Innere dringen kann. Soll dieser Zustand nach dem Einsetzen der Fenster nicht in umgekehrtem Sinne auf die Wärme zutreffen, müssen Verglasung und Rahmen hohen Anforderungen genügen.

Voller Durchblick bei Isolierglas

Auch wenn es schwerfällt, die Wärmeverluste von Fenstern in absolute Zahlen zu fassen, mag folgende Gegenüberstellung verdeutlichen, weshalb sie zu den größten energetischen Schwachstellen jedes Gebäudes zählen: Schon eine nackte Außenwand hat eine fünfmal bessere Dämmwirkung als eine einfache Glasscheibe. Das liegt an der guten Wärmeleitfähigkeit von Glas, welche man sich im Fall eines Cerankochfelds zunutze machen, aber im Zusammenhang mit dem Thema Dämmung nicht gebrauchen kann. Ohne die sinnvolle Anordnung mehrerer Scheiben in einer möglichst dichten Rahmenkonstruktion wäre jeder Versuch, eine Wand mit einem Fenster zu dämmen, zum Scheitern verurteilt. Dabei hängt der Gesamtdämmwert eines Fensters vom Aufbau seiner Einzelkomponenten ab.

> Selbst bei optimal wärmegedämmter Ausführung als Dreifachverglasung entweicht durch ein Fenster noch mehr als doppelt so viel Energie wie durch eine gut isolierte Außenwand.

Die Fensterverglasung

Da der verglaste Teil die Hauptfläche eines Fensters ausmacht, spielt er auch bei der Dämmung die Hauptrolle. Da man erkannte, dass zwei hintereinander angeordnete Scheiben besser isolieren als eine einzelne, ging man gegen Ende des 19. Jahrhunderts dazu über, Doppelfenster mit separaten Fensterflügeln einzubauen. In der Variante, die beiden Scheiben in einen gemeinsamen, zu Reinigungszwecken aufklappbaren Rahmen einzusetzen, wurde es zum Vorläufer heutiger moderner Isolierglasfenster. Doch erst die Idee, den Raum zwischen den Scheiben abzudichten und mit Gas zu befüllen, verbesserte den Dämmwert von Verglasungen auf ein mit dem einer Außenmauer vergleichbares Niveau.

Der Aufbau von Isolierverglasungen Wie niedrig der Wärmedurchgangswert einer Mehrfachverglasung ist, hängt davon ab, welche Materialien für die Dichtung, für die Distanzstücke zwischen den Scheiben und zur Befüllung des

Zwischenraums verwendet werden. Luft isoliert schlechter als die Edelgase Argon und Krypton, Abstandhalter aus Aluminium leiten Wärme besser als solche aus Kunststoff oder Silikonschaum. Der Abstand der Scheiben spielt ebenso eine Rolle wie deren Anzahl. Einen Überblick über die unterschiedlichen Arten der Verglasung verschaffen die Tabellen auf den Seiten 56/57.

Der U-Wert der Verglasung Da es so viele unterschiedliche Faktoren sind, die bei der Wärmedurchlässigkeit der Verglasung eine Rolle spielen, variiert der U-Wert von Isolierglas zwischen 0,5 W/m²K bei kryptonbefüllten Dreifachverglasungen modernster Bauart und 3 W/m²K bei den luftbefüllten Thermofensterscheiben der ersten Generation. Wenn Sie also im Begriff stehen, Ihre alten Doppelfenster durch moderneres Material ersetzen zu lassen, schenken Sie dem U-Wert besondere Aufmerksamkeit – er sollte unbedingt unter 1,3 W/m²K liegen.

Der „Solareffekt" (g-Wert) Ein weiterer Kennwert für die Güte von Isolierglas betrifft dessen Durchlässigkeit für Sonnenlicht. Denn je mehr Strahlungsenergie die Scheibe durchlässt, desto stärker trägt diese zum Aufheizen der Innenräume bei – ein Effekt, der die Energiebilanz Ihres Hauses im Winter merklich verbessert. Als Maß dient der sogenannte g-Wert der Scheibe. Theoretisch reicht er von 0 (Energie wird komplett reflektiert) bis 1 (die Sonnenstrahlung wird vollständig durchgelassen). Er lässt sich durch Beschichtung der Scheiben beeinflussen (mehr dazu auf Seite 54). Wer in der Praxis nach einer energieeffizienten Lösung sucht, sollte darauf achten, dass der g-Wert nicht unter 0,6 liegt. Ein eventuell unerwünschtes Aufheizen der Räume im Sommer lässt sich durch geeignete Maßnahmen wie das Anbringen von Vorhängen erzielen.

Der Aufbau des Rahmens

Die beste Dreifachisolierglasscheibe nutzt wenig, wenn der Rahmen, in dem sie sitzt, deutlich schlechtere Dämmwerte aufweist. Auch hier beeinflussen sowohl das Material als auch der Aufbau der Rahmenprofile den Dämmwert. Eine Marktübersicht finden Sie auf Seite 55.

Mehrkammerprofile Da Luft ein schlechter Wärmeleiter ist, lässt sich der Dämmwert eines Rahmens verbessern, indem man Hohlräume so in seinem Inneren anordnet, dass Wärmebrücken minimiert werden. Eingesetzt wird dieses Verfahren vor allem im Kunststofffensterbau, bei dem durch

SPITZEN-SPARER

Schon eine Verbesserung der Dämmwirkung (U-Wert) eines Fensters um 0,1 W/m²K reduziert Ihren Heizbedarf um jährlich **10 kWh**. Das entspricht einer Ersparnis von etwa **1 l Heizöl** – und zwar pro m² betroffener Fensterfläche!

Rahmenprofile mit bis zu acht Kammern eine optimale Wärmedämmung erreicht wird. Doch auch bei Aluminiumrahmen ist die Mehrkammerbauweise üblich.

Mehrfachdichtungen Ein verlässlich luftdicht im Rahmen schließender Flügel ist Grundvoraussetzung für die Dämmeigenschaften eines Fensters. Gute Modelle verfügen über mindestens zwei umlaufende Dichtgummis (je einer am inneren und am äußeren Anschlagfalz).

Wärmereflektierende Beschichtungen

Duch Bedampfen der Glasoberfläche mit einer hauchdünnen, mit bloßem Auge nicht erkennbaren Metalloxidschicht lässt sich das Wärmeabstrahlverhalten von Isolierglasscheiben in zwei Richtungen beeinflussen:

Sonnenwärme einfangen Liegt die Beschichtung auf der dem Innenraum zugewandten Seite des Scheibenzwischenraums (Fläche C in der Abb.), wird mehr Strahlungswärme der Sonne vom Fenster absorbiert und im Haus gehalten.

Sonnenwärme abhalten Liegt die Beschichtung auf der nach außen weisenden Seite des gasbefüllten Zwischenraums (Fläche B in der Abb.), wird das Sonnenlicht reflektiert und die Ausbeute an Strahlungswärme verringert sich.

Der Feuerzeugtest So stellen Sie fest, ob und auf welcher Fläche Isolierglas beschichtet wurde: Eine vor die Scheibe gehaltene Flamme (Feuerzeug) erzeugt an jeder Oberfläche der Mehrfachverglasung (vgl. Abb. links) ein Spiegelbild. Der Abstand der reflektierten Flammen entspricht dem Abstand der Flächen. Erscheint eines der Spiegelbilder dunkler, wurde die entsprechende Glasfläche bedampft.

Was tun bei alten Fenstern?

Vorhänge, Roll- und Fensterläden stellen eine sinnvolle Sofortmaßnahme dar, um Wärmeverluste durch die Fenster ein Stück weit zu reduzieren. Bei Fenstern älterer Bauart mit Einfachverglasung (Doppelfenster oder Doppelrahmenfenster) bringt das bis zu 15 % Verbesserung.

Austausch ist Trumpf Gleichzeitig sollten Sie sich bewusst sein, dass der Umstieg auf Isolierglasfenster (selbst bei vergleichsweise günstigen Modellen) mühelos 75 % der Wärmeverluste stoppen kann. Auf diese Weise lässt sich so manche Heizkostenrechnung nahezu halbieren!

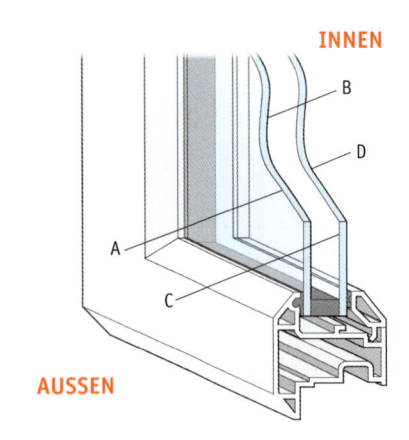

A – D: Die vier Oberflächen eines Isolierfensters mit Doppelverglasung. Je nachdem, welche der innenliegenden Flächen bedampft wurde, reflektiert die Scheibe Sonnenlicht oder absorbiert es.

IM ÜBERBLICK ▶ Fensterrahmen

Kunststoffrahmen lassen sich kostengünstig herstellen und sind daher häufig die erste Wahl. Durch die Verwendung von Mehrkammerprofilen mit fünf bis acht Kammern erreichen sie gute bis sehr gute Dämmwerte. Ein weiters Plus ist die einfache Pflege. Doch es gibt auch Nachteile: PVC ist statisch nur begrenzt belastbar und hat bei Temperaturschwankungen eine ausgeprägte Tendenz zur Längenausdehnung und bleibenden Verformung. Die Lebensdauer von Kunststofffenstern ist daher begrenzt. Auch die Entsorgung alter PVC-Fenster kann zum Problem werden.

Holzrahmen schaffen nicht nur eine besonders natürliche Atmosphäre, sondern sind auch sehr stabil, weisen praktisch keine Längsdehnung bei Temperaturschwankungen auf und haben eine lange Lebensdauer. Der prinzipiell gute U-Wert von Holz kann durch Zwischenlagen aus unterschiedlichen Dämmstoffen bis auf Niedrigenergieniveau gesenkt werden. Der Anschaffungspreis liegt nur knapp über dem für PVC-Fenster. Jedoch quillt Holz bei Feuchtigkeitsänderungen quer zur Faser und muss regelmäßig gestrichen werden.

Aluminiumrahmen sind hinsichtlich ihrer Stabilität, Langlebigkeit und Pflegeleichtigkeit unschlagbar. Nachteile erwachsen aus dem Material selbst: Da Aluminium ein guter Wärmeleiter ist, müssen die Rahmenprofile durch Dämm- und Trennkonstruktionen sorgfältig thermisch entkoppelt werden, um gute Dämmwerte zu erreichen. Das schlägt sich auch im Preis nieder.

Kunststoff/Alu-Rahmen verbinden die guten wärmedämmenden Eigenschaften von Mehrkammer-PVC-Profilen mit der Stabilität von Aluminium. Der gegenüber reinen Kunststofffenstern spürbar höhere Preis amortisiert sich durch die längere Lebensdauer.

Holz/Alu-Rahmen stellen die konstruktiv aufwendigste Fenstervariante dar und haben daher ihren Preis. Als Gegenwert erhält man ein hochwertiges Produkt von optimaler Dämmwirkung, hoher Lebensdauer und Stabilität. Die an der Außenseite angebrachte Aluminiumverkleidung schafft eine zusätzliche Isolation und schützt das Holz, wodurch das Streichen entfällt.

Holzrahmen   **Kunststoffrahmen**   **Holz/Aluminiumrahmen**

FENSTERVERGLASUNGEN

Bezeichnung/ Scheibentyp	typischer Einsatzbereich	Aufbau und Eigenschaften	effektive Dämmung?	Thermoeffekt?
Einzelscheibe *einschichtiges Floatglas*	• Einfachverglasungen, z. B. bei historischen Einzelscheiben-Doppelfenstern oder den in Altbauten noch weitverbreiteten Verbund-(Doppelrahmen-)Fenstern.	• einschichtiges Flachglas, unbeschichtet, hergestellt im Floatingverfahren • industrielle Standardstärke 4 mm • Wärmedurchgangskoeffizient (U-Wert) ca. 6 W/m²K	✗	✗
Isolierglasscheibe *Doppelglasscheibe mit isolierender Luftschicht*	• Standardverglasung bei Isolierglasfenstern der ersten Generation	• zwei Floatglasscheiben mit Zwischenraum, luftdicht verklebt • luftgefüllter Zwischenraum • mit oder ohne Thermobeschichtung • U-Wert ca. 3 W/m²K	✔	✔
Wärmeschutzglas/Thermoglasscheibe *Mehrscheiben-Isolierglas mit gasgefüllten Zwischenräumen*	• aktueller Standard bei Fensterverglasungen, wobei im Niedrigenergiesektor die Doppelverglasung immer mehr von Drei-Scheiben-Isolierglas abgelöst wird	• Doppel- oder Dreifachverglasung • Zwischenräume gefüllt mit Argon oder (besser) Krypton • Thermobeschichtung auf der innersten Scheibe absorbiert Wärmestrahlung • U-Wert 0,5 bis 1,1 W/m²K	✔✔✔	✔
Sonnenschutzglasscheibe *Mehrscheiben-Isolierglas mit reflektierender Beschichtung oder Tönung*	• Schaufenster, Lebensmittelauslagen • an Südseiten von Häusern, wo ein Aufheizen der Räume verhindert werden soll • Sichtschutz z. B. an Bürogebäuden	• Mehrfach-Isolierverglasung • Beschichtung bewirkt Reflexion der Strahlungswärme im Sommer, reduziert aber auch die Ausbeute an Solarwärme im Winter • U-Wert 0,7 bis 1,3 W/m²K	✔✔	✗

FENSTERVERGLASUNGEN – FORTSETZUNG

Bezeichnung/ Scheibentyp	typischer Einsatzbereich	Aufbau und Eigenschaften	effektive Dämmung?	Thermo- effekt?
Sichtschutz-verglasung „Milchglas"	• Verglasungen an Bad- und Toilettenfenstern • Glaselemente an Haustüren	• äußere Scheibe der Isolierverglasung ist durch Oberflächenbehandlung wie Ätzen oder Sandstrahlen getrübt • absorbiert die Sonneneinstrahlung (bei kaum reduzierter Lichtausbeute) und gibt diese z. T. als Wärme wieder an die Innenräume ab	✓✓	✗
Sicherheits-glas Verbundglasscheibe oder speziell gehärtete, einschichtige Scheibe	• Verringerung der Verletzungsgefahr durch Splitter • erhöhte Durchbruchsicherheit	• Sandwich-Aufbau aus mehreren mit einer PE-Folie verklebten Floatglasschichten • Bindung der Splitter durch Verkleben der Schichten	✓ (bei mehrschichtiger Ausführung mit Zwischenraum)	✗
Schallschutz-verglasung Mehrscheiben-Isolierglas mit erhöhter Schichtdicke	• erhöhte Schallschutzanforderungen z. B. an vielbefahrenen Straßen	• deutlich erhöhte Masse durch dickere Floatglasschichten (bis zu 8 mm), verbessert die Schall-, jedoch nicht die Wärmedämmung • größere Scheibenabstände verbessern sowohl den Schall- als auch den Wärmeschutz	✓✓ (bei Ausführung als Thermoglasscheibe mit vergrößertem Scheibenabstand)	✓

Mehr zum *Thema* ...

Energiesparfenster: www.baunetzwissen.de/standardartikel/Fenster-und-Tueren_Energiesparfenster_Isolierglaeser_155175.html

Verglasung: www.energiesparhaus.at/gebaeudehuelle/fenster-verglasung.htm

Schutzfunktionen eines Fensters: www.fensterverband.ch/Das-Fenster/Fenster-Basiswissen/Schutzfunktionen.94.html

FEUCHTIGKEIT REGULIEREN

Beim Atmen, Duschen und Wäschewaschen produzieren wir pro Kopf und Tag ca. drei Liter Wasserdampf. Könnte dieser nicht entweichen, müssten wir in feuchten, schimmelanfälligen Wohnungen leben. Nur systematisches Lüften und „atmende" Wände sorgen für ein angenehmes, trockenes Raumklima.

Wie Schimmel entsteht

Schimmel ist immer eine Folge von mehreren Ursachen, die zusammenkommen müssen:

- Sobald Wasserdampf auf eine kalte Oberfläche trifft, bildet sich Kondenswasser. Man erkennt das nach dem Baden/Duschen am Spiegel und im Winter an den Fensterscheiben.

- Wird nicht ausreichend gelüftet oder stehen schwere Möbel vor einer Wand, an der sich Kondenswasser gebildet hat, dann kann die Luft dort nicht ausreichend zirkulieren. Die Wand trocknet nicht.

- Ziegelwände besitzen die Eigenschaft, Feuchtigkeit zu speichern und diese nach und nach wieder abzugeben, weshalb Menschen Ziegelbauten als besonders angenehm empfinden. Ist eine Mauer von innen oder außen so isoliert, kann sich Schimmel zwischen Wand und Dämmung bilden.

Doch auch im Dämmmaterial selbst können Schimmelsporen sprießen, wenn es feucht wird. Die in Mineralwolle und Hartschaumplatten enthaltenen Bindemittel und die organischen Substanzen natürlicher Dämmmaterialien (Schilf, Stroh, Hanf etc.) bieten einen idealen Nährboden.

Schimmelresistent dämmen

Dampfbremsen und -sperren aus modernen Spezialfolien sind das wichtigste Element zur Verhütung von Schimmel. Sie sorgen dafür, dass kein Wasserdampf in ein Bauteil eindringt (diffundiert) und sich dort als Kondenswasser niederschlägt. Es gibt zwei Folientypen – mit beiden lässt sich die Feuchtigkeit wirkungsvoll regulieren:

Dampfbremsen sind kontrolliert durchlässig für Wasserdampf. Sie arbeiten ähnlich wie eine Ziegelwand.

Mit einem Hygrometer behalten Sie die Feuchtigkeit stets im Blick: Mehr als 65 % Luftfeuchtigkeit sollten im Haus nicht herrschen. Doch auch Werte unter 35 % sind ungesund.

Dampfsperren dagegen sind undurchlässig für Wasserdampf: Bitumenpappe, PE- und Aluminiumfolien etc. müssen allerdings fachgerecht an der Warmseite einer Konstruktion angebracht und zudem komplett dicht sein. Wenn nur 1 % der Fläche einer Dampfsperre Wasserdampf durchlässt (Nagelloch), büßt sie ihre Wirksamkeit ein.

Sperre oder Bremse? Welche Folie zum Einsatz kommt, ist je nach Zweck verschieden. So gibt es ganz unterschiedliche Außenwandsituationen oder Dachtypen. Wenden Sie sich deshalb unbedingt an einen Fachmann, bevor Sie Wände oder ein Dach dämmen, damit Sie nicht unfreiwillig einen „Schwitzkasten" konstruieren.

Lüften für ein gesundes Raumklima

Auch wenn fachgerechtes Dämmen die Gefahr der Schimmelbildung erheblich senkt, ist es wichtig, durch richtiges Lüften für ausreichenden Luftaustausch zu sorgen. Dabei wird dem Zusammenhang zwischen Lufttemperatur und -feuchtigkeit oft zu wenig Aufmerksamkeit geschenkt.

Vorsicht bei warmen Außentemperaturen Auch wenn warme Luft oft als trocken empfunden wird, transportiert sie große Mengen an Feuchtigkeit, die freigesetzt wird, wenn die Luft abkühlt (z. B. an kühlen Wänden in Bad, Keller, Speisekammer oder klimatisierten Räumen). Aus diesem Grund führt Dauerlüften bei gekipptem Fenster gerade im Sommer dazu, dass sich Wände und Dämmmaterialien mit Kondenswasser vollsaugen. Halten Sie deshalb Türen und Fenster geschlossen, wenn die Außentemperaturen höher liegen als die Oberflächentemperatur der Innenwände, und lüften Sie nur stoßweise – maximal acht Minuten.

Effizient lüften zu kühlen Tages- und Jahreszeiten
Liegt die Außentemperatur niedriger als die Oberflächentemperaturen der Innenwände, führt ausgedehntes Lüften zum Abtransport der Raumfeuchtigkeit nach draußen. So bieten die kühlen Nachtstunden sowie die kalte Jahreszeit die Chance, durch längeres Öffnen der Fenster ein trockenes Raumklima zu schaffen, in dem kein Schimmel gedeiht – selbstverständlich nicht bei gleichzeitig laufender Heizung!

Lüften in Energiespar- und Passivhäusern In Passivhäusern übernimmt das Heizungs- und Lüftungssystem die Aufgabe, Luftfeuchtigkeit zu regulieren. Die integrierten Filter entfernen zusätzlich fast 100 % aller Feinstaubpartikel aus der Luft – wozu übrigens auch Pflanzenpollen gehören.

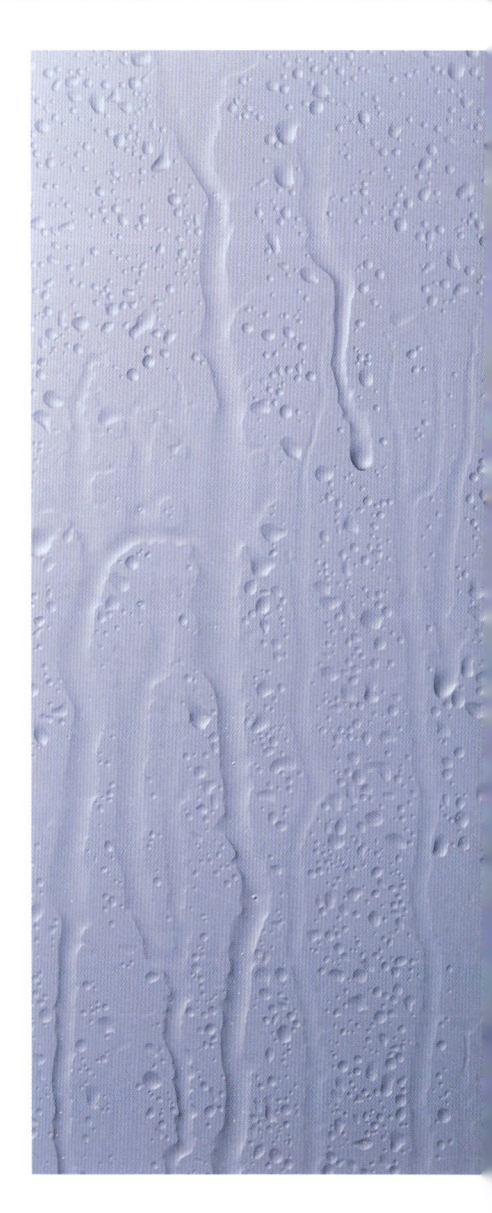

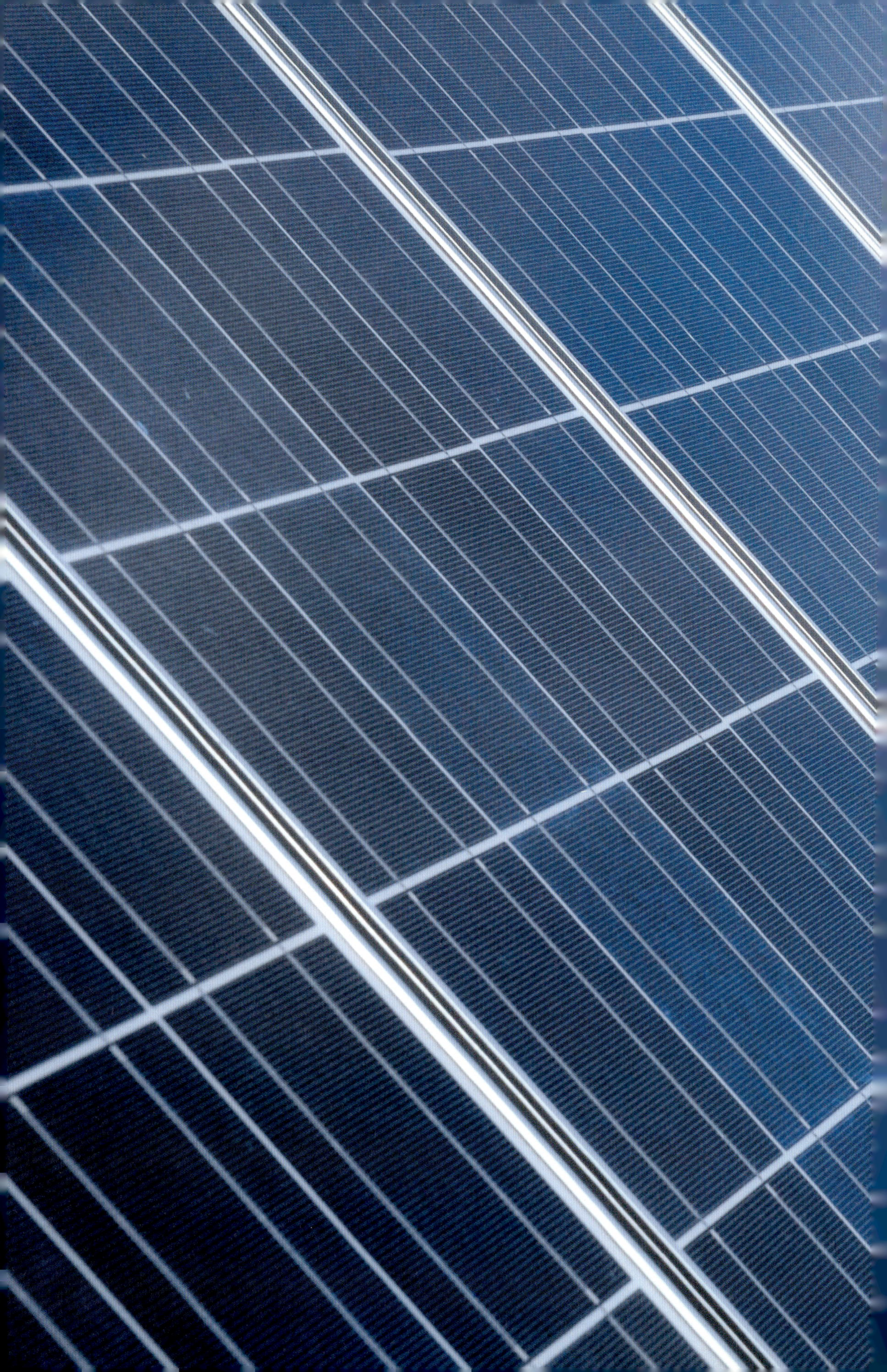

KAPITEL 3

DEN OPTIMALEN ENERGIETRÄGER FINDEN

- Freie Versorgerwahl 62
- Der günstigste Tarif 63
- Auf Ökostrom setzen 67
- Energie in Eigenregie 70
- Energie mit Zukunft: Gas 76

FREIE VERSORGERWAHL

Bis kurz vor die Jahrtausendwende waren die ausgedehnten Leitungsnetze, die unsere Haushalte mit Strom und Gas versorgen, dem Monopol staatlich beaufsichtigter Betreiberunternehmen unterworfen. Dem Verbraucher blieb nichts weiter übrig, als Strom und Gas zu den festgesetzten Konditionen abzunehmen. Doch im Zuge der Liberalisierung des europäischen Binnenhandels wurde zunächst der Strom-, dann der Gasmarkt für den Wettbewerb geöffnet. Seither trifft der Verbraucher seine Wahl.

Welche Optionen habe ich?

Um es gleich vorwegzunehmen: Die Beschaffenheit des Stroms, den Sie an Ihren Steckdosen entnehmen, ändert sich nicht, wenn Sie zu einem neuen Anbieter oder zu Ökostrom wechseln. Schließlich könnte unmöglich für jeden neu auf dem Markt erscheinenden Energieversorger oder Stromtarif ein separates Kraftwerk- und Leitungsnetz errichtet werden. Was Sie mit Ihrer Wahl beeinflussen, ist die Art, wie Energieunternehmen mit dem Geld wirtschaften, das Sie bezahlen. Die tatsächlichen Prozesse der Energieerzeugung und -versorgung ändern sich auf diese Weise allmählich in die von Ihnen gewünschte Richtung.

Der Netzbetreiber Das Leitungsnetz eines Landes ist nach Regionen zwischen wenigen großen Energieunternehmen fest aufgeteilt, die den Betrieb sicherstellen und die Wartung besorgen. Den Netzbetreiber können Sie sich nicht aussuchen. Jedoch vermietet er Teile des Netzes an lokale Versorger und ist dazu verpflichtet, Energie unterschiedlicher Kraftwerkbetreiber einzuspeisen und zu den mit dem Einzelanbieter vereinbarten Konditionen weiterzuleiten.

Der Anbieter Er handelt auf dem internationalen Markt mit Energie, legt nach wirtschaftlichen Aspekten Tarife fest und verkauft die Energie an den Endabnehmer. Im freien Wettbewerb versucht er, durch ein attraktives Dienstleistungspaket Kunden zu gewinnen. So ergeben sich Unterschiede, die dem Endverbraucher zugutekommen – und das nicht nur beim Preis, sondern auch bei Details der Abrechung oder der technischen Ausstattung, z. B. dem Zähler.

WAS HÄLT SIE DAVON AB, …

auf „Nachtstrom" umzusteigen?

❑ **ICH BENUTZE DIE MEISTEN ELEKTROGERÄTE TAGSÜBER.** Die größten Stromverbraucher in Ihrem Haushalt sind Geschirrspüler, Waschmaschine, Trockner und Warmwasserboiler. Mithilfe von Zeitschaltuhren können Sie diese bequem nachts (nach 21.00 Uhr) laufen lassen und profitieren dann vom günstigeren Tarif.

❑ **ICH HABE KEINEN ZWEITARIFZÄHLER.** Der Austausch des Zählers ist Sache des Anbieters – und den können Sie frei wählen. Manche Anbieter von Tag- und Nachttarifen erledigen den Austausch auf einen entsprechenden Zähler ohne Mehrkosten, andere stellen die Installationskosten in Rechnung. Bei gezielter Nutzung des Nachttarifs amortisieren sich diese Kosten jedoch schnell.

Der Strom/Gasmix Fast alle Versorger bieten Tarife für konventionell erzeugten und Ökostrom an. Auch beim Gas erhält der Kunde teilweise schon Produktpakete mit Biogasanteilen. Die jeweiligen Prozentangaben beziehen sich darauf, wo der Anbieter die Energie einkauft. Wer sich für ein Strompaket mit 100%iger Versorgung aus Wasserkraft entscheidet, legt fest, dass das von ihm bezahlte Geld zu 100 % an Kraftwerkbetreiber geht, die in Wasserkraft investieren. Diese sind allerdings nicht zwangsläufig identisch mit dem Unternehmen, das Ihnen das Strompaket verkauft.

Das Tarifpaket Der Preis, den Sie pro Kilowattstunde Strom bezahlen, hängt davon ab, wie viel Strom Sie im Jahresdurchschnitt verbrauchen, welchen Strommix Sie wählen und ob Sie Tages- und Nachtstrom zu separaten Tarifen oder zum festen Leistungspreis abnehmen. Es lohnt sich durchaus, die Angebote verschiedener Unternehmen zu vergleichen. Hier erfahren Sie, worauf Sie achten sollten.

Etwa ein Viertel aller Kraftwerke wird benötigt, um die Energieversorgung zu Tageszeiten abzudecken, in denen Spitzenlasten auftreten.

DER GÜNSTIGSTE TARIF

Vielen Menschen ist gar nicht bewusst, dass auch an ihrem Wohnort mehrere Dienstleister um die Energieversorgung der Haushalte konkurrieren. Da die Strom- und Gaspreise auf diese Weise einem scharfen Wettbewerb unterliegen, können Sie als Endverbraucher davon profitieren.

IM ÜBERBLICK ▶ Nicht erneuerbare Energiequellen

Die Vorkommen der hier aufgeführten Energiequellen sind endlich, daher die Bezeichnung „nicht erneuerbar", im Gegensatz zu erneuerbaren bzw. regenerativen Energien wie Solar- oder Windenergie, die Sie auf den Seiten 68/69 zusammengefasst finden.

Kohle Aus abgestorbenen und luftdicht abgeschlossenen Pflanzenresten entstand im Lauf von Jahrmillionen zunächst Torf, dann Braun- bzw. Steinkohle (mit jeweils steigendem Kohlenstoffgehalt und Brennwert). Zur Stromerzeugung wird Kohle gemahlen und im Kraftwerk verfeuert. Die dabei frei werdende Wärme wandelt große Mengen von Wasser in Wasserdampf um, der zu einer Dampfturbine strömt. Diese treibt einen Generator an.

Erdöl Bestand die im Verlauf der Erdgeschichte eingeschlossene Biomasse vorwiegend aus Mikroorganismen wie Plankton oder Algen, konnte sich unter bestimmten geologischen Voraussetzungen Erdöl bilden. Gefördert wird dieser fossile Rohstoff durch Tiefbohrungen. In Raffinerien erfolgt die Weiterverarbeitung – vor allem zu Kraftstoffen. Auch zur Stromerzeugung wird zum Teil Öl verwendet.

Erdgas Erdgas wird als flüchtiger Bestandteil im gleichen Prozess wie Erdöl gebildet und kommt häufig an denselben Lagerstätten vor. Über Rohre lässt sich Erdgas als Brennstoff gut direkt zum Endverbraucher leiten, wird aber auch in Wärmekraftwerken (Gasturbinen) zur Stromerzeugung eingesetzt.

Uran Das radioaktive Metall Uran wird aus verschiedenen Erzen meist im Untertagebau gewonnen. In aufbereiteter Form lässt sich durch Atomkernspaltung eine Kettenreaktion auslösen, bei der riesige Energiemengen frei werden. Diese werden in Atomkraftwerken ähnlich wie bei anderen Wärmekraftwerken im großen Stil zur Stromerzeugung genutzt.

Die Umstellung auf die Nutzung von vergünstigtem Nachtstrom senkt Ihre Stromrechnung um bis zu

18 %

Welcher Verbrauchertyp bin ich?

Ob Sie eventuell Energie verschwenden, wissen Sie erst, wenn Sie den Strombedarf in Ihrem Haushalt richtig einschätzen können. Zudem bieten viele Stromversorger ab einem bestimmten Verbrauch günstigere Tarife an. Vergleichen Sie daher Ihre letzte Jahresabrechnung mit den folgenden Richtwerten (veranschaulicht durch das Balkendiagramm auf der nächsten Seite oben). Die Zahlen beziehen sich auf den aktuellen Bundesdurchschnitt (Deutschland und Österreich) von ca. 2,2 Personen pro Haushalt. Weicht Ihre Haushaltsgröße davon ab, müssen Sie Ihren Jahresverbrauch durch die tatsächliche Personenanzahl teilen und mit 2,2 multiplizieren. Da die Nutzung von Strom zur Warmwasserbereitung nicht den Regelfall darstellt, ist sie in der Aufstellung nicht berücksichtigt.

Kleinverbraucher Liegt Ihr errechneter Verbrauch unter 1925 kWh pro Jahr, gehen Sie äußerst sparsam mit elektrischer Energie um und gehören zu den Kleinverbrauchern.

Stromverbrauch im Haushalt
Durchschnittshaushalt (2,2 Personen), ohne Warmwasser

(Balkendiagramm, Kilowattstunden/Jahr: niedriger Verbrauch ca. 1900, akzeptabler Verbrauch ca. 2700, erhöhter Verbrauch ca. 3200, sehr hoher Verbrauch ca. 3700)

Durchschnittsverbraucher Fällt in Ihrem Haushalt ein Jahresverbrauch von bis zu 2750 kWh an, liegen Sie im unteren Bereich des Bundesdurchschnittswerts und zeigen einen akzeptablen Stromverbrauch.

Überdurchschnittlicher Verbrauch Ermitteln Sie für Ihren Haushalt einen Jahresverbrauch von bis zu 3300 kWh, ist Ihr Konsum an elektrischer Energie schon relativ hoch und liegt klar über dem Durchschnitt.

Großverbraucher Liegt Ihr Jahresbedarf gemittelt über 3500 kWh pro Jahr, zählen Sie zu den echten Großverbrauchern und sollten dringend nach den Ursachen forschen.

Wie finde ich den besten Anbieter?

Sobald Sie Ihren durchschnittlichen Jahresbedarf an Strom ermittelt haben, lohnt es sich, die Tarifpakete verschiedener Anbieter im Internet genauer unter die Lupe zu nehmen. Eine Linkliste finden Sie auf Seite 66. Es ist gut möglich, dass sich ein Wechsel für Sie auszahlt.

Den Wechsel sorgfältig planen Es ist nicht immer einfach, sich im Dickicht des Tarifdschungels zurechtzufinden. Um zu prüfen, ob ein Anbieter für Sie infrage kommt, geben Sie auf dessen Internetseite in der Regel zunächst Ihre Postleitzahl und Ihren Durchschnittsverbrauch ein und gelangen dann zu den angebotenen Tarifpaketen. Allerdings ist dann nicht immer auf den ersten Blick ersichtlich, aus welchen einzelnen Positionen sich die Gesamtkosten errechnen. Wenn Sie die folgende Checkliste durcharbeiten, sind Sie vor bösen Überraschungen beim Wechsel sicher.

Die Kosten für die Erschließung nicht erneuerbarer Energien steigen in nächster Zukunft voraussichtlich um 10 bis 20% pro Jahr.

> Durch den Umstieg auf Ökostrom reduziert eine vierköpfige Familie den Ausstoß von klimaschädigendem CO_2 um mehr als zwei Tonnen pro Jahr.

❑ Enthält das Angebot einen Bonus oder Rabatt?

Auf Internetseiten, die einen automatischen Vergleich aller in Ihrer Region verfügbaren Stromversorger liefern, sind die Angebote meist nach dem Preis pro Kilowattstunde geordnet. Häufig ist im genannten Tarif ein Wechselbonus für das erste Jahr berücksichtigt. Auch wenn Rabatte dieser Art ein willkommenes Werbegeschenk sind – prüfen Sie unbedingt, ob die Kosten nach Ablauf des Bonuszeitraums immer noch rentabel sind.

❑ Ist der Preis an eine Vertragslaufzeit gebunden?

Prüfen Sie, ob der günstige Strompreis eventuell an eine Mindestlaufzeit des Vertrags gebunden ist. Dies könnte auch auf gewährte Rabatte zutreffen.

❑ Abschlags- oder Vorauszahlung?

Manche Anbieter glänzen zwar mit Niedrigtarifen, erwarten aber zu Vertragsabschluss eine Vorauszahlung. Diese sollte in etwa dem tatsächlich zu erwartenden Verbrauch im ersten Jahr entsprechen. Ist Ihnen die Sache zu undurchsichtig, sollten Sie einen Anbieter wählen, bei dem Sie in den gewohnten Zeitabständen Ihre Abschlagszahlungen leisten können.

❑ Ist die Netzgebühr im Strompreis enthalten?

Einzelne Anbieter geben den Stromtarif ohne die für die Durchleitung der Energie zu entrichtende Netzgebühr an. Klar, dass der Preis auf diese Weise im Vergleich zu anderen niedrig erscheint.

❑ Ist der Grundpreis enthalten?

Manche Tarife scheinen auf den ersten Blick teuer, enthalten aber im kWh-Preis bereits den Grundpreis, der bei anderen Anbietern separat erhoben wird.

Mehr zum *Thema* ...

Stromanbieter in Deutschland: www.verivox.de
Stromanbieter in Österreich: www.links234.at/links234/stromanbieter.htm
Stromanbieter in der Schweiz: strom.idealo.de/Stromanbieter.html
Zertifizierter Ökostrom: www.strom-prinz.de/Oekostrom-Zertifikate/
Ökostrom-Preisrechner: https://greenpeace-energy.de/oekostrom/privatkunden/preisrechner.html
Erzeugung von Wasserkraft: www.erneuerbare-energien.de/inhalt/4644/
Windkraft (Österreich und Europa allgemein): http://www.igwindkraft.at/

AUF ÖKOSTROM SETZEN

Vor dem Hintergrund der Endlichkeit der fossilen Energievorräte an Erdöl, Erdgas und Kohle sowie dem in Deutschland beschlossenen Atomausstieg scheint es dringend geboten, verstärkt auf die Nutzung erneuerbarer Energiequellen zurückzugreifen. Wer jetzt auf Ökostrom umsteigt, nimmt zwar geringfügig höhere Kosten in Kauf, beschleunigt aber den Ausbau des Anteils von Wind-, Wasser- und Solarenergie an der Gesamtenergieversorgung.

Sämtliche Energieversorger sind inzwischen gesetzlich dazu verpflichtet, den Anteil an erneuerbaren Energien in ihrem Strommix auszubauen. Wer darüber hinaus die Verlagerung der Energieerzeugung hin zu sauberen Quellen fördern möchte, kann sich bereits heute für ein Strompaket entscheiden, das zu 100 % Betreibern von Wasser- oder Windkraftwerken zugutekommt. Da diese Energiewende im großen Stil den Bau entsprechender Anlagen erforderlich macht, ist Ökostrom momentan noch etwas teurer. Angesichts der stetig steigenden Kosten für die Erschließung herkömmlicher (fossiler) Ressourcen scheint es jedoch nur eine Frage der Zeit, bis sich die Tarife angleichen.

Geprüften Ökostrom beziehen Unter den Anbietern von Ökostrompaketen gibt es solche, die tatsächlich entsprechende Wasser- oder Windkraftwerke betreiben, und solche, die sich eher auf den Handel mit Ökostromzertifikaten verlegt haben. Da Ersteres ohne Zweifel den aktiveren Beitrag zur Energiewende darstellt, lassen sich seriöse Versorgungsunternehmen jährlich von unabhängiger Stelle bestätigen, dass der an den Kunden verkaufte Ökostrom zeitgleich tatsächlich erzeugt wird. Achten Sie beim Umstieg daher auf entsprechende Zertifikate.

Das große Ziel im Auge behalten Wer seinen Strombedarf aus erneuerbaren Energien deckt, trägt erheblich dazu bei, die klimaschädlichen CO_2-Emissionen zu verringern – ein wichtiger Beitrag. Darüber sollte man jedoch nicht vergessen, dass der sauberste und kostengünstigste Weg immer noch die Vermeidung von unnötigem Energiekonsum bleibt. Denn ob der weltweite Energiebedarf auf dem momentan hohen Niveau überhaupt jemals ganz aus erneuerbaren Quellen gedeckt werden kann, bleibt fraglich.

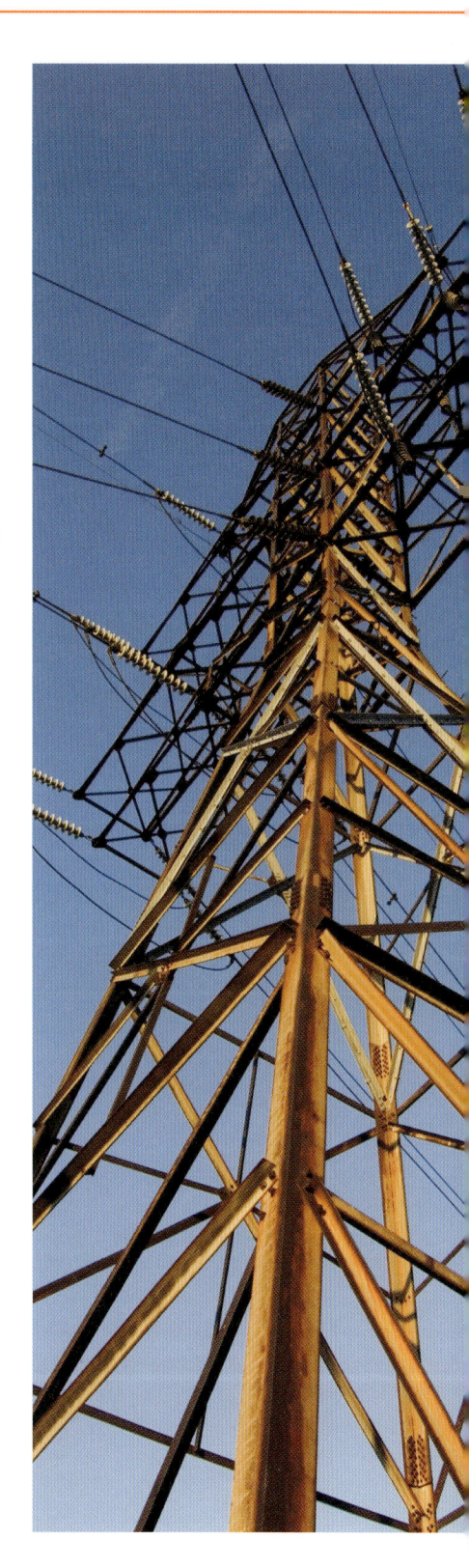

IM ÜBERBLICK ▶ Erneuerbare Energiequellen

WASSERKRAFT

Speicherkraftwerke Hier werden enorme Wassermengen in Becken oder Stauseen zurückgehalten und je nach Bedarf zur Stromerzeugung genutzt oder abgelassen. Das abfließende Wasser durchströmt eine Turbine und treibt einen Generator an. In der Variante als Pumpspeicherkraftwerk wird Wasser in Zeiten niedrigen Energiebedarfs zurück in den Speicher gepumpt und steht so zu Spitzenbedarfszeiten als Reserve zur Verfügung.

Laufwasserkraftwerke In schnell fließenden Flüssen können die Turbinen auch ohne Staubecken unter der Wasseroberfläche installiert sein.

Gezeitenkraftwerke Bei dieser speziellen Bauart eines Wasserkraftwerks wird der Tidenhub, also die Differenz zwischen Hochwasser- und Niedrigwasserstand, genutzt, um Turbinen anzutreiben. Voraussetzung dafür ist allerdings eine hohe Fließgeschwindigkeit des Wassers; daher werden Gezeitenkraftwerke in der Regel nicht einfach überall an der Küste, sondern bevorzugt in Meeresbuchten oder in Ästuaren (Trichtermündungen) errichtet.

Wellenkraftwerke Hier werden die Turbinen nicht durch Tidenhub, sondern durch die Wellenbewegung angetrieben. Ideale Standorte sind Steilküsten mit starker Brandung.

WINDENERGIE

Die typische Windkraftanlage besteht aus drei Rotorblätttern, die sich an der Spitze eines schmalen, hohen Turms befinden. Weht der Wind, wird der Rotor in eine Drehbewegung versetzt und gibt die dabei entstehende Energie an einen Generator weiter, der Strom erzeugt.

GEOTHERMIE

Die Temperatur in der Erdkruste nimmt auf 100 m Tiefe um rund 3 °C zu. Selbst unter dem Permafrost der Arktis liegt die Temperatur in 1 km Tiefe bei über 30 °C. In einigen Regionen steigt über 80 °C heißes Wasser bis wenige Hundert Meter unter die Erdoberfläche auf. Diesen schier unerschöpflichen Vorrat an Wärme zapfen Geothermiekraftwerke an und verwenden ihn als Fernwärmequelle oder sogar zur Stromerzeugung. Der Bau solcher Kraftwerke ist kostenintensiv, dafür sind die Betriebskosten äußerst gering.

Hydrothermale Geothermie Hydrothermale Systeme nutzen im Untergrund oder an der Erdoberfläche vorhandene Thermalwasservorräte zur Stromerzeugung. Diese auf natürlichem Wege von der Erdwärme aufgeheizten Wasservorräte erzeugen Wasserdampf, der durch Turbinen geleitet wird, die Generatoren antreiben.

Petrothermale Systeme Ein anderer Teilbereich der Geothermie ist das Hot-Dry-Rock-Verfahren; diese Anlagen beziehen die Wärme direkt aus der Tiefe. Wasser wird mit hohem Druck tief nach unten gepumpt und durch die dort herrschenden Temperaturen in Wasserdampf verwandelt. Dieser steigt an die Erdoberfläche auf und treibt über eine Turbine den Stromgenerator an.

SOLARENERGIE

Die Solarmodule zur Stromerzeugung bestehen aus photovoltaischen Zellen; diese verwandeln Sonnenenergie auf mehr oder weniger direktem Weg in Elektrizität. Die Funktionsweise großer Solarkraftwerke unterscheidet sich davon etwas.

Solarthermie In solarthermischen Kraftwerken wird die Wärme der Sonne über riesige Reflektoren oder Sonnenkollektoren auf einen Punkt, den Absorber, gebündelt. Dieser enthält eine Flüssigkeit (meist eine Salzwasserlösung), die sich durch das Erhitzen in Dampf verwandelt. Der Dampf trifft auf eine Turbine, die einen Stromgenerator antreibt.

Aufwindkraftwerk Diese Technologie macht sich die natürliche Aufwärtsbewegung von erwärmter Luft zunutze, die über Turbinen in Strom umgewandelt wird.

ENERGIE AUS BIOMASSE

Im Zusammenhang mit erneuerbaren Energiequellen bezeichnet der Ausdruck „Biomasse" organisches Material sowohl pflanzlicher als auch tierischer Herkunft. Ein Beispiel für ein pflanzliches Abfallprodukt sind Stroh oder Altholz. Als tierisches Biomasseprodukt kann man beispielsweise die Fäkalien in einer Abwasseraufbereitungsanlage verwerten. Aus Biomasse kann auf verschiedene Arten Elektrizität gewonnen werden.

Verbrennen von Biomasse Die beim Verbrennen von Biomasse entstehende Wärme kann zum Aufheizen von Wasser verwendet werden. Der Wasserdampf wird in einer Dampfturbine energetisch genutzt.

Erzeugung von Biogas (Methan) durch Zersetzung von Biomasse
Kläranlagen und Mülldeponien sind zwei typische Biogasquellen. In einer Kläranlage ist Biogas ein Nebenprodukt der Abwasseraufbereitung. In einer Mülldeponie entstehen Gase beim Abbau des im Abfall befindlichen organischen Materials. Gelangen diese unkontrolliert in den Erdboden oder in die Luft, tragen sie zur Produktion von wärmefördernden Treibhausgasen bei. Wird das Biogas dagegen aufgefangen und verbrannt, kann damit ein Generator angetrieben und Strom erzeugt werden.

ENERGIE IN EIGENREGIE

Nichts ist günstiger als selbst erzeugte Energie. Zwar ist der Einbau der erforderlichen Technik zunächst mit einigem finanziellen Aufwand verbunden – auf lange Sicht zahlt dieser sich aber aus, denn Sonnenschein ist gratis. Zudem wird die Nutzung erneuerbarer Energien staatlich gefördert und die Einspeisung von selbst erzeugtem Strom von den Energiekonzernen vergütet.

Die Möglichkeit, sich von einem externen Stromerzeuger unabhängig zu machen, ist heute schon zum Greifen nah. Doch auch wer nicht so radikal denkt, kann mit den richtigen Investitionen schon jetzt bis zu 60 % seines Stroms selbst kostenlos produzieren und wird zudem vom Staat unterstützt, wenn er auf erneuerbare Energien umsteigt. Noch weitere Gründe sprechen für die persönliche Energiewende:
• Die fossilen Rohstoffe unserer Erde werden knapp – und nichts kann leergepumpte Öl- und Gasfelder oder die ausgebeuteten Kohleflöze wieder füllen.
• Viele Stromanbieter erhöhen regelmäßig ihre Strompreise. Ab 2020 muss zusätzlich Strom für die 1 000 000 prognostizierten Elektroautos zur Verfügung stehen. Daher ist es nur konsequent, sich – zumindest zum Teil – von den großen Stromerzeugern unabhängig zu machen.
• Wer sichergehen will, dass er ab sofort keinen Atomstrom mehr bezieht, kann erst dann wirklich beruhigt sein, wenn er seinen Strom selbst produziert.

Solarenergie

Die Sonne liefert pure Energie, und dank modernster Technik sind wir in der Lage, Sonnenstrahlung für die Warmwasserbereitung zu nutzen oder sie in Strom umzuwandeln.

Voraussetzungen Zum Einfangen der Sonnenenergie eignen sich am besten Dachflächen, die direkt nach Süden, Südosten oder Südwesten ausgerichtet sind und eine Neigung von 30 bis 45 Grad aufweisen. Die Dachkonstruktion muss stabil genug sein, um das Zusatzgewicht aufzunehmen. Bei Flachdächern kann die Solaranlage mit Ständern in die richtige Neigung gebracht werden. Alternativ lassen sich die Kollektoren an einer Hauswand anbringen oder frei aufstellen. Dabei geht jedoch etwas Leistung verloren.

WAS HÄLT SIE DAVON AB, ...

auf Solarenergie umzusteigen?

☐ **IN UNSEREN BREITEN SCHEINT DIE SONNE ZU SELTEN.** Der Augenschein trügt. Selbst Sonnenlicht, das wir als schwach empfinden, kann von der Solaranlage auf dem Dach genutzt werden. Eine Photovoltaikanlage produziert bei bedecktem Himmel zwar weniger Strom als bei Sonnenschein, doch selbst bei geschlossener Wolkendecke sind das oft noch 0,3 kWh pro installiertem Quadratmeter – saubere Energie, die man abgesehen von den Grundanschaffungskosten kostenlos rund ums Jahr nutzen kann. Und damit nicht genug: Förderprogramme und die Einspeisungsvergütung verwandeln Ihre Grundinvestition schnell in eine lohnende Einnahmequelle (vgl. Seite 75).

Solarthermie – Sonnenwärme nutzen

Die Nutzung der Sonnenwärme zur Erwärmung von Wasser bezeichnet man als Solarthermie. Eine thermische Solaranlage umfasst drei Elemente:

Kollektoren Die üblichen Flachkollektoren sind wie ein Sandwich aufgebaut. Die oberste Schicht bildet eine Abdeckung aus schwarz beschichtetem Kupfer- bzw. Aluminiumblech, das sich bei Sonnenschein stark erhitzt. Die Wärme wird in ein darunterliegendes Röhrensystem weitergeleitet, das eine Spezialflüssigkeit enthält. Deutlich teurer, aber auch effektiver sind sogenannte Röhrenkollektoren, bei denen die flüssigkeitsführenden Absorber in Vakuumröhren verlaufen. Röhrenkollektoren lassen sich freistehend, z. B. auf dem Garagendach, montieren.

Pumpen und Leitungen Wird in den Kollektoren eine bestimmte Temperatur überschritten, springt die Pumpe des Systems an und transportiert die Leitflüssigkeit aus den Kollektoren über gut isolierte Rohre zum Speicher.

Speicher Das Speichergerät steht meist im Keller. Hier gibt die Flüssigkeit die aufgenommene Wärme an einen Wärmetauscher ab, der das Wasser im Kessel erhitzt. Über die vorhandenen Hauswasserleitungen werden nun Küche, Bad und Heizungssystem mit Warmwasser versorgt.

Kosten-Nutzen-Rechnung Eine Solarthermieanlage lässt sich in jedes Heiz-/Warmwassersystem integrieren. Die Kosten liegen bei einem Einfamilienhaus zwischen 7000 und 10 000 Euro. Die Anlage deckt mindestens 50 % des Warmwasserbedarfs und senkt dabei die Heizkosten um ca. 20 %.

> *Eine richtig dimensionierte Solaranlage deckt 50 bis 65 % des jährlichen Warmwasserbedarfs ab.*

Photovoltaik – Strom aus Solarzellen

Unter Photovoltaik versteht man den Prozess der Stromgewinnung aus Solarmodulen. Diese ähneln auf den ersten Blick den Sonnenkollektoren. Doch unter der dunklen Oberfläche verbergen sich Halbleiterzellen, in denen aus der Sonnenenergie ein Gleichstrom von 12 V erzeugt wird, den Wechselrichter in Netzstrom umwandeln. Je nach Modul liegt der Wirkungsgrad bei 10–35 %. Da die Sonne kostenlos scheint, ist es für eine effektive Energieausbeute entscheidender, dass das Dach, auf dem die Anlage installiert werden soll, ganztägig schattenfrei liegt.

Funktionsweise Wenn Sonnenlicht auf Halbleiter wie Silizium trifft, wird ein chemischer Prozess in Gang gesetzt, bei dem die Strahlung in elektrische Energie umgewandelt wird (photoelektrischer Effekt). Um 1 kWh Strom zu produzieren, benötigt man eine Fläche von 6–8 m², je nach Wirkungsgrad der Module.

Silizium-Module Der Klassiker unter den Solarzellen. Die dunkelblauen oder schwarzen Module aus hochwertigem monokristallinem Silizium sind sehr effektiv und langlebig (ca. 40 Jahre), aber durch den hohen Anteil an Silizium (Wirkungsgrad 14–24 %) verhältnismäßig teuer. Aus polykristallinem Silizium gefertigte Module (Wirkungsgrad 13–18 %) sind weniger hochwertig, aber auch günstiger.

LGBC-Zellen Basis dieser „Saturn-Module" sind verbesserte monokristalline Silizium-Zellen: Sie reflektieren weniger und können Licht, das von der Seite einfällt, besser nutzen. Ihr Wirkungsgrad liegt bei ca. 15,5 %.

Dünnschicht-Module Diese neue Technik steckt noch in den Kinderschuhen. Ihr Wirkungsgrad liegt bislang unter 10 %. Zukunftsweisend ist allerdings ihre nur 0,002 mm dünne Zellenschicht, wodurch sich ganz neue Möglichkeiten bei der Montage am Haus ergeben.

Sparen mit Photovoltaik Selbst erzeugter und ins Netz eingespeister Strom wird derzeit mit bis zu zwei Dritteln des Betrags vergütet, den Sie pro Kilowattstunde „Fremdstrom" bezahlen. Der Umstieg lohnt sich also.

Wind und Wasser

So technisch ausgereift die Nutzung der Solarenergie für Privathaushalte bereits sein mag, so experimentell ist der Einsatz von Wasser und Wind für die Eigennutzung noch.

Grundwissen Windnutzung Kleine Windräder mit einem Rotordurchmesser zwischen 2,50 und 4 m sind teilweise bereits im Baumarkt erhältlich. Noch werden diese meist im Freizeitbereich (für Schrebergarten oder Camping) genutzt.

Voraussetzungen Wichtig ist die Lage in einer windreichen Zone. Außerdem müssen die landestypischen Vorschriften beachtet werden. In manchen Gemeinden ist das Aufstellen von Windrädern über 2,50 m Durchmesser untersagt.

Leistung Kleine Windräder leisten 450 – 500 W und speisen diese Energie über einen Laderegler als Gleichstrom in eine Batterie ein. Größere Modelle (ab 4 m Durchmesser) erreichen in Spitzenzeiten den Kilowattbereich, sodass es sich lohnen kann, einen Wechselrichter anzuschließen und den Strom für 230-V-Geräte zu nutzen.

Wasserkraft Früher war es üblich, große Getreidemühlen mit einem Wasserrad anzutreiben. Obwohl jüngst in der Nähe von München das erste eigengenutzte Wasserwerk in Betrieb genommen wurde, steckt die Privatnutzung noch in den Kinderschuhen. Ein weiteres Hindernis sind die zahlreichen gesetzlichen Bestimmungen (Landeswassergesetz etc.).

Blockheizkraftwerke

In herkömmlichen Kraftwerken werden nur 40 – 60% der thermisch (durch Verbrennung) erzeugten Energie in Strom umgewandelt – der Rest geht als Abwärme verloren. Das Prinzip der Kraft-Wärme-Kopplung verbessert diese Quote, indem die Abwärme entweder direkt vor Ort oder über ein Fernwärmenetz zum Heizen von Gebäuden und Räumen genutzt wird, was den Nutzungsgrad auf über 80 % steigert. Die Miniaturform einer solchen Kraft-Wärme-Kopplungsanlage stellen sogenannte Blockheizkraftwerke (BHKWs) dar, die für die dezentrale Energieversorgung von Wohnblocks oder -siedlungen immer mehr an Bedeutung gewinnen.

Mehr zum **Thema** ...

Einspeisungsvergütung/Europa: www.foerderung-photovoltaik.eu
Fördergelder für erneuerbare Energien/Deutschland: www.bafa.de
Förderung für erneuerbare Energien/Schweiz: www.bfe.admin.ch/energie
Österreichische Energiepolitik: www.oesterreichsenergie.at

Grundwissen Blockheizkraftwerke Je nach Leistung unterscheidet man Mini- (unter 50 kWh) und Mikro-BHKWs (5–15 kWh). Während Erstere erst bei einem Zusammenschluss mehrerer Parteien zu einem privaten Nutzerverbund in Betracht kommen, können Kleinstanlagen bereits für ein Mehr- oder großes Einfamilienhaus von Interesse sein. Die Funktionsweise der Anlagen unterscheidet sich nicht.
• Die auf dem Markt befindlichen Modelle können mit Gas, Öl, Benzin, Holz oder Biomasse betrieben werden, je nachdem, welcher Antrieb den Kern des BHKWs bildet. Zum Einsatz kommen Ottomotor, Stirling-Motor, Gasturbine etc.
• Die Geräte sind etwa so groß wie ein Kühlschrank und können an die vorhandene Heiz- und Warmwasseranlage im Haus angeschlossen werden. Besonders effizient sind Modelle mit einem integrierten Brennwertkessel.

Doppelt sparen Die Vorteile eines Mikro-BHKWs für das Eigenheim liegen auf der Hand:
• Sie machen den Betreiber ein großes Stück weit von zentralen Energieversorgungsunternehmen unabhängig.
• Der erzeugte Strom ist kostenlos, und wer mehr Energie produziert, als er benötigt, kann ihn gegen eine Vergütung ins Netz einspeisen.
• Die entstehende Wärme ist kostenlos und wandert direkt in Ihren Heizkreislauf. Aus diesem Grund spricht man bei BHKWs auch von stromerzeugenden Heizungen.

Fördergelder

Da es derzeit europaweit eine Fülle von Fördergeldern gibt, die speziell für den Umstieg auf erneuerbare Energien und die zu ihrer Nutzung erforderliche Technik bereitgestellt werden, sollte man sich jetzt gründlich informieren und alle Möglichkeiten ausschöpfen, ehe man die eigene aktive Beteiligung an der Energiewende aus dem Wind schlägt.

Die Einspeisungsvergütung ist gesetzlich geregelt und garantiert. Die jeweils geltenden Tarife finden Sie im Internet.

Der Staat hilft mit. Die dunklen Platten auf vielen Dächern sind mittlerweile ein vertrauter Anblick geworden. Die Technik ist bereits gut ausgereift und hat sich so weit etabliert, dass die zunächst sehr reichlich bemessenen Fördergelder eine Zeit lang teilweise wieder gekürzt wurden. Doch stehen in den einzelnen Ländern auch aktuell (wieder) interessante Investitionszulagen zur Verfügung.
• In Deutschland wird Photovoltaik und vor allem Solarthermie aus der Staatskasse unterstützt. Die zuständige Behörde, bei der Sie jederzeit alle weiteren Details erfragen können, ist das Bundesamt für Wirtschaft und Ausfuhrkontrolle (BAFA).

- In Österreich ist die Solarförderung als Teil der Baubezuschussung von Bundesland zu Bundesland unterschiedlich geregelt und bei den entsprechenden Behörden nachzufragen. Aus der „Förderaktion Photovoltaik 2010" wurden insgesamt 35 Millionen Euro für private Anlagen mit einer Leistung von maximal 5 kW zur Verfügung gestellt.
- In der Schweiz ist die Förderung der Solaranlagen erst seit Kurzem richtig angelaufen. Wie die einzelnen Kantone den privaten Bauherrn hier unterstützen, erfahren Sie bei den zuständigen Behörden oder im Internet.

Einspeisungsvergütung Ist die eigene Photovoltaikanlage installiert, wird es abermals aus finanzieller Sicht für den Bauherrn interessant: Die Produktion von selbst erzeugtem Strom wird mit einer Einspeisungsvergütung „belohnt".
- In Deutschland verpflichtet das Erneuerbare Energien Gesetz (EEG) seit Oktober 2008 die Netzbetreiber dazu, einen festen Anteil des Stroms, den Privathaushalte erzeugen, zu vergüten (Einspeisungsvergütung). In der Regel wird der Betrag auf 20 Jahre festgeschrieben. Dies gilt in erster Linie für die Besitzer von Photovoltaikanlagen, aber auch für die Betreiber eines BHKW.
- In der Schweiz gibt es seit dem 1. Januar 2009 die kostendeckende Einspeisevergütung (KEV). Mit ihr verbunden ist ein erhöhter Einspeisetarif für erneuerbare Energien, der auch Biogas einschließt.
- In Österreich ist eine Einspeisevergütung im bundesweit gültigen Ökostromgesetz festgelegt, deren Höhe jährlich neu geregelt wird.

Anlaufstellen für Förderprogramme Die einzelnen Förderprogramme sind nicht nur von Land zu Land, sondern auch von Region zu Region so verschieden, dass wir uns hier auf einige allgemeine Tipps beschränken, wie Sie am schnellsten fündig werden:
- Grundsätzlich werden Fördergelder sowohl als zinsgünstige Darlehen als auch in Form von Zuschüssen gewährt.
- Erkundigen Sie sich im Bekanntenkreis und bei den Nachbarn, welche Quellen diese beim Umstieg auf erneuerbare Energien ausgeschöpft haben.
- Auch einzelne Städte und Gemeinden fördern den Bau von Anlagen, die erneuerbare Energien nutzen. Oft ist sogar die Kombination von staatlichen und regionalen Programmen möglich. Vereinbaren Sie einen Beratungstermin, bei dem Sie die Einzelheiten besprechen.
- Zu staatlichen Förderungen (in Deutschland z. B. der KfW-Bankengruppe) informieren Sie sich am verlässlichsten im Internet. Eine Linkliste finden Sie auf Seite 79.

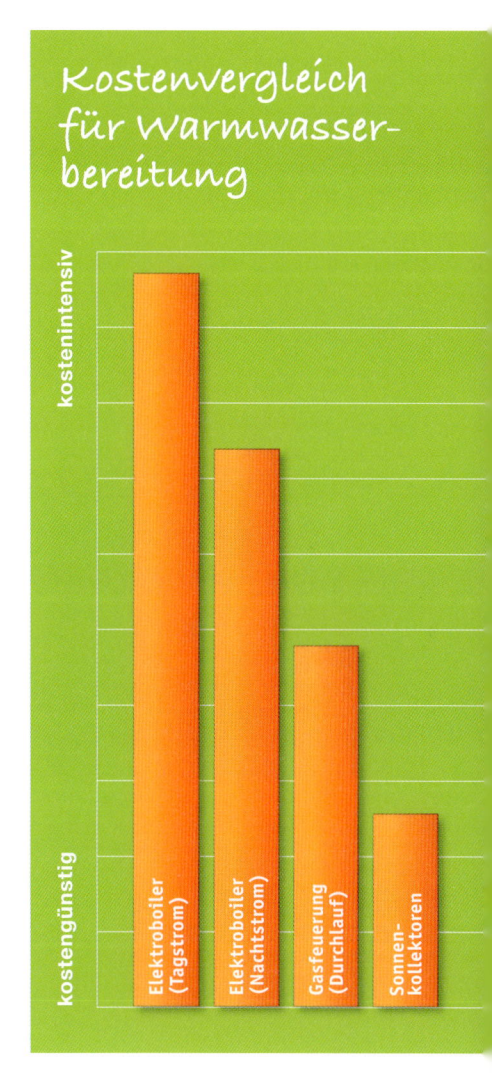

Kostenvergleich für Warmwasserbereitung

(Balkendiagramm: kostenintensiv bis kostengünstig)
- Elektroboiler (Tagstrom)
- Elektroboiler (Nachtstrom)
- Gasfeuerung (Durchlauf)
- Sonnenkollektoren

ENERGIE MIT ZUKUNFT: GAS

Erdgas gehört wie Kohle und Rohöl zu den fossilen Rohstoffen unserer Erde und steht wie diese nicht unbegrenzt zur Verfügung. Jedoch lässt sich auch aus nachwachsender Biomasse durch Gärung ein gasförmiger Rohstoff auf Methanbasis gewinnen. Dieses Biogas hat einen vergleichbar hohen Wirkungsgrad wie Erdgas, verbrennt sauber und könnte zu einem zukunftsweisenden Energieträger werden.

Gas – unser effektivster Rohstoff

Erdgas ist der einzige Rohstoff, den wir fast ohne Verluste nutzen. Da es sauberer verbrennt als Erdöl, ist es umweltverträglicher, aber dennoch deutlich günstiger als Strom.

Wie kann ich umsteigen? Ob Küchenherd, Brenner oder Warmwasserboiler für Gas – alle Geräte sind leicht zu bedienen und in der Anschaffung nicht wesentlich teurer als entsprechende Geräte, die mit Strom betrieben werden.

Biogas – erneuerbar und sauber

Biogas wird heute schon in großem Stil erzeugt und nach entsprechender Aufbereitung in das bestehende Gasnetz eingespeist. Wie hoch der Anteil an Biogas in Ihrem Haushalt tatsächlich ist, erfahren Sie bei Ihrem Gasversorger.

> *Eine auf der Gasflamme zubereitete Mahlzeit nutzt die aufgewendete Primärenergie dreimal effektiver, als dies bei der Zubereitung auf dem Elektroherd der Fall wäre, und kostet auch nur die Hälfte.*

WAS HÄLT SIE DAVON AB, ... mit Gas zu kochen?

- ❑ **ICH HABE ANGST VOR EXPLOSIONEN.** Gas ist heute ebenso sicher wie Strom, vorausgesetzt, Leitungen und Geräte werden jährlich gewartet und die Anlage befindet sich auf dem aktuellen Stand der Technik. Um ausströmendes Gas zu erkennen, wird seit Jahrzehnten ein Zusatz beigegeben, der den typischen Geruch entwickelt.

- ❑ **ICH WEISS NICHT, OB WIR GASANSCHLUSS HABEN.** Nicht jede Gemeinde ist ans Gasnetz angeschlossen. Erkundigen Sie bei der zuständigen Stelle, zu welchen Bedingungen ein Neuanschluss samt Zuleitung gelegt werden kann und welche Kosten dafür anfallen. Häufig ist jedoch eine Gaszuleitung vorhanden, die nur nicht genutzt wird.

Vorteile Biogas ist eine ganz besonders interessante Energiequelle, weil es im Gegensatz zu Wasser- und Windenergie immer verfügbar ist (grundlastig) und sich außerdem besser speichern lässt. Biogas ist am besten genutzt, wenn es in Blockheizkraftwerken als Antrieb dient: Der Strom wird ins Netz eingespeist – die Wärme vor Ort genutzt.

Neue Wege gehen Biogas lässt sich auch als Treibstoff für Autos nutzen. Sehen Sie sich einmal in Ihrer Umgebung nach einer Tankstelle um, die Gas anbietet. Im Prinzip lassen sich fast alle Pkws mit Ottomotoren umrüsten – das ist auch für landwirtschaftliche Fahrzeuge interessant.

Biogas selbst erzeugen Bauernhöfe, die über organische Abfälle aus Viehhaltung, Obst-, Gemüse- oder Getreideanbau verfügen, haben ein enormes, noch wenig genutztes Potenzial für die Gewinnung von Biogas.

Mehr zum *Thema* …

Gasanbieter und Preise im Vergleich: www.clever-gas.de
Sauber heizen mit Gas: www.moderne-heizung.de/erdgas.html
So sicher ist Gas: www.dvgw.de/gas/informationen-fuer-verbraucher
Gas in der Küche: www.gasanbieter.net/kochen-mit-gas
Hersteller, Anlagenbauer, Biogasanlagenbetreiber: www.biogas.org

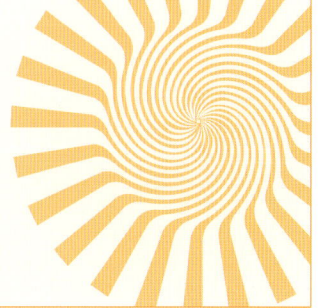

ENERGIEQUELLEN IM ÜBERBLICK

Nicht erneuerbare Energien

Was?	Vorteile	Nachteile
Kohle	• Vorräte zwar derzeit noch reichlich vorhanden, aber letztendlich begrenzt • Billigster Energieträger unter den fossilen Brennstoffen	• Kohleabbau ist mit massiven Eingriffen in die Umwelt verbunden. • Bei der Verbrennung entstehen große Mengen an Treibhausgasen. • Durch die Verbrennung werden Gase freigesetzt, die schädlich für Mensch, Tier und Umwelt sind. • Hohe Feinstaubentwicklung durch Rauch und Ruß
Erdgas	• Erdgas ist derzeit noch in großen Mengen verfügbar, relativ leicht zugänglich und somit kostengünstig. • Beim Verbrennen entstehen weniger Schadstoffe als bei Kohle.	• Beim Verbrennen von Erdgas entstehen Treibhausgase. • Einseitige Lieferabhängigkeit von wenigen Staaten
Kernenergie	• Im Atomkraftwerk wird Strom nahezu CO_2-neutral erzeugt.	• Uran und seine Nebenprodukte sind hochradioaktiv, die Entsorgung ist teuer, die Endlagerung ungelöst, die Gefährdung der Umwelt enorm hoch. • Bei Abbau, Verarbeitung und Herstellung des Brennstoffs entstehen Treibhausgase in großen Mengen.

Regenerative Energien

Was?	Vorteile	Nachteile
Energie aus Wasserkraft	• Keine Verunreinigung des zur Energieerzeugung verwendeten Wassers • Wasserkraft steht rund um die Uhr zur Verfügung und ist daher zur Abdeckung des Grundlastbedarfs an Strom gut geeignet. • Es entstehen keine gefährlichen Abfälle und Treibhausgase. • Pumpspeicherwerke unentbehrlich für Deckung von Spitzenlastbedarf	• Der Bau der Staudämme ist meist mit erheblichen Eingriffen in die Umwelt verbunden.
Energie aus Wellen	• Wellenkraftwerke machen nur geringe landgebundene Erschließungsmaßnahmen erforderlich. • Wellenkraftwerke produzieren keinen Abfall und keine Treibhausgase.	• Durch extreme Betriebsbedingungen bedingte, relativ begrenzte Standzeit • Auswirkungen auf lokale Ökosysteme sind noch nicht restlos erforscht. • Leistung abhängig vom Seegang

ENERGIEQUELLEN IM ÜBERBLICK

Regenerative Energien – Fortsetzung

Was?	Vorteile	Nachteile
Energie aus Gezeiten	• Gezeitenkraftwerke produzieren weder Abfallstoffe noch Treibhausgase. • Zu 100% vorhersagbare Leistung	• Mögliche Standorte für Gezeitenkraftwerke sind rar. • Auswirkungen auf lokale Ökosysteme sind noch nicht restlos erforscht.
Windenergie	• Saubere Energiegewinnung ohne Nebenprodukte • Landwirtschaft und Weideviehhaltung zwischen den Windrädern problemlos	• Windturbinen bedeuten ein Risiko für Vögel. • Wind weht nicht konstant. • Windparks werden von Anwohnern häufig als störend empfunden.
Geothermie	• Gewinnung macht einen Großteil oberirdischer Infrastruktur verzichtbar. • Verlässliche, beständige Energiequelle • Keine Treibhausgase, kaum Abfallprodukte	• Nur wenige Standorte sind für Geothermiekraftwerke geeignet, wobei einige davon unter Umständen nur eine begrenzte Lebensdauer haben. • Statische Aspekte bei Bau und Betrieb (z. B. Sackungen)
Solarenergie	• Sonnenlicht ist leicht zugänglich, kostenlos und unbegrenzt verfügbar. • Solarkraftwerke erzeugen keine Treibhausgase und kaum Abfallprodukte.	• Solarkraftwerke sind komplexe Anlagen mit hohen Baukosten. • Unbeständige Leistungsabgabe – abhängig von der Sonnenscheindauer
Energie aus Biomasse	• Der Einsatz von nachwachsenden Rohstoffen zur Stromerzeugung (Biomasse-Heizkraftwerk) schont die fossilen Ressourcen der Erde. • Die Energieerzeugung aus nachwachsenden Rohstoffen ist CO_2-ärmer als bei fossilen Rohstoffen.	• In manchen Ländern verdrängen Energiepflanzen den Anbau von Nahrungsmitteln. • Der Anbau und die Verarbeitung erfolgen evtl. unter Anwendung von nicht nachhaltigen Methoden.

Mehr zum Thema ...

Regenerative Energien im Überblick: www.alternative-energiequellen.com
Unternehmer, Verbände und Regierung informieren: www.unendlich-viel-energie.de
Förderkonditionen: www.bafa.de/bafa/de/energie/erneuerbare_energien/index.html
KfW-Förderprogramme Deutschland: www.kfw.de/kfw/de/Inlandsfoerderung/index.jsp
Photovoltaik-Förderung Österreich: www.klimafonds.gv.at/home/foerderungen.html
Einspeisungsvergütung Schweiz: www.bfe.admin.ch/themen/00612/02073/index.html?lang=de

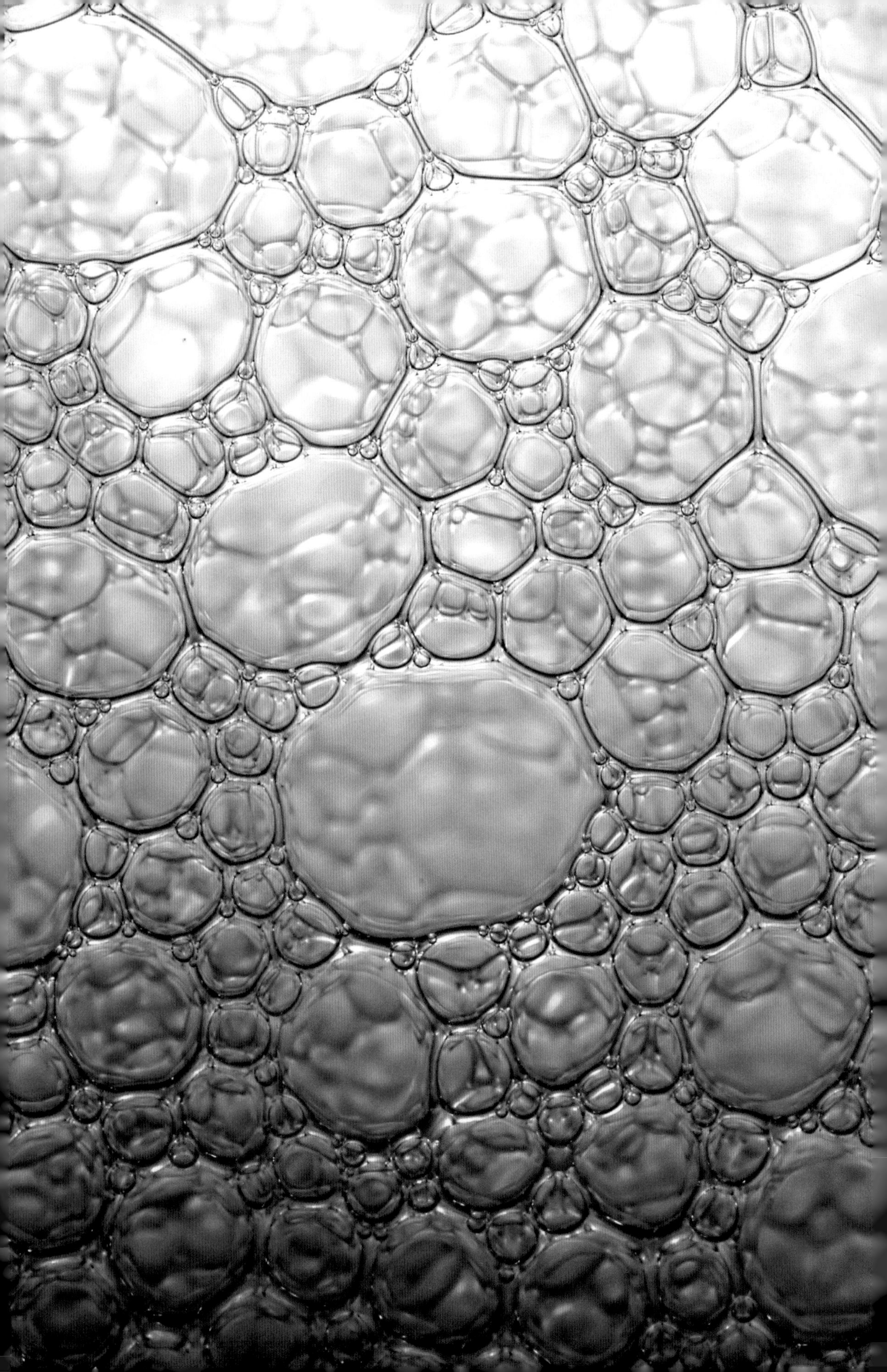

KAPITEL 4

HEIZUNG, RAUMKLIMA, WARMWASSER UND LICHT

- Was Komfort kostet 82
- Heizung und Raumklima 86
- Warmwasser 100
- Licht 110

WAS KOMFORT KOSTET

Eine – sommers wie winters – angenehm temperierte Wohnung oder ein ausgedehntes heißes Bad gehören zu den Dingen, die heute selbstverständlich sind. Doch dieser Komfort hat seinen Preis: Wir geben bis zu 70 % der jährlichen Energiekosten für Wärme und Behaglichkeit aus.

Drei Schritte zum Energiesparen Die Kosten für Heizung und Warmwasser zu senken, obwohl die Energiepreise steigen, ist leichter, als gedacht: Wenn Sie Ihre Geräte wie Heizung, Thermostate, Heizkörper und Lampen so einstellen, dass sie besonders effektiv arbeiten, können Sie ab sofort fast die Hälfte der Kosten sparen, die Sie für den täglichen Komfort ausgeben. Noch wichtiger ist es jedoch, das menschliche Wärmeempfinden zu berücksichtigen.

Das menschliche Wärmeempfinden

Dem Menschen fehlt die Fähigkeit, Temperatur aufs Grad genau zu fühlen, denn dafür haben wir kein Sinnesorgan. Menschen können lediglich spüren, ob die sie umgebende Luft wärmer oder kälter ist als sie selbst. Wer in einem Raum zu frieren beginnt, greift dann meist zum einfachsten Mittel, um es schön warm und behaglich zu haben: Die Heizung wird aufgedreht – das aber ist oft nicht die beste Lösung.

Was unser Körper braucht Wie alle Säugetiere müssen Menschen eine gleichmäßige Körpertemperatur aufrechterhalten, damit der Stoffwechsel problemlos funktioniert. Der Temperaturbereich, der dem menschlichen Organismus am zuträglichsten ist, liegt zwischen 18 und 35 °C. Wird die Umgebungstemperatur zu hoch oder zu niedrig, empfinden wir ein körperliches Unbehagen. Der Grund ist die Tatsache, dass unser Organismus dann Zusatzleistungen erbringen muss, um die Körpertemperatur stabil zu halten. Der Körper versucht, diese Anstrengungen zu vermeiden, indem er frühzeitig signalisiert: „Die Temperatur stimmt nicht – sorge für mehr Wärme bzw. Kühlung."

- Steigt die Temperatur in unserer Umgebung, beginnen wir zu schwitzen: Um den Schweiß, der zu 99 % aus körpereigenem Wasser besteht, auf die Körperoberfläche zu pumpen, muss das Herz schneller schlagen, der Puls steigt – der Körper vollzieht eine Leistungssteigerung.

- Droht die Körpertemperatur dagegen unter 35,5 °C zu sinken, zieht der Körper zunächst Blut aus den weniger wichtigen Partien wie Ohren, Nase, Hände usw. ab. Anschließend ziehen sich die Muskeln zusammen, um Wärme zu produzieren, wir zittern. Wieder muss der Körper auf Hochtouren arbeiten.

Wärme und Wärmeempfinden Um Wärme überhaupt spüren zu können, brauchen wir unsere Haut bzw. unsere Handoberfläche. Unsere Hände signalisieren uns, ob ein Gegenstand, den wir berühren, kälter oder wärmer ist als die Hand. Das führt zu interessanten Phänomenen, die Sie sicher selbst auch schon beobachtet haben: Wenn die linke und die rechte Hand verschiedenen Temperaturen ausgesetzt waren, fühlt sich ein und derselbe Gegenstand unterschiedlich warm an. Da Hände und Füße oft nicht gleich warm sind, erscheint uns z. B. das Wasser in einem Pool unterschiedlich warm, je nachdem, ob wir es mit Händen oder Füßen testen.

Wind und Feuchtigkeit Für unsere Temperaturwahrnehmung spielen außerdem die Bewegung der Luft (Wind/Zugluft) sowie die Luftfeuchtigkeit eine Rolle.
- Je mehr sich Luft bewegt, umso kälter kommt sie uns vor. Deshalb fröstelt uns in Räumen, in denen es zieht, besonders leicht, und aus demselben Grund kühlen Ventilatoren bei Hitze.
- Die relative Luftfeuchtigkeit, die dem menschlichen Organismus zuträglich ist, liegt zwischen 35 und 60 %. Steigt bei gleichbleibender Temperatur die Luftfeuchtigkeit, empfinden wir dieselbe Luft als deutlich wärmer als zuvor: Die Luft erscheint uns dann als schwül und drückend, und wir beginnen zu schwitzen.

Ein angenehmes Raumklima Zusätzlich zu diesen messbaren und nachgewiesenen Faktoren spielt sogar die Einrichtung inklusive der Farben, Materialien und der Atmosphäre eine wichtige Rolle. Finden wir in einem Raum angenehme Farben, sinnvolle Ordnung, eine geschmackvolle Einrichtung, gute Lichtverhältnisse und Sauberkeit usw. vor, ordnen wir ihn als freundlich und warm ein. Und fühlen uns in diesem Zimmer behaglich.

Individuelle Befindlichkeiten Unser Wärme-und-Kälteempfinden hängt aber auch von unserer individuellen Konstitution ab. Zudem spielen Abhärtung, der momentane Gesundheitszustand und die Tätigkeiten, die wir in einem Raum ausüben, eine Rolle.

Heizkosten bezogen auf Temperatur und Fläche

Wärmeempfinden in Abhängigkeit von Raum- und Wandtemperatur

Die Faktoren der Behaglichkeit

Mit der Kenntnis der biologischen Zusammenhänge wird es leichter, ein cleveres Wärmemanagement zu betreiben. Wer die Temperaturführung so gestaltet, dass das individuelle Wärmeempfinden immer berücksichtigt wird, kann Heizkosten sparen und kommt vielleicht sogar gesünder über den Winter als bisher.

Die trügerischen Signale des Körpers Aufgrund unserer biologischen Eigenschaften fühlen wir uns also am behaglichsten in Räumen, in denen folgende Bedingungen herrschen:
- Der Organismus muss keine Anpassungen an Temperaturschwankungen vornehmen.
- Wir spüren keinen Luftzug.
- Die Luftfeuchtigkeit liegt im normalen Bereich.

Wenn diese Faktoren optimal zusammenspielen, fühlen wir uns wohl und behaglich. Wer jedoch schon einmal länger in einem gleichmäßig temperierten Raum gesessen ist, ohne sich zu bewegen, weiß, dass sich dann langsam, aber sicher körperliche Müdigkeit und geistige Trägheit einstellen. Der Grund ist einfach: Gleichmäßige Temperaturen lassen unseren Organismus regelrecht „einschlafen". Ohne wärmere oder kältere Stellen in der Umgebung trügt bzw. ermüdet das Temperaturempfinden, denn ohne jegliche Vergleichswerte können wir nicht mehr richtig einschätzen, wie warm oder kalt es ist. Die typische Reaktion, die Heizkörperthermostate weiter aufzudrehen, sorgt letztlich nur für das vom matten Körper vermisste Regulativ – wobei sich allerdings auf Dauer lediglich Ihre Heizkostenabrechnung, nicht aber das Wohlbefinden erhöht.

Intelligente Wärmeverteilung Deshalb wird empfohlen, einen Unterschied zwischen Tag- und Nachttemperaturen herbeizuführen sowie die Temperatur in verschiedenen Räumen der Wohnung oder des Hauses zu variieren. Am kältesten soll es dabei tendenziell im Flur, im Keller, im Treppenhaus und natürlich im Schlafzimmer sein, die übrigen Räume können dann individuell erwärmt werden, wobei sich die folgenden Temperaturen bewährt haben:
- 12 – 15 °C in kaum genutzten Räumen wie Gästezimmern
- 16 °C in Keller, Flur, Treppenhaus usw.
- 18 °C in der Küche und im Bad (ohne Nutzung)
- 20 °C in in Wohn-, Arbeits- und Kinderzimmer
- 22 °C im Bad während der Nutzung

So, wie ein Saunagang oder eine kalte Dusche dem Körper helfen, nicht abzuschalten, und das Immunsystem anregen, ist es optimal für den Organismus, sich im Lauf des Tages in unterschiedlich temperierten Zimmern aufzuhalten. Lüften nicht vergessen: So wird verbrauchte Luft gegen frische, sauerstoffreiche, staubfreie eingetauscht und die Luftfeuchtigkeit reguliert sich.

Luftbewegungen aufspüren Messungen haben ergeben, dass Menschen bereits jenen schwachen Luftzug wahrnehmen, der zwischen Bauelementen mit einem Temperaturunterschied von nur 3 °C entsteht (siehe auch Grafik auf Seite 83 unten). Kein Wunder also, dass man schnell das Gefühl hat, dass es im Zimmer zieht, wenn die Lufttemperatur in einem Zimmer 21 °C beträgt, während die Fensterscheiben oder Außenwände unter 18 °C warm sind – im Winter keine Seltenheit! Eine bessere Wärmeisolierung kann hier erheblich mehr bewirken als die Erhöhung der Raumtemperatur.

Kühle Oberflächen vermeiden Ebenso wie Menschen den Wärmeunterschied zwischen Raumluft und Fensterscheiben spüren, wenn er über 3 °C beträgt, nimmt der menschliche Organismus auch den Temperaturunterschied zwischen Luft und Wänden als unangenehme Zugluft wahr. Schon das Anbringen schwerer Vorhänge im Bereich der Fenster sowie großflächiger Bilder oder Wandteppiche an den Wänden mindert solche durch den Temperaturunterschied der Oberflächen bedingte Luftströmungen. Als weitere Möglichkeit können Sie das Mobiliar so umräumen, dass Sitzmöbel oder Arbeitstische nicht direkt an eine Außenwand grenzen.

In den Füßen enden viele Nervenzellen, und da sie zudem sehr gut durchblutet sind, reagieren sie besonders empfindlich auf Kälte – haben wir kalte Füße, frieren wir.

Wissen SPEZIAL

DIE RICHTIGE KLEIDUNG

Nicht umsonst besaßen unsere Großeltern noch getrennte Kleidung für den Winter und für den Sommer: Wer zum Heizen nur Einzelöfen (Öl oder Kohle) hatte, war mit leichter Baumwollbekleidung schlecht beraten.

- Wolle oder Fleece sind besonders gut geeignet, um die Wärme im Körper zu halten. Eine dicke Strickjacke, ein Norwegerpullover oder ein Sweater bzw. eine Weste sind ideal als oberste Schicht.
- Darunter trägt man am besten mehrere Schichten (Zwiebelprinzip). Insbesondere ein Unterhemd leistet wertvolle Dienste.
- Tun Sie sich und Ihrer Heizkostenrechnung etwas Gutes und tragen Sie warme Socken und gefütterte Hausschuhe oder atmungsaktive Filzpantoffeln. Sie wärmen die Füße – und damit den ganzen Körper.

Kälteseen vermeiden Selbst bei hoch aufgedrehten Heizkörperthermostaten kann es passieren, dass die Füße kalt bleiben. Das liegt daran, dass kalte Luft zu Boden sinkt, während warme Luft aufsteigt. Am Boden bilden sich sogenannte Kälteseen aus Luft. Sofern Sie nicht über eine Fußbodenheizung verfügen, lassen sich diese nur durch den Einsatz zusätzlicher Heizlüfter vermeiden – sicher keine sehr energieeffiziente Lösung. Viel leichter schaffen Sie Abhilfe, indem Sie einen dicken Teppich auslegen und somit die Oberflächentemperatur des Bodens erhöhen. Davon abgesehen: Was spricht eigentlich dagegen, im Winter auch im Wohnzimmer warme Hausschuhe zu tragen?

SPITZEN-SPARER

Das Anbringen von **Wandtextilien** reduziert das subjektive Kälteempfinden und senkt den Heizbedarf.

HEIZUNG UND RAUMKLIMA

Wer das optimale Raumklima sucht und weiß, dass eine gleichbleibend hohe Temperatur dem Organismus ebenso schadet wie dem Geldbeutel, sollte ein flexibles Raumklima schaffen, das einerseits dem Organismus ausreichend Anreize bietet und andererseits dem individuellen Gefühl von Behaglichkeit Rechnung trägt.

Wärmeinseln schaffen Wenn Sie Familie haben und mit den Kindern die längste Zeit des Tages in ein und demselben Zimmer verbringen, wozu die neuen Loft-Grundrisse im Küchen- und Wohnbereich einladen, hat es sich bewährt, sogenannte Wärmeinseln und Warmbereiche zu schaffen. So wie früher der wärmste Platz der Stube direkt am Ofen war, kann dann der Bereich rund um einen Heizkörper wärmer sein als der Rest des Zimmers. Hier lässt es sich auf einer wärmenden Decke gemeinsam spielen, während es z. B. im Couchbereich kühler ist – dafür legen Sie dort warme Kuschelkissen und Decken bereit, in die man sich z. B. beim Fernsehen am Abend gemütlich einwickeln kann, statt die Heizung höherzudrehen. Eine weitere Möglichkeiten, der Temperaturmonotonie zu entfliehen, ist das Einrichten einer sogenannten Warmwand. Diese funktioniert nach dem Prinzip der Fußbodenheizung und besteht aus Heizschlaufen, die unter Putz gelegt werden. So lässt sich ein Teil einer zentralen Wandfläche erwärmen – und von dort aus strahlt die Wärme in den Raum ab. Der Effekt ist vergleichbar dem eines Kachelofens.

Mehr zum Thema ...

Behaglichkeit: www.thermische-behaglichkeit.de

Zusammenhang zwischen persönlichem Wohlbefinden, Luft- und Wandtemperatur:
www.heiz-tipp.de/ratgeber-194-luft__u_wandtemperatur.html

Richtiges Heizen und Lüften: www.energie-kosten-reduzieren.de/Heizkosten-Sparen.php

Energiesparen mit Teppichböden: www.ruma.de/Sortiment/page4/page37/page37.html

Energieverbrauch von Klimageräten: www.innovations-report.de/html/berichte/studien/energieverbrauch_klimaanlagen_oft_ueberfluessig_116751.html

Den Kreislauf in Schwung bringen Wenn Ihre Arbeit es mit sich bringt, dass Sie sich über Stunden in ein und demselben Zimmer aufhalten, sollten Sie Ihre Pausen bewusst dazu nutzen, sich zu bewegen und andere Zimmer mit einer anderen Temperatur aufzusuchen. Oder noch besser: Nehmen Sie sich Zeit für einen Spaziergang im Freien. Sie werden erstaunt sein, wie warm Ihnen Ihr Zuhause dann wieder vorkommt, ohne dass Sie die Heizung höhergestellt haben!

Für warme Füße sorgen Da die Füße unser sensibelstes „Wärmeorgan" sind, müssen Sie nicht nur auf Kälteseen (siehe Seite 86 oben), sondern auch auf den Bodenbelag achten. Fliesen und Steinböden haben eine sehr gute Wärmeableitfähigkeit. Das ist hervorragend im Sommer in heißen Klimazonen – in unseren mitteleuropäischen Wintern empfinden Füße diese Bodenbeläge als kalt. Teppiche schaffen sofort ein wärmeres Fußklima und sorgen damit für mehr Wohlbefinden. Wenn großflächige Teppichböden nicht nach Ihrem Geschmack sind, legen Sie den Boden im Winter mit einzelnen Läufern und Wollteppichen aus – besonders dort, wo Sie sitzen oder sich über längere Zeit aufhalten.

Im Sommer schön kühl In der letzten Zeit werden verstärkt Klimageräte beworben, die den luxuriösen Komfort verprechen, auch im Sommer jederzeit eine angenehm gekühlte Wohnung vorzufinden. Dass es zur Anschaffung bzw. zum Betrieb einer solchen Raumluftklimatisierung in unseren Breiten sinnvollere Alternativen gibt, steht außer Frage. Der Energieverbrauch dieser Geräte ist mindestens so hoch wie der eines Kühlschranks. Zudem sinkt die Raumluftqualität, und die Anfälligkeit für Erkrankungen der Atemwege steigt. Besser ist es, sich ein einfaches Kühlsystem auszudenken, das – vor allem in Dachwohnungen – an den wenigen wirklich heißen Tagen im Jahr Linderung bringt:

SPITZEN-SPARER

Selbst ein kräftiger **Deckenventilator** nimmt nur ein Viertel so viel Leistung auf wie ein durchschnittliches **Klimagerät**. Bei vergleichbarem Kühleffekt ergibt sich also eine **75 %ige Kostenersparnis**.

- Wenn Sie in einem Haus mit großen Fensterfronten wohnen, sollten Sie eine effektive Verschattungsmöglichkeit anbringen. Bewährt haben sich z. B. Lamellenelemente, die auf der Raumseite angebracht sind, sowie Rollos.
- Vorgebaute Wintergärten können sich im Sommer extrem aufheizen. Sorgen Sie auch hier unbedingt für eine regulierbare Schattierung. Sehr bequem sind Systeme, die sich automatisch selbst regulieren.
- Schließen Sie die Rollläden, wenn die Sonne auf die Fenster scheint, und öffnen Sie gleichzeitig die Fenster zur nicht besonnten Seite.
- Stellen Sie dort, wo Sie sich aufhalten, Ventilatoren auf, aber so, dass Sie nicht im Zug sitzen. Dies kühlt zwar die Luft nicht, hält sie aber in Bewegung.
- Lassen Sie hin und wieder eiskaltes Wasser über Ihre Handgelenke fließen.
- Tragen Sie luftige Kleidung und trinken Sie ausreichend.

Heizungssysteme

In unseren gemäßigten Breiten, wo die Wohn- und Schlafräume den ganzen Winter über sowie an kalten Tagen der Übergangszeiten beheizt werden müssen, wurden drei Heizsysteme entwickelt, die sich untereinander kombinieren lassen: Zentralheizungen, Öfen und offene Kamine. Aufgrund ihres hohen Komforts haben sich Erstere durchgesetzt.

Zentralheizung technisch optimieren

Eine klassische Zentralheizung heizt mit Öl oder Gas. Sie besteht aus Brenner, Wasserkessel und Rohrleitungen sowie den Heizkörpern. Wer alle Teile dieses Systems richtig wartet und neueste technische Entwicklungen für sich nutzt, kann viel Geld sparen, ohne dabei an Heizkomfort zu verlieren.

Neue Thermostate Auch als Mieter haben Sie es in der Hand, die Heizkosten durch Modernisierung zu senken: Sie dürfen neue elektronische Thermostate einbauen (lassen) und damit die Wärme in allen Räumen bei Tag und Nacht optimal einstellen. Die alten Thermostate sollten Sie allerdings aufheben – sie sind Eigentum des Vermieters.

Neue Heizkörper Das Einsetzen neuer Heizkörper stellt eine deutlich spürbare Verbesserung dar. Statt einer umfassenden Renovierung reicht es für den Anfang, den oder die Heizkörper in dem Raum austauschen zu lassen, den Sie am meisten benutzen. Der Umbau ist leicht und schnell erledigt – bei überschaubaren Kosten.

IM ÜBERBLICK ▶ Zentralheizungssysteme

Warmwasserheizung Dieses hydraulische System besteht aus einem Kessel – heute meist ein effektiv mit Öl, Gas oder Holz betriebener Brennwertkessel. Darin wird Wasser auf 30 bis 90 °C erhitzt. Eine Pumpe transportiert das heiße Wasser durch ein Röhrensystem zu den Heizkörpern im ganzen Haus. Es gibt zwei Sorten von Heizkörpern: Große Radiatoren geben ihre Wärmestrahlung direkt an die Objekte oder Personen in der Umgebung ab. Die kleineren Konvektoren hingegen verfügen über eine Vielzahl an Lamellen, an denen sich die Luft erwärmt und sich im Raum verteilt. Ist das Wasser im Heizkörper abgekühlt, fließt es durch die Rücklaufleitungen zurück zum Kessel, wo der Kreislauf erneut beginnt. Da die Heizkörper mit einem Thermostat ausgerüstet sind, lässt sich die Temperatur für jeden Heizkörper schnell und individuell regeln. Zu den Nachteilen der Zentralheizung gehören die trockene Luft in Heizungsnähe und die Entstehung von Kälteseen in der Mitte der Räume.

Fußbodenheizung Auch dieses System kann man zu den Warmwasserheizungen zählen. Doch im Gegensatz zur klassischen Zentralheizung werden keine Heizkörper erwärmt: Herzstück sind Rohre, die in Schlingen im Estrich eingelassen sind und den Fußboden erwärmen. Durch die gleichmäßige Wärmeverteilung über die gesamte Bodenfläche sind Kälteseen ausgeschlossen. Fußbodenheizungen werden mit energiesparender Niedertemperatur betrieben. Zu den Nachteilen des Systems gehört seine Schwerfälligkeit: Bis sich die massive Estrichschicht über den Rohren erwärmt, vergeht einige Zeit. Ist der Boden dann erwärmt, dauert es seine Zeit, bis er kühler wird. Fußbodenheizungen können bei bestehenden Venenerkrankungen problematisch sein. Aber auch Gesunde klagen über Müdigkeit und Kreislaufprobleme, denn eine Fußbodenheizung muss eine Oberflächentemperatur von ca. 27 °C erreichen, um einen Raum an sehr kalten Wintertagen zu erwärmen.

Wärmesysteme im Passivhaus In Niedrigenergie- bzw. Passivhäusern bildet meist ein Kompaktgerät das Hauptelement der Haustechnik. Es gibt demnach keine Heizung im herkömmlichen Sinn, also keinen Heizraum, Heizkörper oder Brenner. Für die Wärme sorgen eine Lüftungsanlage und eine Wärmepumpe: Die Lüftungsanlage be- und entlüftet über ein System von Rohren und Klappen alle Räume im Haus. In die Lüftung integriert ist eine Wärmerückgewinnung, die aus der Abluft Wärme entnimmt und damit die frische Zuluft erwärmt. Zusätzlich entnimmt die Wärmepumpe aber Wärme aus dem Erdreich, dem Grundwasser oder der Luft und speist sie ins System ein. Da Passivhäuser so perfekt gedämmt sind, dass – theoretisch – bereits die Körperwärme der Bewohner, die einfallenden Sonnenstrahlen und kleinste Wärmequellen wie Glühbirnen oder ein Föhn ausreichen würden, um es zu beheizen, garantiert dieses Heizsystem rund ums Jahr eine gleichmäßige Raumtemperatur zu geringen Kosten.

Pelletofensysteme Holz wird heute immer mehr in Form von Pellets (engl. Bällchen) angeboten, schmale, kurze Röllchen, die aus Restholz (Holzstaub oder Sägemehl) gewonnen werden. So wird Holz zum bequem portionierbaren, weitgehend CO_2-neutralen Schüttgut. Bauherren haben die Wahl zwischen Einzelöfen (Leistung bis ca. 11 kW; für einen oder mehrere Räume) und Pellets-Zentralheizungen mit einer Leistung bis zu 35 kW. Bei den Einzelöfen ist der Vorratsbehälter in der Regel seitlich am Gehäuse angebracht. Der Ofen kann von Hand oder halbautomatisch mit Pellets versorgt werden. Zentralheizungen werden entweder mit einer sogenannten Förderschnecke oder einem Saugsystem mit Pellets beschickt. Zentralheizungen, die mit Pellets betrieben werden, sind vielseitig. Sie können an das herkömmliche hydraulische Heizsystem angeschlossen werden und lassen sich besonders gut mit Solaranlagen kombinieren.

Hocheffizienzpumpe Das eigentliche Herzstück der Heizung ist die Pumpe. Arbeitet sie mit gleicher Kraft rund ums Jahr, verbraucht sie sinnlos Strom: Die neue Pumpengeneration wird nur aktiv, wenn Leistung erforderlich ist. Das spart bis zu 10 % Ihrer Gesamtstromkosten.

Neuer Brenner/Kessel Moderne Brenner erreichen durch modernste Brennwerttechnik einen sehr hohen Normnutzungsgrad bis 97 % Hs (Brennwert) bzw. 105 % Hi (Heizwert). Viele sind bereits so vorgerüstet, dass man sie mit erneuerbaren Energien koppeln kann. Der Austausch empfiehlt sich in jedem Fall, wenn der alte Kessel zunehmend reparaturbedürftig wird, wenn die Abgaswerte die Richtwerte übersteigen oder wenn Sie einen Kessel haben, der über 20 Jahre alt ist: Häufig handelt es sich dabei um uneffiziente Konstant-Temperatur-Heizkessel.
• Konstant-Temperatur-Heizkessel halten – konstruktionsbedingt – das ganze Jahr über das Wasser auf etwa 80 °C. Der Austausch durch eine neue Anlage kann bis zu 40 % der bisherigen Heizkosten einsparen.
• Die Nachrüstung eines Konstant-Temperatur-Heizkessels mit einem Brennraumeinsatz ist nicht empfehlenswert.

DIE KOSTEN IHRER ZENTRALHEIZUNG

Anlagentyp	Installationskosten	Betriebskosten	Treibhauseffekt (CO_2-Ausstoß)
Warmwasserzentralheizung*	€€	€€€	hoch
Fußbodenheizung*	€€€	€€€	hoch
Wärmesystem im Passivhaus (Wärmepumpe & Lüftung)	€€€€€	€€	niedrig
Pelletofensystem	€€€€	€€	vergleichsweise niedrig**

* Die Angabe beruht auf der Annahme, dass nicht erneuerbare Energien wie Öl oder Gas als Brennstoff verwendet werden. Heizen Sie mit erneuerbarer Energie (Solar, Pellets etc.), sind die Emissionswerte niedriger.

** Obwohl Holz beim Verbrennen ebenfalls CO_2 abgibt, muss man bedenken, dass jeder Baum während seines Lebens CO_2 aufnimmt und deshalb die Bilanz unter dem Strich neutral ist.

Dieser kann die Abgastemperatur so weit verringern, sodass sich Kondensat bildet, das sich im Kessel ablagert und den Schornstein durchfeuchtet.

Rohre isolieren Über die Rohre kann bis zu 25 % der Wärme verloren gehen! Versehen Sie sichtbare Leitungen zwischen Brenner und Kessel und die nach oben führenden Rohre mit Isolierschläuchen aus flexiblem Schaumstoff.

Heizkörper richtig anbringen Viel Wärme geht verloren, wenn die Heizkörper zu nah an der Wand montiert wurden. Hier heizen Sie eher die Wand dahinter als den Raum davor. Wenn sich der Heizkörper nicht versetzen lässt, bringen Sie eine mit Alufolie beschichtete Dämmplatte an der Wand hinter dem Heizkörper an.

Den Betrieb der Zentralheizung optimieren

Durch das einfache Aufdrehen des Thermostats am Heizkörper kommt die Heizungsanlage in Gang: Der Brenner springt an, heißes Wasser wird über die Leitungen in den Heizkörper gepumpt und in Minutenschnelle nimmt die Wärme im Raum zu. Das verführt dazu, die Heizung einfach „aufzudrehen" ... und sich nicht weiter um ein Wärmemanagement zu kümmern. Dabei ist es so einfach, Geld zu sparen: Schon das Absenken der Raumtemperatur um 1 °C spart etwa 6 % der Energiekosten.

Den täglichen Wärmebedarf ermitteln Erstellen Sie einen Plan in Tabellenform, auf dem Sie jeden Raum eintragen. Anschließend ermitteln Sie, wann und wie die

IM ÜBERBLICK ▶ Einzelheizungen

Elektroheizgeräte Unter dem Oberbegriff werden alle Heizgeräte zusammengefasst, die mit Strom betrieben werden. Die Art, wie Wärme erzeugt wird, ist verschieden. Die fahrbaren Heizkörper enthalten Röhren mit einem Ölgemisch, das erwärmt wird. In Heizmatten und Heizkissen sind Leitungen eingebaut, die sich durch den Stromdurchfluss erwärmen – ebenso der Draht in Heizstäben. Problematisch sind nicht nur die hohen Betriebskosten, sondern auch die Feuergefahr: Kein Heizgerät abdecken oder in der Nähe brennbarer Gegenstände aufstellen – besonders gefährlich sind Vorhänge! Das Gerät immer direkt an eine Wandsteckdose anschließen – nicht mit dem Verlängerungskabel verbinden. Halten Sie Haustiere und Kinder von den Geräten fern und haben Sie, wie bei brennenden Kerzen, stets ein Auge auf jedes laufende Heizgerät.

Kachelöfen Der geschlossene, aus Schamottesteinen zusammengesetzte Kachelofen ist ein in sich perfektes System zur Erwärmung von Luft (Konvektion); gleichzeitig strahlt er auf der gesamten Oberfläche Wärme ab und hat somit als ein Radiator eine verhältnismäßig große Oberfläche. Die Wirkung wird durch die Kacheln noch verstärkt, da sich Keramik schneller erwärmt und bessere Wärmeleitfähigkeiten hat als die gemauerte Wand des Ofens. Das Herzstück des Ofens ist der aus Grauguss gefertigte Heizeinsatz mit nachgeschalteten Heizflächen aus Schamottestein (Tongemisch, das Wärme sehr gut und lange hält). Die Raumluft, die durch die unteren Zuluftöffnungen einströmt, wird in einer Heizkammer zwischen Heizeinsatz und Kachelmantel erwärmt, um anschließend durch Lüftungskacheln oder Lüftungsgitter wieder auszutreten. Besonders effektiv ist der Grundofen, der Wärme sehr lange speichert. Kachelöfen brauchen eine Zeit, bis sie warm werden, dann aber halten sie die Wärme über Stunden.

Kaminöfen Der Kaminofen ist aus Gusseisen oder Stahlblech gefertigt und hat oft Glasscheiben für die Kontrolle des Brennraums. Auch Kaminöfen geben Wärme über Konvektion und Wärmestrahlung ab. Im Gegensatz zu Kachelöfen sind sie schnell warm, müssen aber deutlich öfter mit Holz oder einem anderen Brennstoff befüllt werden. Die effizientesten Kaminöfen erreichen einen Wirkungsgrad von über 80 % – ebenso wie Kachelöfen. Kaminöfen sind eleganter und kleiner als Kachelöfen – sie nehmen nur einen Bruchteil des Platzes ein und können beliebig verkleidet sein (Kacheln, Speckstein, Granit oder anderer Naturstein). Der Kaminofen wird oft durch eine Zusatzfunktion wie eine Warmhaltenische zusätzlich aufgewertet. Es gibt sogar Kaminöfen, die an eine zentrale Heizungsanlage angeschlossen werden können.

Offene Kamine sind so alt wie das Haus an sich, denn sie haben sich aus den Kochstellen und Backöfen entwickelt. Das Erleben des offenen Feuers ist beim offenen Kamin unübertroffen intensiv. Leider sind die Verluste der Wärme, die mit den Abgasen direkt in den Kamin geführt wird, zu hoch, um noch einen akzeptablen Wirkungsgrad zu erreichen.

einzelnen Zimmer benutzt werden. In der Spalte daneben tragen Sie die Temperatur ein, die der Raum zu den unterschiedlichen Zeiten haben soll (z. B. Badezimmer morgens eine Stunde warm, während der Kindergarten-/Schulzeit das Kinderzimmer kühler, Arbeitszimmer nur heizen, wenn es benutzt wird, usw.). Anhand dieses Plans regeln Sie die Thermostate an den Heizkörpern der einzelnen Räume herauf oder herunter.

Bad, Arbeits- und Kinderzimmer Alle Räume, die nicht ständig bewohnt sind, sollten Sie mit programmierbaren Thermostaten ausstatten. Sie ermöglichen es Ihnen, die Beheizung dieser Räume gezielt nach Uhrzeiten zu steuern. Andererseits sind die Thermostate flexibel genug, dass Sie sie schnell höherschalten können, wenn Sie mehr Wärme brauchen.

Zimmertüren schließen Wer in Haus und Wohnung Wärmeinseln mit unterschiedlichen Temperaturen definiert hat, macht alles zunichte, wenn die Zimmertüren offen bleiben. Lassen Sie im Winter die Türen der Wohnräume geschlossen. Sonst erwärmen die Heizkörper der wärmeren Räume nicht nur die weniger warmen Zimmer, sondern auch gleich noch den Flur oder das Treppenhaus mit.

Stoßlüften Nie die Fenster eine Viertelstunde oder länger öffnen! Sie pusten dabei die wertvolle Wärme ins Freie. Außerdem springt die Heizung an, weil der Thermostat die abfallende Temperatur registriert – und das verursacht zusätzlich Kosten. Beim Stoßlüften von rund fünf Minuten springt die Heizung dagegen nicht an.

Heizkörper staubfrei halten Sobald sich auf einem Heizkörper eine Staubschicht ansammelt, geht ein Teil der Wärme verloren. Sämtliche Heizkörper sollten daher zu Beginn der Heizperiode gründlich gesäubert werden: Die Geräte mit dem passenden Aufsatz gründlich absaugen – vor allem zwischen den Röhren und Lamellen – und feucht nachwischen. In der Folge die Heizkörper den ganzen Winter über beim wöchentlichen Putzen mitreinigen.

Heizkörper pflegen Radiatoren (Wärmestrahler) bestehen aus robusten Röhren, die beim Putzen keinen Schaden nehmen. Die feinen Lamellen der Konvektoren können sich hingegen beim Reinigen mit einer Bürste leicht verbiegen. Sollte das passieren, biegen Sie sie vorsichtig mit der Greifzange gerade – dann hat der Konvektor wieder seine volle Leistung.

> *Von allen Elektro-Heizsystemen lassen sich zweistufige Ölradiatoren mit Thermostat auf Dauer am wirtschaftlichsten betreiben.*

DIE KOSTEN IHRES EINZELHEIZGERÄTS			
Heizungstyp	Installations-kosten	Betriebskosten	Treibhauseffekt (CO_2-Ausstoß) *
elektrisches Heizgerät	€	€€€€	hoch
Kaminofen	€€	€€	niedrig
Kachelofen	€€€€	€€	niedrig
offener Kamin	€€€€	€€€€	hoch

* Obwohl Holz beim Verbrennen ebenfalls CO_2 abgibt, muss man bedenken, dass jeder Baum während seines Lebens CO_2 aufnimmt und deshalb die Bilanz unter dem Strich neutral ist.

Einzelheizgeräte und Zusatzheizungen

Heizen mit Holz oder mit Strom galt in den letzten Jahren als veraltet. Doch gerade das Heizen mit Holz kann im Rahmen eines optimalen Wärmemanagements die perfekte Ergänzung zur Basiserwärmung der Wohnung durch die Zentralheizung sein. Wer keinen Ofen besitzt, kann mit Elektroheizungen zusätzliche Wärme erzeugen – punktgenau und zeitlich begrenzt, ganz nach den eigenen Wünschen.

Elektroheizungen

Schnell verfügbare Wärme – dafür stehen alle Elektroheizgeräte: Heizlüfter, Heizstrahler, Heizmatte oder Elektroheizkörper sind immer dann die beste Lösung, wenn ein kleiner Raum oder eine begrenzte Fläche für kurze Zeit erwärmt werden soll. Im Badezimmer, über der Wickelkommode, im Keller oder im Dachstübchen können Elektroheizgeräte genau die richtige Wahl sein, um an kalten Tagen im Handumdrehen ein paar Grad zusätzliche Wärme zu erreichen.

Bedarf analysieren Ebenso wie Bauherren in der Vergangenheit häufig Heizanlagen einbauen ließen, die für ihre Zwecke zu groß und zu leistungsstark waren, wurden Elektrogeräte auch oft eine „Nummer zu groß" gekauft und damit viel Strom verschwendet. Lassen Sie sich bei einem Kauf deshalb nicht nur beraten. Bereiten Sie sich auch auf das Gespräch vor: Wenn man genau das Gerät sucht, wel-

ches für die eigenen Zwecke optimal ist, kommt es vor allem auf diese drei Faktoren an:
- auf die Größe des Zimmers (in m² bzw. in m³)
- auf die Temperatur, die Sie erreichen wollen
- auf die Dauer, die das Gerät (täglich) laufen soll

Technischen Fortschritt kaufen Die heutigen Modelle sind keine „Stromfresser" mehr. Ihre Heizleistung wurde erhöht, der Stromverbrauch gesenkt und es gibt weitere interessante Neuerungen:
- Fragen Sie nach Modellen mit einem eingebauten Schamotteelement als Wärmespeicher. Dieser zusätzliche Speicher hält die Wärme länger. Sie können das Gerät früher auf geringe Leistung schalten und damit Strom sparen. Es bleibt dennoch noch lange spürbar warm.
- Kaufen Sie ein Gerät mit Zeitschaltuhr. Sie ist besonders praktisch, wenn z. B. das Bad bereits aufgewärmt werden soll, während die Zentralheizung der Wohnung noch im Nachtmodus arbeitet.
- Ein Pluspunkt für die Betriebssicherheit: Moderne Elektroheizkörper haben eine Sicherung, die automatisch ausgelöst wird, wenn das Gerät umfällt.

Mobile Ölradiatoren Für komfortable Zusatzwärme sorgen die typischen Ölradiatoren. Sie bestehen aus mehreren Rippen, sind über Tasten mit einer oder mehreren Schaltstufen regelbar und lassen sich auf Rollen leicht bewegen. Schieben Sie das Gerät in den Bereich, in dem Sie mehr Wärme brauchen, und schalten Sie es an. So können Sie an jeder Stelle innerhalb von Minuten Wärme erzeugen, ohne die Temperatur der Zentralheizung zu erhöhen.

Wärme für Babys Eine ideale Zusatzheizung über dem Wickeltisch sind Heizstrahler. Der Heizstab oder die Heizstäbe werden innerhalb von Minuten erhitzt und strahlen die Wärme sofort und direkt ab. Das geht schnell und ist effektiver und kostengünstiger, als die Temperatur im ganzen Bad oder Kinderzimmer zu erhöhen. Bedenken Sie aber, dass Heizstrahler schnell in Brand geraten können, und seien Sie entsprechend vorsichtig: Vor allem nicht in der Nähe von Vorhängen verwenden! Moderne Geräte besitzen einen Splitterschutz und einen Abschaltmechanismus (nach 10 bzw. 20 Minuten – je nach Hersteller und Modell).

Gezielt gegen Kälteseen Heizmatten und Heizteppiche, aber auch Heizlüfter sind im Winter die perfekte Ergänzung zur Heizung in Räumen, in denen sich leicht Kaltluftseen bilden. Vor allem in Kellerräumen oder auf Fliesenböden wie

---

SPITZEN-SPARER

Pro Ofen und Winter benötigen Sie nur ca. **4–5 m³** (Ster/Raummeter) **Brennholz** – und der Ster ist teilweise für deutlich **unter 100 Euro** zu bekommen.

im Bad liefern sie unkompliziert zusätzliche Wärme. Auch ältere Menschen, die leicht frieren, können sich so punktuell Wärme über die Füße zuführen, ohne das ganze Zimmer auf 26 °C zu erhitzen.

Geräte pflegen Spätestens am Ende der Heizperiode – besser in regelmäßigen Abständen – die Geräte pflegen, damit sich kein Staub ablagern kann, der wertvolle Energie schluckt: Den Staub vorsichtig abbürsten und alle Teile mit einem feuchten Tuch abwischen; bei Elektroheizkörpern den Staubsauger mit passendem Aufsatz verwenden.

Kachelöfen, Kaminöfen und offene Kamine

Es gibt eine Vielzahl unterschiedlicher geschlossener und offener Kamine. Die gebräuchlichsten sind der altbewährte Kachelofen und der so genannte Kaminofen. Ebenso wie Elektroheizgeräte lassen sie sich im Winter perfekt als günstige Spender für schnelle Zusatzwärme nutzen.

Kachelöfen, die lange Zeit nur in Altbauten und in ländlichen Regionen zu finden waren, halten heute wieder vermehrt Einzug in neue Einfamilienhäuser. Sie sind direkt am Kamin angebaut, stehen meist im Wohnzimmer und strahlen so viel Hitze ab, dass es nach ein bis zwei Stunden angenehm warm im Haus ist und noch lange Zeit bleibt.
• Die Heizleistung liegt zwischen 5 und 13 kW – abhängig von Typus, Größe und Modell.
• Für Kachelöfen ist Kiefernholz gut geeignet, da das Holz mit großer Hitze verbrennt und seine Nachteile (Funkenflug/spritzende Harztropfen) nicht stören.

Wann sich ein neuer Kachelofen lohnt Wenn der Ofen in dem Raum errichtet werden kann, in dem sich die Familie im Winter vorwiegend aufhält, und wenn er eventuell noch angrenzende Räume mit erwärmt, ist er ein Mehrwert für den Wohnkomfort, der gleichzeitig auf der Kostenseite positiv zu Buche schlägt. Allerdings sind die Anschaffungskosten für einen Kachelofen nicht unerheblich.

Kaminöfen Der moderne Kaminofen (Schwedenofen) ist ein schön gestaltetes Designstück mit Blick auf das brennende Feuer hinter einer Glasscheibe. Die Öfen können Holz, aber auch Pellets, Papier und Bioethanol verbrennen und stehen vor oder neben dem Kamin, mit dem sie durch ein Rohr verbunden sind. Viele neue Modelle sind sogar drehbar, sodass man das Feuer auch dann im Blick hat, wenn man den Sitzplatz wechselt.

Der Einbau einer geschlossenen Kaminkassette verbessert den Wirkungsgrad einer offenen Feuerstelle um bis zu

50 %

- Die Heizleistung ist meist geringer als beim Kachelofen. Es gibt sogar Öfen im Miniformat (ca. 2 kW).
- Geeignete Holzsorten sind alle Rundhölzer.

Kaminöfen für Dauerbrand Diese Kaminöfen sind mit einer Guss-Feuerraummulde ausgestattet und verbrennen Steinkohle. Der Kaminofen bleibt über mehrere Stunden in Betrieb, ohne dass nachgelegt werden muss.

Kälte vertreiben Unmäßig viel Holz wird meist gleich zu Beginn der Heizperiode verfeuert: Nicht nur der Ofen ist kalt, sondern vor allem der Kamin. In ihm hat sich ein kalter Luftsee festgesetzt, der sich den Versuchen, Feuer zu machen, oft beharrlich widersetzt. Öffnen Sie vor dem ersten Anfeuern die Kamintür im Keller (Spezialschlüssel) und stecken Sie dort ein Bündel Zeitungspapier in Brand. Wer das noch nie selbst gemacht hat, kann sich das Verfahren von einem Ofenbauer/Kaminkehrer zeigen lassen.

Brennholz gezielt auswählen Suchen Sie schon im Sommer nach einem Holzlieferanten, der Holz aus Ihrer Umgebung liefert. Eine Mischung aus Weichholz (Fichte/Tanne/Kiefer) zum Anfeuern und Hartholz (Laubbäume) zum Erhalten des Feuers hat sich bewährt. Kaufen Sie kein Astholz und nehmen Sie nur Scheite in der richtigen Länge. Das Holz muss trocken sein (vorgetrocknet; besser kammergetrocknet), sonst kann es seinen optimalen Brennwert nicht erreichen und schadet dem Kamin (Versottung). Rundholz (meist Hartholz) sollte mindestens drei Jahre lagern. Gespaltene Weichhölzer sind nach einem Jahr trocken genug – Harthölzer müssen dagegen zwei Jahre luftig gestapelt trocknen.

Preise vergleichen Zum Preisvergleich müssen Sie wissen, in welcher Menge das Holz angeboten wird. Als Grundlage dient der Kubikmeter, also ein „Würfel" mit einer Kantenlänge von 1 m (Höhe x Breite x Tiefe):
- Festmeter = 1 m³ Holz, eng gestapelt
- Raummeter = 1 m³ Holz, locker gestapelt (etwa 0,7 Festmeter)
- Die Einheit Ster ist nicht eindeutig definiert, wird heute aber oft synonym zum Begriff Raummeter gebraucht.

Brennwert beachten Aufgrund ihrer größeren Dichte haben Harthölzer einen höheren Brennwert pro Raummeter:
- Buche, Esche und Eiche ca. 2 MWh/Raummeter
- Birke und Lärche ca. 1,8 MWh/Raummeter
- Kiefer und Fichte ca. 1,5 MWh/Raummeter

Holzöfen

Wie effizient ist Ihr Ofen?
Die verschiedenen Holzöfen haben einen unterschiedlich hohen Wirkungsgrad. Diagonale Pfeile zeigen Heizenergie, die in die Umgebung gelangt – die senkrechten den Verlust.

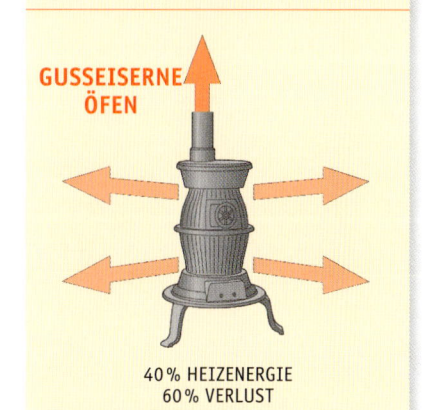

KAMIN- UND KACHELÖFEN
70 % HEIZENERGIE
30 % VERLUST

GUSSEISERNE ÖFEN
40 % HEIZENERGIE
60 % VERLUST

OFFENE KAMINE
20 % HEIZENERGIE
80 % VERLUST

Holz oder Briketts? Bewährt haben sich das Anzünden des Feuers mit Holz und der Weiterbetrieb mit Briketts aus Pressholz oder Kohle. So werden die Vorteile beider Materialien optimal genutzt und Sie haben den besten Gegenwert für den Preis, den Sie für beides bezahlen: Holzbriketts haben einen Brennwert von ca. 4,5 kW/kg, Braunkohlebriketts erreichen ca. 5,6 kW/kg, Steinkohle ca. 8,4 kW/kg.

Nachts keine Wärme verschwenden Umwickeln Sie die letzte Lage Briketts am Abend mit einigen Stücken Zeitungspapier. Sie werden erstaunt sein, wie warm es am nächsten Morgen noch im Zimmer ist und wie leicht sich der Ofen anfeuern lässt. Sie verbrauchen weniger Anzünder und im Lauf des Vormittags weniger Holz, weil Sie die Lüftung schneller schließen können.

Offenes Kaminfeuer hat von allen Heizmöglichkeiten die schlechteste Energiebilanz. Nur ca. 20 % der erzeugten Wärme wird in den Raum abgegeben – der Rest entweicht ungenutzt durch den Kamin. Zudem sollte man kein Weichholz (Fichte, Kiefer) verfeuern. Wegen des Funkenflugs und der spritzenden Harztropfen ist die Feuergefahr zu hoch. Wer seinen alten offenen Kamin behalten möchte, kann ihn mit einer Heiz- oder Kaminkassette in eine geschlossene Feuerstätte verwandeln und die Heizleistung auf etwa 70 % verbessern (vgl. auch Seite 51).

Ölöfen

Obwohl Ölöfen Relikte der Vergangenheit sind, können sie nicht ohne bauliche Veränderungen ersetzt werden. Wer Mieter ist und einen Ölofen hat, kann aber seinen Geldbeutel schonen, wenn er den Ofen optimal pflegt.

Volle Leistung Ölöfen sind so konstruiert, dass sie bei voller Leistung am besten arbeiten. In der Übergangszeit, wenn der Kamin noch kalt ist (vgl. auch „Kälte vertreiben", Seite 97), oder bei eingeschränkter Leistung bildet sich schnell beißender Qualm: Wenn der Ofen nur mit kleiner gelblicher Flamme brennt, entwickelt er Ruß, der seine Funktion beeinträchtigt.

Ölöfen warten Um Geruch und Ruß vorzubeugen, muss der Ofen regelmäßig gereinigt werden. Nur wenn der Brennraum sauber und frei von Ölruß ist, kann der Ofen einwandfrei arbeiten. Dann verbraucht er auch nicht mehr als nötig. Bewährt hat sich eine automatische Zufuhr des Heizöls, denn das Hantieren mit der Kanne ist umständlich.

Das Raumklima im Sommer

Wer einer sitzenden Tätigkeit nachgeht, fühlt sich meist bei 20 – 23 °C wohl. Wenn man sich bewegt, werden 16 – 19 °C als angenehm empfunden. Da selbst im gemäßigten Klima Mitteleuropas im Sommer die Temperaturen wesentlich höher liegen, ist es nicht ganz leicht, im Haus den ganzen Tag über in allen Zimmern ein Wohlfühlklima aufrechtzuerhalten.

Die Wände machen den Unterschied Prinzipiell erwärmen sich Häuser nur in dem Maß, in dem sich die Wände erwärmen – die Fenster eingeschlossen. Es liegt also am Baumaterial sowie an der Ausführung der Wände, ob ein Haus schnell zum Brutkasten wird oder nicht. Kennzahl für die Wandeigenschaften ist hier wieder der Wärmedurchgangskoeffizient (U-Wert in W/m²k). Je höher dieser Wert, desto schlechter die Wärmedämmeigenschaft.
- Ziegel und Porenbeton (U-Wert 0,8 – 1,5): Die Wärme kommt erst in den frühen Abendstunden im Innern des Hauses an. Bis auf die wenigen ganz heißen Tage im Jahr reicht es, die Fenster nachts zu öffnen. Behalten Sie die Morgenkühle im Haus, indem Sie die Fenster morgens schließen.
- Beton (U-Wert 3,0): Die Wohnungen heizen sich stark auf. Wenn kurzfristige Lösungen wie Verschattungen, kluges Lüften (ein leichter Durchzug) und Ventilatoren nicht helfen, sollten Sie ans Dämmen der Wände denken.

Fassadenbegrünung Die Fassade mit Kletterpflanzen zu begrünen ist ein Schutz gegen Sonneneinstrahlung, der sogar wissenschaftlich getestet wurde. Zur Verschattung der Außenmauer kommt noch der Effekt, dass die Pflanzen Verdunstungskälte erzeugen und dabei das Mikroklima innerhalb des Gebäudes und im unmittelbaren Gebäudeumfeld verbessern. Besonders gut eignet sich Blauregen (Glyzinie), aber auch Efeu und Wein sind eine gute Alternative. Wer sich nicht gleich festlegen möchte, kann einen Test mit einjährigen Kletterpflanzen machen wie Glockenrebe oder kletternder Kapuzinerkresse.

Verschattungen Betrachtet man die Wärmeisolierung eines Hauses, sind die Fenster der größte Schwachpunkt. Fenster mit einfacher Isolierverglasung (U-Wert ca. 3,0) sind fast ebenso wärmedurchlässig wie Beton (U-Wert 3,3). Wer keine Fenster mit Wärmeschutzverglasung (U-Wert 1,3) besitzt, sollte Markisen anbringen oder, wenn möglich, Sonnenschirme vor den Südfenstern aufstellen.

WARMWASSER

Nach der Heizung steht die Warmwasserbereitung beim Energieverbrauch eines Haushalts mit einem Anteil von ca. 11,5 % auf Platz zwei. Rechnet man den Strombedarf für Geräte wie Waschmaschine und Geschirrspüler ebenfalls hinzu, landet man bei gut 15 % der Gesamtenergiekosten, die im Durchschnitt für das Aufheizen von Wasser aufgewendet werden.

Weniger Warmwasser verbrauchen Der Energieverbrauch einer Warmwasseranlage hängt ganz wesentlich davon ab, welche Mengen Wasser das System aufheizen muss. Für ein tägliches Vollbad ist deutlich mehr heißes Wasser erforderlich als für eine kurze Dusche. Stellen Sie zunächst Ihren Bedarf an warmem Wasser fest und überlegen Sie dann, welche Einsparungen möglich sind – diese machen sich auf der Abrechnung bemerkbar. Denken Sie daran: Am meisten warmes Wasser wird im Haushalt für Duschen und Baden verbraucht.

Duschen

Wie hoch ist mein Wasserverbrauch? Um der Sache auf den Grund zu gehen, multiplizieren Sie den Wasserdurchfluss des Duschkopfs mit Ihrer durchschnittlichen Duschdauer in Minuten. Kennen Sie die Durchflussmenge nicht, nehmen Sie einen Eimer mit Eichskala und eine Stoppuhr zur Hand. Legen Sie den Duschkopf in den Eimer und drehen Sie das Wasser eine Minute lang voll auf. Wie viel Wasser ist nach der Minute im Eimer? Sind es 10 l, beträgt der Wasserdurchfluss Ihres Duschkopfs 10 l je Minute, was bei einer Duschdauer von zehn Minuten bedeutet, dass Sie pro Duschbad 100 l Wasser verbrauchen. Bei einem mittleren Anteil von 30 % Kaltwasser beträgt der Warmwasserverbrauch in diesem Beispiel also 70 l.

Den Wasserdurchfluss begrenzen Bei Duschköpfen älteren Baujahrs ist ein Durchfluss von bis zu 25 l/min keine Seltenheit, während moderne Sparduschköpfe mit bescheidenen 6 l/min auskommen. Rechnen Sie selbst: Bei einer zehnminütigen Dusche täglich kann durch den Austausch eines alten Duschkopfs gegen eine moderne Spardusche eine Einsparung beim Warmwasserverbrauch von ca. 133 l pro Tag erzielt werden.

Verkürzen Sie die Duschzeit Sogar mit einem herkömmlichen, wasserschluckenden Duschkopf können Sie durch eine Verkürzung der Duschdauer von zehn auf fünf Minuten den täglichen Warmwasserverbrauch um ca. 87,5 l verringern. Und selbst bei einer hocheffizienten Spardusche mit einer Durchflussmenge von um die 6 l/min sparen Sie immer noch rund 21 l warmes Wasser täglich ein.

Dreifach sparen Noch eine einfache Rechnung: Für eine zehnminütige Dusche mit ineffizienten Armaturen fließen 175 l heißes Wasser, für eine fünfminütige Dusche unter einem Sparduschkopf genügen 21 l. Wer also sowohl den Duschkopf austauscht als auch auf Kurzduschen umsteigt, verringert seinen Warmwasserverbrauch um 154 l – und zwar pro Duschgang. Sollten Sie zudem feststellen, dass Ihr Pensum an körperlicher Betätigung an manchen Tagen so gering ausfällt, dass bereits ein Waschlappen die gebotene Hygieneleistung verrichtet, sparen Sie sogar dreifach. Wie sich das in der jährlichen Energiekostenabrechnung auswirkt? Probieren Sie es aus!

Baden

Der Nutzinhalt einer einfachen Badewanne beträgt ca. 120 l Wasser, bei etwas höherem Komfort ca. 150 l, bei luxuriösen Modellen sogar gut und gerne 250 l. Für ein Vollbad müssen demnach zwischen 84 (unterer Standard) und 175 l (Poolwanne) Wasser aufgeheizt werden. Wenn Sie es genau wissen möchten, gießen Sie nach Ihrem nächsten Vollbad das Badewasser eimerweise (in der Regel 10 l) in den Abfluss oder Garten und zählen beim Auskippen mit. Unter Annahme eines durchschnittlichen Kaltwasseranteils von 30 % können Sie den Warmwasserverbrauch abschätzen.

Baden im Wochenturnus Zwar können Sie den Warmwasserverbrauch auch reduzieren, indem Sie weniger oder kühleres Wasser in die Wanne laufen lassen – dauerhaft befriedigend ist das aber kaum. Eine Alternative ist es, weniger häufig zu baden. Wer sich an sechs (oder weniger) Tagen in der Woche mit einer kurzen Dusche begnügt, darf sich am siebten Tag ein schönes heißes Vollbad gönnen.

Wäsche waschen

Der Wasserverbrauch einer Waschmaschine hängt von der Trommelgröße sowie in ganz entscheidendem Maß vom Alter des Geräts ab. Während ein Waschgang (ohne Vorwäsche) bei Maschinen, die über 15 Jahre alt sind, 110 l

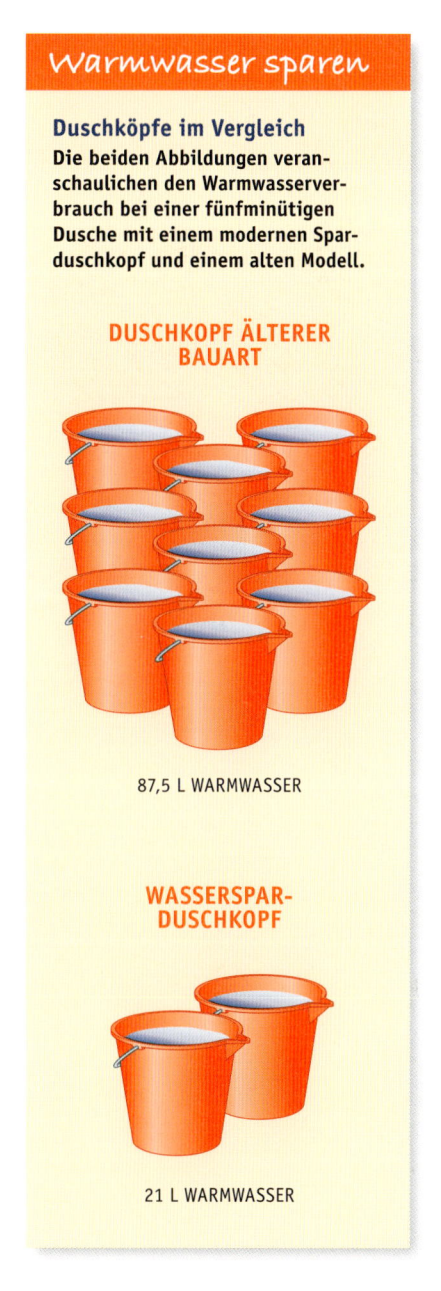

Warmwasser sparen

Duschköpfe im Vergleich
Die beiden Abbildungen veranschaulichen den Warmwasserverbrauch bei einer fünfminütigen Dusche mit einem modernen Sparduschkopf und einem alten Modell.

DUSCHKOPF ÄLTERER BAUART

87,5 L WARMWASSER

WASSERSPAR-DUSCHKOPF

21 L WARMWASSER

Wasser schluckt, liegt die entsprechende Menge bei Geräten neuester Generation unter 50 l. Geht man davon aus, dass in einem Vier-Personen-Haushalt im Schnitt fünf Waschladungen pro Woche anfallen, variiert der Wasserverbrauch zwischen 28 600 und 13 000 l. Ein Teil davon wird zwar zum Spülen der Wäsche verwendet, doch ein erheblicher Teil muss für den (warmen) Hauptgang aufgeheizt werden.

Verzichten Sie auf die Vorwäsche Qualitätswaschmittel beseitigen die meisten Flecken auch ohne separates Vorwaschprogramm. Da dieses extra Warmwasser benötigt, sollten Sie nur bei wirklich extremen Verschmutzungen davon Gebrauch machen.

Lassen Sie die Waschmaschine nicht halb leer laufen Schalten Sie die Maschine erst an, wenn sie gut gefüllt ist. Energie- und Wasserverbrauch bleiben gleich, egal ob Sie nur ein T-Shirt und zwei Paar Socken oder eine volle Wäschetrommel waschen. Wer immer nur ein paar Kleidungsstücke wäscht, handelt nicht kosteneffizient.

Geschirr spülen

Geschirrspüler oder Abwaschen von Hand? Moderne Geschirrspüler benötigen im Sparprogramm nur noch 10 l pro Füllung. Eine Studie der Universität Bonn aus dem Jahr 2003 hat ergeben, dass beim Spülen derselben Menge Geschirr von Hand im Durchschnitt doppelt so viel Energie und Wasser benötigt wurden. Ein Grund ist, dass wir das Spülwasser sofort erneuern, sobald es uns schmutzig erscheint. Allerdings arbeitet die Maschine nur sparsamer, wenn sie voll ausgelastet ist und das sparsamste Spülprogramm gewählt wird. Gegenüber Programmen für stärker verschmutztes Geschirr ist die Handwäsche im Vorteil.

Alte Modelle ersetzen Wie auch bei Waschmaschinen ist der Energie- und Wasserverbrauch bei Geschirrspülern im Lauf des vergangenen Jahrzehnts drastisch zurückgegangen. Statt der früher üblichen 50 l pro Füllung sind heute 10–14 l an der Tagesordnung. Die Anschaffung eines Neugeräts amortisiert sich auf diese Weise schnell.

Keine halben Sachen Schalten Sie die Maschine nur an, wenn die Geschirrkörbe voll besetzt sind. Und wer Speisereste sofort nach dem Essen mit kaltem Wasser abspült, erzielt später, wenn der Geschirrspüler voll ist, schon bei niedrigen Temperaturen (Energiesparprogramm) ein sehr gutes Spülergebnis.

Gibt es eine Spartaste? Moderne Geschirrspüler verfügen über verschiedene Sparprogramme. Energiesparprogramme arbeiten bei niedriger Temperatur und sparen so Strom. Sehr hilfreich ist auch ein Sparprogramm für halbe Mengen. Mit ihm können Sie das Gerät guten Gewissens auch laufen lassen, wenn es nicht ganz voll ist, ohne Energie für das Aufheizen von nicht benötigtem Wasser zu verschwenden. Vor allem wenn Sie Single sind, lohnt es sich, bei der Anschaffung eines Neugeräts auf diese Funktion zu achten.

Warmwasserspeichersysteme

Warmes Wasser im Haus stammt in den meisten Haushalten aus einem Warmwasserspeichergerät, das in aller Regel von demselben Brenner erwärmt wird, der auch das Heißwasser für die Heizung erzeugt. Durch diese an sich sinnvolle Koppelung von Wasserspeicher und Brenner muss man das eigene System im Keller ein wenig kennen, wenn man Warmwasser und Strom sparen will. Alternativ dazu wurden Boiler entwickelt, also dezentrale Wasserkessel.

Sparen im Speichersystem Ist Ihr Heizungssystem mit einem Wasserspeicher ausgerüstet, haben Sie den Vorteil, dass Sie die Wassertemperatur über die entsprechende Reglertechnik am Speicher selbst einstellen können. Bei relativ geringer Wassertemperatur in der Übergangszeit sowie im Sommer sparen Sie Strom für die Erwärmung.

Sparen mit Boilern Bei diesem System entfällt der große zentrale Warmwasserspeicher. Im Boiler wird immer nur ein bestimmter Vorrat an warmem Wasser bereitgehalten. Sobald dieser verbraucht ist, springt das Heizelement an und erwärmt das nachgeflossene kalte Wasser. Dabei kommt es gerade in Stoßzeiten zu Engpässen, in denen die Wassertemperatur absinkt. Bis wieder genügend warmes Wasser zur Verfügung steht, wird relativ viel Strom verbraucht. Einsparungsmöglichkeiten ergeben sich durch die richtige Auswahl der Boilergröße, eine am Bedarf orientierte Temperaturwahl und das Vermeiden von Stoßzeiten – wenn möglich.

Warmwasser regulieren Die Temperatur des warmen Wassers lässt sich nach Herstellerangaben über den Regler Ihres Heizungssystems leicht einstellen. Wenn Sie die Gebrauchsanleitung nicht haben – fragen Sie den Kaminkehrer: 50 °C bis 60 °C werden in der Heizperiode zum Aufrechterhalten der Heizung in einem Einfamilienhaus gebraucht. Ab dem Frühjahr können Sie die Temperatur herunterregulieren.

Um 10 l Wasser von Leitungstemperatur (das sind ca. 15 °C) zum Kochen zu bringen, benötigt man ca. 1,37 kWh Energie.

Achtung: Unter 50 °C wächst die Gefahr, dass sich Krankheitskeime im Wasser entwickeln.

Warmwasserzirkulationspumpe Sollte in Ihr Heizungs-/Warmwasserbereitungssystem noch keine regulierbare Pumpe integriert sein, können Sie ein solches Gerät mit Zeitschaltfunktion nachträglich einbauen lassen.

Sommerschaltung Manche Heizungssysteme verfügen über eine Sommerschaltung, die Heizung und Pumpe in die Sommerpause schickt und nur die Warmwasserbereitung aufrechterhält. Nicht zu lange abstellen, sonst können anschließend Pumpen oder Regelarmaturen festsitzen. Sind Sie mehr als vier Wochen nicht zu Hause, die Leitungen absperren. Anschließend das Wasser lange laufen lassen.

Sonnenenergie Besonders energiesparend und trotz wechselnder Sonneneinstrahlung zuverlässig ist eine zentrale Warmwasserbereitung, kombiniert mit Solarkollektoren.

Zuleitungen isolieren Je größer das Haus, desto mehr Wärme geht über die Warmwasserleitungen verloren. Wer nicht mit kurzen Zuleitungen auskommt, sollte die Leitungen unbedingt gut wärmedämmen.

Temperatur senken Wassertemperaturen von über 60 °C beschleunigen die Ablagerung von Kalk im Kessel. Senken Sie die Temperaturvorwahl auf ca. 55 °C ab. Zum Baden und Duschen ist das allemal noch warm genug.

SPITZEN-SPARER

Bei einer schadhaften **Isolierung der Kesselwand** Ihres Warmwasserspeichers gehen **bis zu 30 %** der zum Aufheizen des Wassers verwendeten Energie verloren.

Kessel entkalken Wenn der Kessel verkalkt ist, muss mehr Energie aufgewendet werden, um das System zu betreiben. Aus diesem Grund ist die regelmäßige Entkalkung durch eine Fachfirma in den meisten Mietverträgen geregelt.

Wartungsvertrag Günstiger als die Entkalkung des Boilers im Bedarfsfall kommt ein Wartungsvertrag, der auch die jährliche Entfernung von Kalkablagerungen umfasst.

Warmwasser sparen

Momentan beträgt der durchschnittliche Warmwasserverbrauch pro Kopf in Deutschland 126 l am Tag. Mit einigen Maßnahmen kann der Verbrauch auf etwa 80 l am Tag reduziert werden.

IM ÜBERBLICK ▶ Warmwasser-Speichersysteme

Zentraler Warmwasserspeicher Als Teil der Zentralheizung erwärmt ein Brenner (Öl, Gas, Pellets usw.) Wasser in einem Kessel. Von hier führen Leitungen bis zu den einzelnen Anschlüssen (Wasserhahn). Ein solcher Warmwasserspeicher ist groß genug, um rund um die Uhr ausreichend warmes Wasser für einen Mehr-Personen-Haushalt zu liefern. Das Prinzip ist einfach: Wird warmes Wasser verbraucht, fließt kaltes in den Kessel nach, der Brenner springt an und in kürzester Zeit steht wieder warmes Wasser zur Verfügung.

Elektroboiler Boiler mit einem Volumen zwischen 5 und 120 l stellen eine dezentrale Alternative für die Warmwasserversorgung einzelner Entnahmestellen in Bad und Küche dar. Ein strombetriebenes Heizelement erwärmt das Wasser auf die vorgewählte Temperatur. Die verbrauchte Wassermenge wird aus der Kaltwasserleitung nachgespeist. Bei der technischen Ausführung unterscheidet man drucklose Typen (drei Anschlüsse) und Druckkessel (zwei Anschlüsse). Ein Vorteil des Boilers ist, dass das Wasser direkt verbraucht wird. Das Leitungssystem für den Transport entfällt.

Gas-Warmwasser-Standspeicher Bei diesem autarken, nicht mit dem Brenner der Heizung gekoppelten leistungsstarken Warmwassergerät erwärmt ein Gasbrenner das Wasser in einem Kessel. Eine Pumpe verteilt dieses anschließend über ein Leitungssystem auf die einzelnen Entnahmestellen im ganzen Haus.

Solaranlagen Hier wird das Wasser über eine Solarthermieanlage auf dem Dach erwärmt und steht in einem Speicher zur Verwendung bereit. An Tagen, an denen nicht genügend Sonnenenergie zur Verfügung steht, wird ein Hilfssystem (Strom oder Gas) zugeschaltet.

Wärmepumpen Die Luft-Wasser-Wärmepumpe entzieht der Umgebungsluft oder dem Erdreich über einen Wärmetauscher Wärme und nutzt diese zu Warmwasserbereitung.

Passivhaus Kompaktaggregat Auch die kombinierte Heizungs- und Lüftungsanlage von Passivhäusern umfasst einen Warmwasserspeicher, der mit einer Wärmepumpe betrieben wird. Den Strom für die Wärmepumpe kann eine Photovoltaikanlage bereitstellen.

Kein Warmwasser verschwenden Wer Wasser sparen will, muss damit geizen: Lassen Sie nie unnötig Wasser laufen – z. B. beim Händewaschen, beim Abspülen, beim Einseifen unter der Dusche, beim Zähneputzen usw. Ein Vollbad verbraucht im Schnitt drei- bis viermal mehr Wasser und Energie als eine heiße Dusche.

Sparen beim Duschen Ersetzen Sie alte Armaturen in der Dusche durch Sparduschköpfe, Duschunterbrecher und Durchflussbegrenzer. Erkundigen Sie sich aber nach den Modellen, die den gewohnten Komfort garantieren.

Einhebelmischer am Waschbecken Diese Armaturen mischen aus Kalt- und Warmwasser eine angenehme Temperatur. Allerdings gewöhnt man sich leicht an, den Hebel ständig in der Mittelposition zu belassen – selbst wenn sich die Aufgabe ebenso gut mit kaltem Wasser erledigen ließe, z. B. wenn es darum geht, einen Lappen zum Tischabwischen zu befeuchten. Gut ein Drittel des warmen Brauchwassers wird durch derlei Unachtsamkeit verschwendet.

Thermostatarmaturen Diese Armaturen für Dusche und Badewanne lassen sich mithilfe des integrierten Thermostaten aufs Grad genau einstellen. Hat man seine Wunschtemperatur vorgewählt und dreht das Wasser auf, regelt der

WARMWASSER-SPEICHERSYSTEME IM VERGLEICH

Anlagentyp	Speichergröße	Installationskosten	Betriebskosten	Treibhauseffekt
zentraler Warmwasserspeicher	120–255 Liter	€€€	€€€	hoch
Elektroboiler	5–120 Liter	€	€€€€	hoch
Gas-Standspeicher	30–120 Liter	€€€	€€	vergleichsweise niedrig
Solaranlage	200–350 Liter	€€€	€	niedrig
Wärmepumpe	300–500 Liter	€€€	€€	niedrig
Kompaktaggregat	300 Liter	€€€€	€€	niedrig

Thermostat diese in kürzester Zeit ein – man braucht also nicht mehr nachzujustieren und spart so in Dusche und Badewanne Zeit und damit Wasser.

Tropfende Warmwasserhähne sofort reparieren Wenn der Hahn tropft, müssen Sie die Dichtung austauschen und eventuell die Ventile entkalken. So können Sie vorbeugen: Wenn Sie bemerken, dass Sie den Wasserhahn immer fester zudrehen müssen, die Dichtung vorsorglich wechseln.

Durchlauferhitzer

Durchlauferhitzer erwärmen nur die tatsächlich benötigte Menge an Wasser und verschwenden keine Energie darauf, ein bestimmtes Vorratsvolumen konstant auf Temperatur zu halten. Bei relativ geringem Warmwasserbedarf arbeiten sie daher effektiver und energiesparender als Elektroboiler. Neben den typischen Kleingeräten gibt es Modelle, die zugleich Warmwasser für die Heizung bereitstellen. Hier spricht man von einer Kombitherme.

Schnell heißes Wasser Wenn Sie bei einem Durchlauferhitzer den Warmwasserhahn aufdrehen, fließt innerhalb von kurzer Zeit (ca. 15 s bei elektrisch, ca. 5 s bei gasbetriebenen Geräten) badewarmes (ca. 40 °C) Wasser. Möglich wird das durch ein elektrisches Heizelement bzw. einen Wärmeübertrager, der das kalte Wasser in einem Rohrsystem über einer Gasflamme erhitzt. Die Installation eines Durchlauferhitzers erfolgt am besten dezentral in direkter Nähe der Entnahmestelle, erfordert aber entweder einen Drehstromanschluss (400 V) oder eine Erdgaszuleitung. Bei gasbetriebenen Geräten ist eventuell die Anbindung an einen Kaminzug nötig. Das Ein- und Ausschalten des Heizelements bzw. des Gasbrenners wird entweder hydraulisch – durch Messung des Druckunterschieds in der Wasserleitung beim Aufdrehen des Hahns – oder elektronisch gesteuert.

Platzsparende Montage Durchlauferhitzer können an der Wand neben dem Waschbecken in der Küche oder im Bad angebracht oder in einem Wandschrank versteckt werden und benötigen somit kaum mehr Platz als ein 5-l-Boiler, stellen jedoch unbegrenzt Warmwasser zur Verfügung.

Laufende Energieersparnis Haushalte, deren täglicher Warmwasserbedarf unter 100 l liegt, verbrauchen mit einem elektrischen Durchlauferhitzer 30–35 % weniger Energie als mit einem Boiler. Selbst bei einem Verbrauch von über

SPITZEN-SPARER

Gegenüber strombeheizten Warmwasserspeichern (Boiler) spart ein **Durchlauferhitzer** bis zu **35 %** der Energiekosten ein.

DURCHLAUFERHITZER IM VERGLEICH					
Energie-quelle	mittlere Durchfluss-rate*	Installations-kosten	Betriebs-kosten	CO_2-Ausstoß/ Treibhaus-effekt
Strom	22–25 Liter/Minute	€€	€€€	hoch**
Gas	22–25 Liter/Minute	€€	€€	mäßig

* Größe und Leistung eines Durchlauferhitzers richten sich in der Regel nach der Anzahl der Entnahmestellen und nicht nach der Anzahl der Benutzer. Aus diesem Grund ist hier die Durchflussrate angegeben.

** Die Angabe geht von der Annahme aus, dass nicht erneuerbare Energiequellen (Kohle, Gas, Öl) zur Stromerzeugung verwendet werden. Bei der Nutzung von Ökostrom liegen die Emissionswerte deutlich niedriger.

160 l/Tag spart die Warmwasserbereitung im Durchlauferhitzer noch um die 15 % Energie. Noch günstiger schneiden gasbetriebene Durchlauferhitzer ab. Ihr höherer Wirkungsgrad sowie die niedrigeren Kosten pro Kilowattstunde machen im Vergleich mit elektrischen Warmwasserspeichern Einsparungen im Bereich von über 50 % möglich.

Thermische Solaranlagen

Ausgehend von der Wärmekapazität von Wasser benötigt man, um einen Liter um ein Grad Celsius zu erwärmen, eine Energie von 1,16 W, die über den Zeitraum von einer Stunde wirkt. Etwas anschaulicher ausgedrückt werden demnach beim Aufheizen eines Wanneninhalts von 120 l auf mittlere Badetemperatur grob 4 kWh an Strom verbraucht. Solare Warmwasseranlagen tun dies kostenlos, noch dazu, ohne dabei Treibhausgase zu produzieren. Den relativ hohen Investitionskosten für die nachträgliche Montage einer Solarthermieanlage (Sonnenkollektoren) stehen also beträchtliche Einsparmöglichkeiten gegenüber.

Solartechnik in die bestehende Heizung integrieren

Sofern ein Haus über eine Zentralheizung mit zentraler Warmwasserbereitung verfügt, lässt sich eine Solarthermieanlage problemlos in das bestehende System integrieren. Neben der Montage der Kollektoren auf dem Dach und den erforderlichen Durchführungen für die Zu- und Abflussrohre muss eine Umwälzpumpe installiert werden. War der Warmwasserspeicher bereits großzügig dimensioniert, bedarf es unter Umständen nicht einmal eines größeren Pufferspeichers im Warmwasser-/Heizkreislauf.

Flachkollektoren – die gängigste Variante Die am häufigsten nachgerüstete Art von Solarthermieanlage bilden Flachkollektoren. Bei ihnen erfolgt die Absorption der Sonnenstrahlen über eine beschichtete Kupferfläche, unter der Röhren mit einer Absorberflüssigkeit verlaufen. Sie arbeiten vor allem unter blauem Himmel sehr effektiv und werden in der Regel auf einem Gerüst über der Dachfläche montiert oder direkt in die Dacheindeckung integriert.

Hocheffizient: Vakuumröhren-Kollektoren Wer auch im Winter und unter grauem Himmel eine optimale Energieausbeute der Sonnenstrahlung erzielen möchte, ist mit der Installation von Vakuumröhren-Kollektoren gut beraten. Diese sind zwar ca. 30% teurer, haben allerdings einen um ca. 25% verbesserten Wirkungsgrad, weil die in Vakuumröhren verbauten Absorber schräg eintreffendes Sonnenlicht besser nutzen und Wärmeverluste minimieren.

Auf die optimale Neigung achten Der Wirkungsgrad Ihrer Solaranlage hängt davon ab, mit welcher Neigung sie montiert ist. Diese liegt bei 30–45° zur Horizontalen.

Mithilfe passender Ständer und Montagesysteme lassen sich moderne Solarkollektoren inzwischen auch bequem auf Gartenlaube, Garage oder Carport installieren.

WAS HÄLT SIE DAVON AB, ...
eine thermische Solaranlage zu installieren?

☐ **BEI UNS GIBT ES NICHT GENÜGEND SONNENTAGE.** Wer glaubt, eine solare Warmwasseranlage funktioniere nur bei blauem Himmel, irrt. Solarkollektoren fangen die Sonneneinstrahlung auf, nicht den Sonnenschein. Selbst an bedeckten Tagen können die Kollektoren Sonneneinstrahlung verwerten. Wer ernsthaft mit dem Gedanken spielt, sich eine solare Warmwasseranlage anzuschaffen, ist gut beraten, sich mit einem Hersteller in Verbindung zu setzen. Er kann eine Solarpotenzial-Analyse durchführen, aus der hervorgeht, ob eine solare Anlage für Sie infrage kommt oder nicht.

☐ **IM WINTER SIND DIE TEMPERATUREN ZU NIEDRIG.** Auch im Winter ist es durchaus sinnvoll, bei der Brauchwasserbereitung und zur Heizungsunterstützung auf Solarthermie zu setzen. Zwar ist die Kollektorleistung in der kalten Saison reduziert. Doch ob die konventionelle Heizungsanlage die 300 l Brauchwasser im Speicher von 10 auf 60 °C aufheizen muss oder – mit Unterstützung der Sonne – eben nur von 30 auf 60 °C, macht einen großen Unterschied. Zweifelsohne hilft moderne Solartechnik auch im Winter kräftig beim Energiesparen mit.

Weicht die Dachneigung von diesem Wert ab, sollten die Kollektoren auf einem separaten Gerüst montiert werden. Das Anbringen von Stützen ist mit höheren Kosten verbunden, garantiert aber die höchstmögliche Effizienz Ihrer solaren Warmwasseranlage.

Solarkollektoren pfleglich behandeln Solarkollektoren erbringen ihre höchste Leistung, wenn sie sauber und staubfrei sind; es lohnt sich also, sie gelegentlich zu reinigen. Verwenden Sie einen Besen mit weichen Borsten, etwas Wasser und Reinigungsmittel. Gut gepflegte Kollektoren haben eine längere Lebensdauer als der Wasserbehälter; den neuen Wasserbehälter können Sie dann wieder mit den bewährten Kollektoren verbinden.

Mehr zum **Thema** ...

Energiesparen bei der Warmwasserbereitung:
www.das-energieportal.de/wohneigentuemer/warmwasser/energie-sparen-bei-warmwasser/
Sparpotenzial einzelner Warmwassersysteme im Vergleich: www.energiesparen-im-haushalt.de/energie/bauen-und-modernisieren/modernisierung-haus/warmwasser.html

---

LICHT

Bis zu 12 % des Stromverbrauchs im Haushalt (ohne Warmwasserbereitung) entfallen auf die Beleuchtung – fast so viel wie auf das Kochen. Beunruhigend ist zudem, wie stark die Anzahl an Lampen pro Raum im vergangenen Jahrzehnt zugenommen hat. Fast scheint es, als hätten wir über dem Bedürfnis nach einer allzeit perfekt ausgeleuchteten Umgebung das Gespür dafür verloren, zu welchem Preis wir die Nacht zum Tag machen.

Energiesparen beim Licht Das EU-weite Verbot von Glühlampen zugunsten von energiesparenden Leuchtmitteln zielt auf eine mindestens 60 %ige Reduzierung des durch elektrisches Licht verursachten Strombedarfs ab. Aber auch darüber hinaus können Sie viel dazu beitragen, die Beleuchtungskosten in Ihrem Haushalt deutlich zu reduzieren.

Bevor Sie das Licht einschalten

Nutzen Sie Tageslicht

Obwohl künstliches Licht eigentlich für die Zeit nach Sonnenuntergang gedacht ist, greifen wir oft auch tagsüber zum Lichtschalter oder halten uns in zu hell ausgeleuchteten Räumen auf. Umfangreichere bauliche Maßnahmen wie ein Oberlicht können den Tageslichteinfall deutlich verbessern, aber auch mit geringfügigen Änderungen in Ihren Gewohnheiten können Sie den Einsatz von elektrischem Licht merklich reduzieren.

Viel Licht am Südfenster Nach Süden gerichtete Fenster bieten nahezu den ganzen Tag über eine natürliche Lichtquelle, die Sie mit einer einfachen Umstellung der Möbel optimal nutzen können. Rücken Sie einen Sessel und ein Tischchen ans Fenster – schon haben Sie einen energiesparenden Leseplatz geschaffen. Holen Sie den Schreibtisch aus der dunklen Ecke, um beim Arbeiten oder Lernen ausreichend Tageslicht zu bekommen. Oder stellen Sie wenigstens das Telefon in die Nähe des Fensters, damit Sie tagsüber beim Telefonieren kein Licht einschalten müssen.

Farbe bringt Licht in Ihre vier Wände Ein Anstrich der Zäune und Außenwände in Weiß oder einer anderen hellen Farbe sorgt für bis zu 30 % mehr Licht im Innern. Wenn Ihr

SPITZEN-SPARER

Schalten Sie das Licht beim Verlassen eines Raumes **aus**. Dieser einfache Handgriff ist und bleibt die effektivste Maßnahme zur Reduzierung Ihrer Beleuchtungskosten.

WAS HÄLT SIE DAVON AB, ...

Energiesparlampen zu verwenden?

- ☐ **DIE VERZÖGERUNG, BIS DIE LAMPE HELL WIRD, STÖRT MICH.** Die ersten Energiesparlampen auf dem Markt reagierten tatsächlich sehr träge, während die meisten modernen Lampen schon nach weniger als einer halben Sekunde Licht spenden. Wem selbst das noch zu lang ist, sollte Produkte mit einer gewendelten anstelle einer kugelförmigen Röhre wählen, da diese noch etwas schneller volle Leistung bringen.

- ☐ **DAS KALTE BLAUE LICHT IST UNGEMÜTLICH.** Wahrscheinlich haben Sie auch hier wieder die erste Generation der Energiesparlampen vor Augen. Die modernen Varianten sind in einer ganzen Reihe von Farbtönen erhältlich. Auf der Verpackung ist üblicherweise der Lichtton angegeben, z. B. „Tageslichtweiß" oder „Warmweiß" (die Bezeichnungen können je nach Hersteller anders lauten). Energiesparlampen in „Tageslichtweiß" wirken eher kühl und sachlich, während „Warmweiß" sehr viel mehr dem gelblichen Schein der vertrauten Glühbirnen ähnelt.

Haus also nahe an eine Einfriedung heranreicht, streichen Sie diese in einem hellen Farbton, damit Licht ins Innere reflektiert wird.

Oberlichter zahlen sich aus Ein sinnvoll platziertes Oberlicht erhöht den Tageslichteinfall ganz beträchtlich, und selbst an wolkenverhangenen Tagen ist tagsüber seltener elektrisches Licht nötig. Modelle, die man öffnen kann, sind dann sinnvoll, wenn das Oberlicht gleichzeitig für Frischluftzufuhr sorgen soll.

Verschattungsmöglichkeiten schaffen Da im Sommer durch das Oberlicht nicht nur Tageslicht, sondern auch Hitze dringt, sollten Sie sinnvolle Verschattungsmöglichkeiten vorsehen. Als erste Maßnahme leistet schon ein Rollo mit horizontalen Führungen gute Dienste. Ideal sind in das Oberlicht integrierte Lamellenjalousien, bei denen Sie genau regeln können, wie viel Licht und Hitze ins Innere gelangen sollen.

Verbesserte Energiebilanz durch Milchglas Milchglas hat zum einen den Vorteil, dass es das Licht diffus und gleichmäßig im Raum verteilt, sodass es nicht blendet. Darüber hinaus absorbiert Milchglas einen Teil der Sonnenstrahlung und gibt diese als Wärme an die Innenräume ab. Im Winter ergibt sich auf diese Weise eine Art Solareffekt, der die Heizung unterstützt.

Optimale Isolierverglasung für Oberlichter Warme Luft hat die Eigenschaft, nach oben zu steigen – also hinauf zur Zimmerdecke bzw. eben zum Oberlicht. Aus diesem Grund ist gerade bei horizontalen bzw. in die Dachschräge integrierten Fenstern eine besonders energieeffiziente Ausführung ein Muss. Achten Sie also bei Oberlichtern auf optimale U-Werte von Rahmen und Verglasung. Sonst heizen Sie zum Fenster hinaus – kein guter Tausch für mehr Tageslicht.

Kennen Sie Tageslichtröhren? Für düstere Ecken in Ihrem Zuhause kann eine Tageslichtröhre die Lösung sein, auch als Sonnenröhre bekannt. Dabei wird über eine Lichtkuppel oder eine Dachluke, die jeweils etliche Meter von dem betreffenden Raum entfernt sein können, Tageslicht eingefangen und durch auf der Innenseite polierte, gut reflektierende Aluminiumröhren in das betreffende Zimmer „umgeleitet". Sonnenröhren dieser Art empfehlen sich für dunkle Ecken wie Vorratskammern, Dielen und fensterlose Toiletten und verringern die Notwendigkeit von künstlichem Licht tagsüber.

Glühbirnen und -lampen

Weniger Watt Ein zu hell ausgeleuchteter Raum wirkt sich nicht nur negativ auf die Stromrechnung aus, er ist auch schlicht und einfach ungemütlich. Da der Stromverbrauch einer Glühbirne in direktem Zusammenhang mit der Wattstärke steht, ist es wichtig, für jeden Raum und jeden Zweck die richtige Stärke zu finden. Hier gilt die Devise: Mehr ist nicht gleich besser. Empfehlungen für die einzelnen Räume finden Sie auf Seite 117.

Reduzieren Sie die Anzahl der Leuchtkörper Selbst wenn Sie mehrere Glühbirnen mit niedriger Wattstärke für dekorativer halten als eine einzelne helle Lichtquelle: Bedenken Sie, dass die Stromkosten bei dieser Variante um 50% höher sind. Um die Lichtausbeute einer 100-Watt-Glühbirne zu erhalten, benötigen Sie nicht weniger als sechs 25-Watt-Glühbirnen, da bei jeder einzelnen Energieverluste anfallen. In anderen Worten: Sie brauchen ein Drittel mehr Energie – nämlich 150 statt 100 W.

Sparen Sie nicht an Lichtschaltern Wenn Sie z. B. zum Ausleuchten eines offenen Wohnbereichs mehr als eine Lampe benötigen, sollten Sie auch mehrere Schalter anbringen. Es dürfte eher selten notwendig sein, dass alle Lampen gleichzeitig brennen, meistens wird nur ein Teil des Raumes beleuchtet. Ist nur ein Schalter vorhanden, gehen unweigerlich alle Lampen gleichzeitig an. Viel geschickter ist es, pro Lampe oder zumindest pro Lampengruppe eigens einen

Lediglich zwischen 5 und 20% der Energie einer Glühbirne wird in Licht verwandelt, der Rest wird in Form von Wärme abgestrahlt.

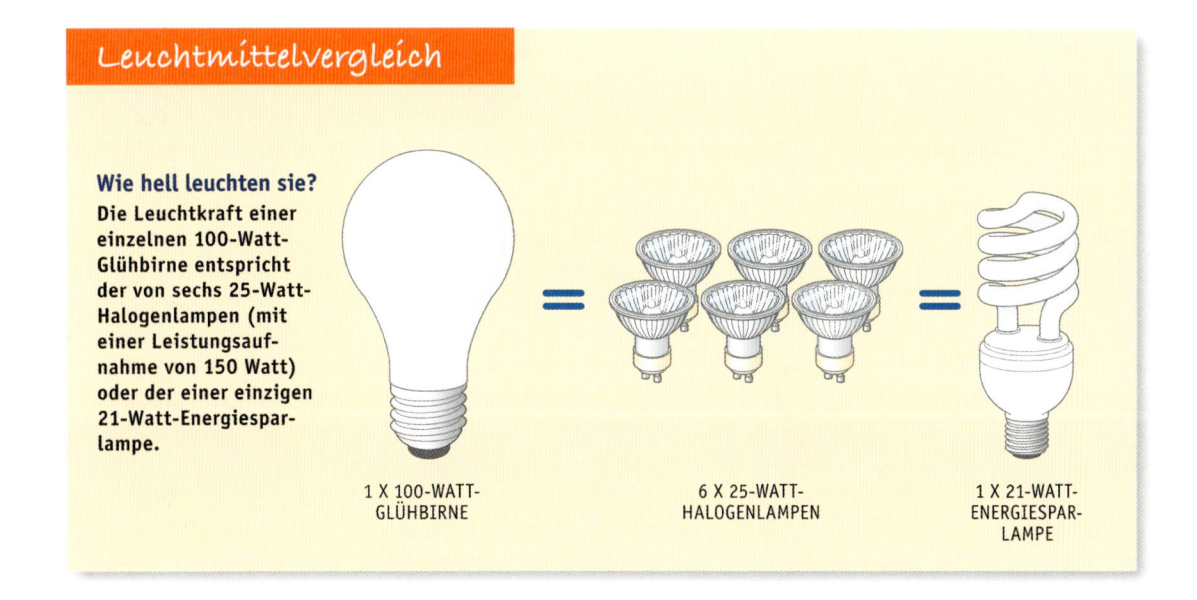

Leuchtmittelvergleich

Wie hell leuchten sie?
Die Leuchtkraft einer einzelnen 100-Watt-Glühbirne entspricht der von sechs 25-Watt-Halogenlampen (mit einer Leistungsaufnahme von 150 Watt) oder der einer einzigen 21-Watt-Energiesparlampe.

1 X 100-WATT-GLÜHBIRNE = 6 X 25-WATT-HALOGENLAMPEN = 1 X 21-WATT-ENERGIESPARLAMPE

Wissen SPEZIAL

LEUCHTENDE ZUKUNFT

Kaum hat die Energiesparlampe als Leuchtmittel der Wahl in unserem Leben Einzug gehalten, da kündigt sich bereits eine noch elegantere und günstigere Lösung an. Man kann davon ausgehen, dass Leuchtdioden (engl. *light-emitting diodes*, LED) das energiesparende Leuchtmittel der nächsten Generation werden. Sie überzeugen durch eine lange Lebensdauer und eine unglaubliche Effizienz, da praktisch die gesamte Energie ohne Wärmeverluste in Licht umgewandelt wird. Durch die extrem geringe Wärmeentwicklung sind LEDs zudem eine brandschutztechnisch sichere Lichtquelle – daher die häufige Verwendung zu dekorativen Zwecken.

Schalter vorzusehen. Geeignete Kreuz- oder Wechselschaltungen stellen zudem sicher, dass Sie sämtliche Lampenkonstellationen von jeder Tür im Raum aus bedienen können. So wählen Sie die einzelnen Leuchtmittel gezielt an, sparen Energie und Kosten.

Ein Lichtschalter an jeder Türe Seien wir ehrlich: Wenn wir beim Verlassen eines Raumes neben der Tür einen Lichtschalter sehen, denken wir eher daran, das Licht auszumachen. In einem Raum mit nur einer Tür ist das kein Problem, doch nicht wenige Räume haben zwei oder sogar drei Türen. Wenn Ihre vier Wände demnächst renoviert werden, beauftragen Sie doch den Elektriker, neben jeder Tür einen Lichtschalter zu installieren, oder ergreifen Sie die Gelegenheit, wenn der Handwerker sowieso gerade im Haus ist.

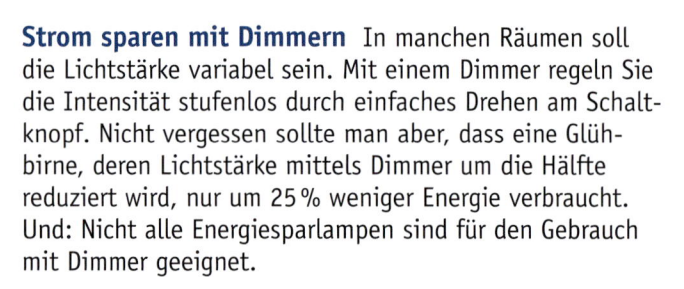

Strom sparen mit Dimmern In manchen Räumen soll die Lichtstärke variabel sein. Mit einem Dimmer regeln Sie die Intensität stufenlos durch einfaches Drehen am Schaltknopf. Nicht vergessen sollte man aber, dass eine Glühbirne, deren Lichtstärke mittels Dimmer um die Hälfte reduziert wird, nur um 25 % weniger Energie verbraucht. Und: Nicht alle Energiesparlampen sind für den Gebrauch mit Dimmer geeignet.

Alternativen zum Dimmer Sollten Sie feststellen, dass Sie manche Lampen fast ausschließlich gedimmt verwenden, wählen Sie doch gleich einen Leuchtkörper mit weniger Leistung (Watt). Sie sparen Strom und bares Geld.

Den Lichtbedarf realistisch einschätzen Manchmal ist eine einzelne Lampe für die gewünschte Helligkeit völlig ausreichend. Beim gemütlichen Beisammensein mit Freun-

LEUCHTMITTEL IM VERGLEICH

Typ	gut geeignet ...	schlecht geeignet ...	Preis	Betriebs-kosten	Lebens-dauer
Glühbirne	... als Auslaufmodell (in der EU bis nur noch als 25- oder 40-Watt-Birne erhältlich, ab 2012 generell abgeschafft).	... wenn Ihnen Energiesparen am Herzen liegt. Der Wärmeverlust ist unakzeptabel hoch.	€	€€ €€€	bis zu 1000 Std.
Halogenlampe	... für helles, gebündeltes Licht, z. B. für gezielte Beleuchtung (über der Arbeitsplatte in der Küche) oder zum Setzen von Lichtakzenten (z. B. Anstrahlen eines Gemäldes an der Wand).	... als raumfüllende Beleuchtung, da für eine größere Fläche sehr viele Halogenlampen benötigt werden.	€€	€€€	bis zu 2000 Std.
Energiesparlampe *(auch als Kompaktleuchtstofflampe bekannt)*	... für die Beleuchtung von Räumen, die häufig und über längere Zeit genutzt werden, z. B. Wohnzimmer, Küche.	.. in Räumen, in denen die Beleuchtung häufig an- und ausgeschaltet wird (Speisekammer, Toilette), da dadurch ihre Lebensdauer verkürzt wird.	€€€	€	bis zu 8000 Std.
Solarleuchte	... im Garten, am Swimmingpool, in Auffahrten.	für den Innenbereich	€€	null	praktisch unbegrenzt

Glühbirne  — Halogenlampe 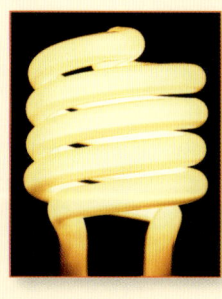 — Energiesparlampe  — Solarleuchte

den oder der Familie nach dem Abendessen schafft eine 40- oder 60-Watt-Glühbirne (bzw. das Pendant in Form einer Energiesparlampe) eine behaglichere Atmosphäre als ein 75- oder gar 100-Watt-Strahler – und senkt ganz nebenbei auch noch die Betriebskosten.

Bewegungs- und Zeitschalter Bei der Wahl Ihrer Außenbeleuchtung sollten Sie auf Produkte zurückgreifen, die über einen eingebauten Bewegungsschalter verfügen. So stellen Sie sicher, dass die Lampe nur dann leuchtet, wenn es wirklich notwendig ist. In ältere, bereits bestehende Außeninstallationen lassen sich ohne viel Aufwand am Sicherungskasten Zeitschalter integrieren. Erkundigen Sie sich bei einem Elektriker nach den Kosten.

Halten Sie die Lampen sauber Eine verstaubte Glühbirne, ein schmutziger Lampenschirm, und schon ist die Lichtausbeute der Leuchte um die Hälfte reduziert. Wer jetzt denkt, dass er eine leistungsstärkere Glühlampe braucht, liegt falsch: Auf diese Weise erhöhen Sie lediglich den Stromverbrauch und die laufenden Kosten. Regelmäßiges Abstauben bzw. Abwischen mit einem feuchten Lappen stellt hier die weitaus sinnvollere Maßnahme dar!

Schaffen Sie eine helle Atmosphäre Dunkle Böden, Wände oder Vorhänge schlucken Tageslicht. Geben Sie hellen Farben den Vorzug. Düstere Räume verführen dazu, auch tagsüber gelegentlich das Licht anzuschalten.

SPITZEN-SPARER

Ersetzen Sie eine Glühbirne durch eine **Energiesparlampe**, schon werden bis zu **75 % weniger** Energie verbraucht.

Mehr zum Thema ...

Energiesparende Leuchtmittel im Überblick:
www.das-energieportal.de/wohneigentuemer/beleuchtung/energie-sparen-bei-beleuchtung

Weiterführende Linkliste zum Thema Licht: www.energiesparende-beleuchtung.de

Vergleich der besten Energiesparlampen (mit Empfehlung des World Wildlife Fund For Nature/Schweiz): www.topten.ch/

Wie viel Watt sind ausreichend?

Wer eine Glühbirne gegen eine Energiesparlampe austauscht, kann von einem Viertel der bisherigen Leistung ausgehen – und damit auch von einem Viertel des Energieverbrauchs. Die nachstehende Tabelle gibt einen Anhaltspunkt, welche Leistung für welche Räume empfohlen wird.

GLÜHBIRNEN UND ENERGIESPARLAMPEN IM VERGLEICH

Glühbirne

Raum	benötigte Anzahl	benötigte Leistung	Betriebskosten
Küche	1	100 W	€€€€€
Wohnzimmer	2	75 W	€€€€€
Arbeitszimmer	1	75 W	€€€
Schlafzimmer	1	75 W	€€€
Flur oder Gang	1	40 W	€
Leselampe	1	60 W	€€€

Energiesparlampe

Raum	benötigte Anzahl	benötigte Leistung	Betriebskosten
Küche	1	25 W	€
Wohnzimmer	2	18 W	€
Arbeitszimmer	1	18 W	€
Schlafzimmer	1	18 W	€
Flur oder Gang	1	12 W	€
Leselampe	1	15 W	€

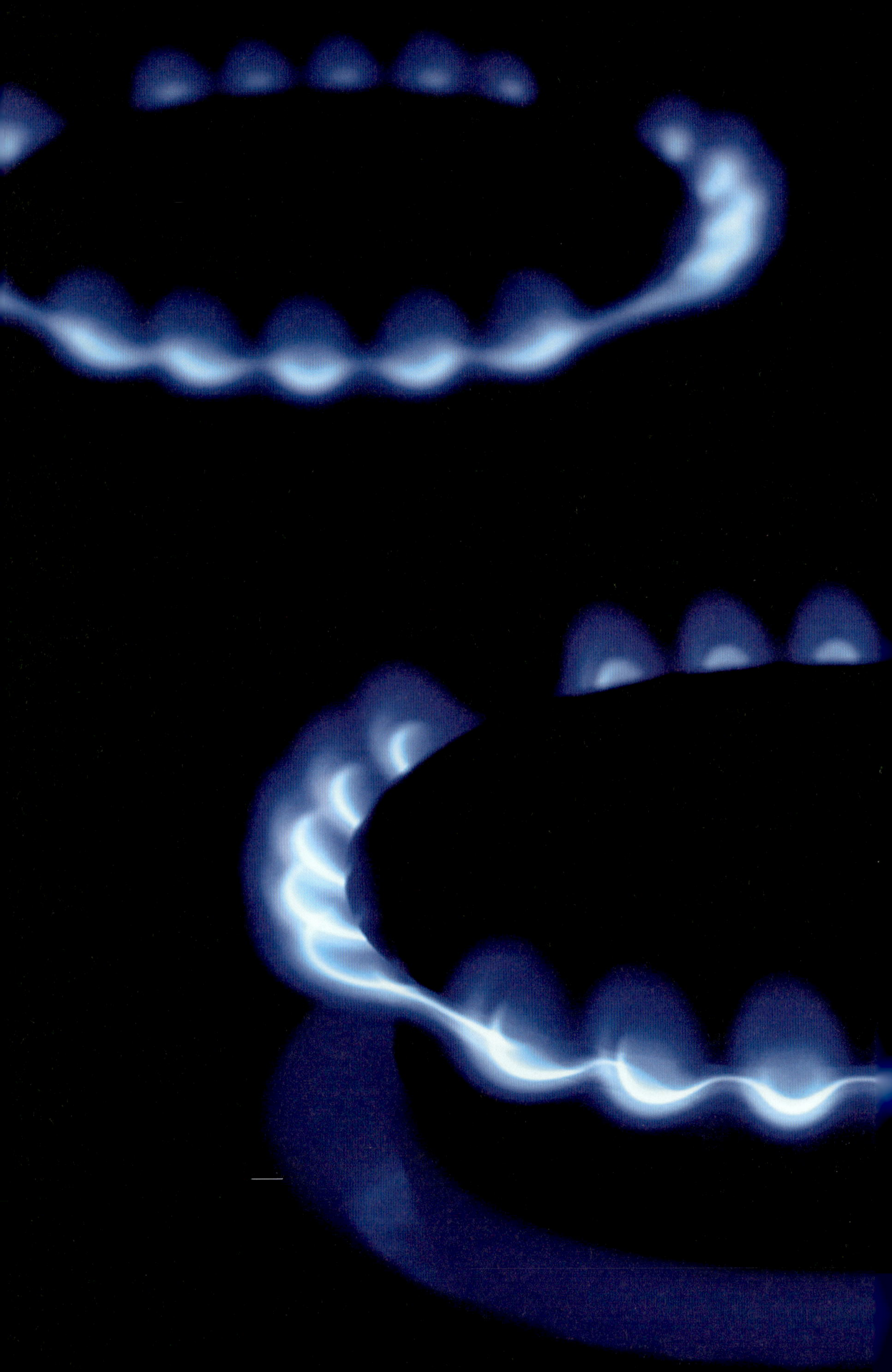

KAPITEL 5

ELEKTROGERÄTE EFFIZIENT NUTZEN

- Gezielt Strom sparen 120
- Energiesparlabel 123
- Kochen und backen 126
- Geschirr spülen 137
- Kühlen und gefrieren 140
- Wäsche waschen 148
- Wäsche trocknen 150
- Andere Elektrogeräte 153

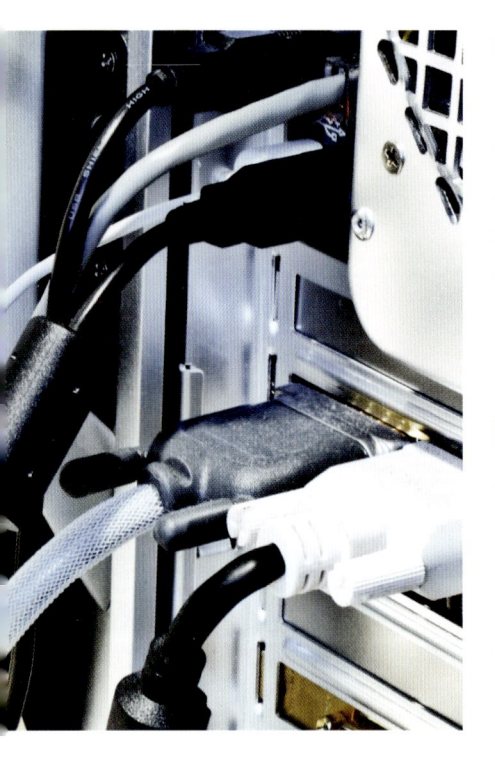

GEZIELT STROM SPAREN

Um den Stromverbrauch durch Elektrogeräte zu senken, genügt der gesunde Menschenverstand. Sowohl beim Kauf als auch beim Einsatz der Geräte sollte als Grundregel gelten: Verwenden Sie so wenig Geräte wie möglich, verwenden Sie sie so selten wie möglich und wählen Sie die korrekte Betriebsart.

Fünf Goldene Regeln für Elektrogeräte

Wer die folgenden fünf Prinzipien befolgt, reduziert seinen Stromverbrauch durch Elektrogeräte im Handumdrehen.

1 Kaufen Sie nur Geräte, die Sie wirklich brauchen Eine ganze Reihe von Kleingeräten für den Haushalt (wie z. B. ein elektrisches Tranchiermesser) sind nicht mehr als technische Spielereien, deren Aufgaben Sie mit ein wenig Körpereinsatz leicht selbst übernehmen können.

2 Schalten Sie Geräte nach dem Betrieb aus Beschränken Sie den Einsatz der elektrischen Helfer auf das Nötigste und schalten Sie die Geräte ab, wenn sie nicht verwendet werden, am besten direkt am Netzschalter. So umgehen Sie den Stand-by-Modus.

3 Kaufen Sie keine überdimensionierten Geräte Entspricht die Größe des Geräts Ihren Anforderungen? Fast immer ist die Höhe des Energieverbrauchs von der Größe und Leistungsaufnahme des Geräts abhängig. Ein größerer Fernsehapparat benötigt auch mehr Strom. Warum also unnötig Geld für ein zu großes Gerät ausgeben?

4 Achten Sie auf „intelligente" Extras Ein wichtiges Kriterium beim Kauf eines neuen Geräts sollten intelligente Ausstattungsmerkmale wie Zeitschaltuhren, Thermostate und Sensoren sein. Diese können ganz erheblich dazu beitragen, die Einsatzdauer und Leistung eines Geräts zu optimieren und damit Energieverschwendung zu vermeiden.

5 Kaufen Sie Geräte mit guten Regelmöglichkeiten Durch das Einstellen der jeweils günstigsten Option wird Energieverschwendung vorgebeugt. So verbrauchen z. B. Waschmaschinen und Trockner bei niedrigen Temperaturen und Kurzprogrammen deutlich weniger Strom.

Energiekosten-Messgeräte

Der einfachste Weg, Energiefresser aufzuspüren, ist ein Energiekosten-Messgerät, das Sie für 10–45 EUR im Elektrofachhandel oder als Leihgerät bei Verbraucherorganisationen erhalten. Zwischen die Steckdose und das Elektrogerät geschaltet, zeigt es den Stromverbrauch an.

Das geeignete Messgerät Mit Leistungsaufnahmen unter 10 W (z. B. zur Ermittlung des Stand-by-Stroms) kommen nicht alle Geräte zurecht. Informieren Sie sich über die Messgenauigkeit, bevor Sie ein Gerät kaufen oder leihen.

Den Verbrauch des Kühlschranks ermitteln Anders als bei vielen Elektrogeräten ist der Stromverbrauch beim Kühlschrank nicht konstant. Da sich sein Aggregat im Lauf des Tages mehrmals ein- und ausschaltet, sollten Sie das Messgerät für einen Zeitraum von 24 Stunden anschließen, um eine zutreffende Kostenschätzung zu erhalten.

Heiz- und Klimageräte testen Bei thermostatgesteuerten Heiz- und Klimageräten variiert der Energieverbrauch in Abhängigkeit von Außentemperatur und Luftfeuchtigkeit. Wer hier verlässliche Werte ermitteln will, misst den Energieverbrauch über eine oder zwei Wochen.

Optimieren Sie die Energieeffizienz Nutzen Sie den Check Ihrer Elektrogeräte mit dem Energiekosten-Messgerät zur Verbesserung der Energieeffizienz in Ihren vier Wänden. Vergleichen Sie z. B. die Betriebskosten eines elektrischen

Einige Energiekosten-Messgeräte können aus dem Stromverbrauch die voraussichtlichen Jahreskosten sowie den entsprechenden CO_2-Ausstoß errechnen.

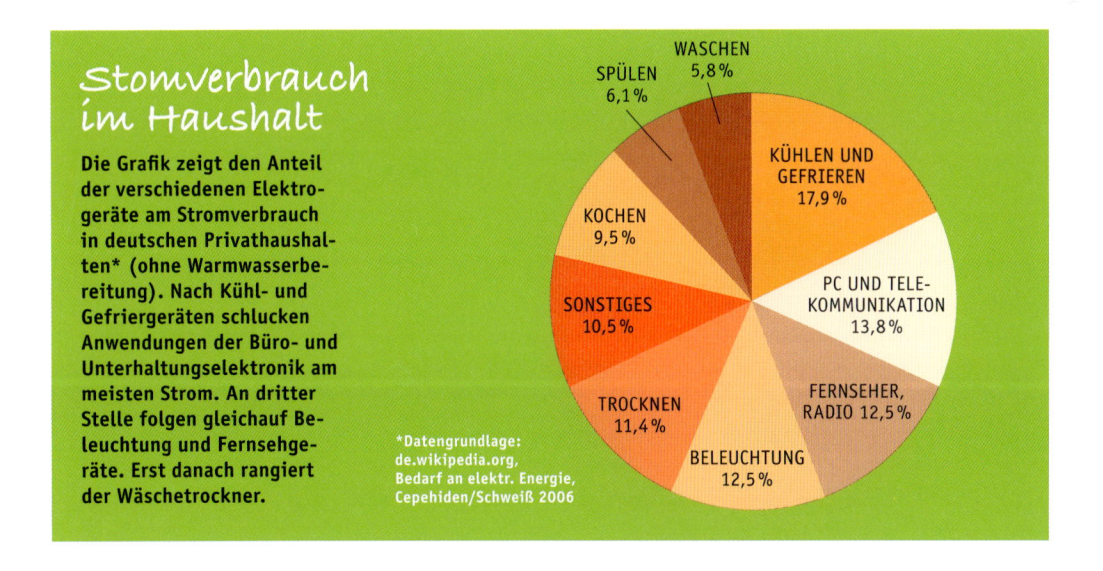

Stomverbrauch im Haushalt

Die Grafik zeigt den Anteil der verschiedenen Elektrogeräte am Stromverbrauch in deutschen Privathaushalten* (ohne Warmwasserbereitung). Nach Kühl- und Gefriergeräten schlucken Anwendungen der Büro- und Unterhaltungselektronik am meisten Strom. An dritter Stelle folgen gleichauf Beleuchtung und Fernsehgeräte. Erst danach rangiert der Wäschetrockner.

*Datengrundlage: de.wikipedia.org, Bedarf an elektr. Energie, Cepehiden/Schweiß 2006

- WASCHEN 5,8 %
- SPÜLEN 6,1 %
- KÜHLEN UND GEFRIEREN 17,9 %
- PC UND TELEKOMMUNIKATION 13,8 %
- FERNSEHER, RADIO 12,5 %
- BELEUCHTUNG 12,5 %
- TROCKNEN 11,4 %
- SONSTIGES 10,5 %
- KOCHEN 9,5 %

Energieberater der Verbraucherzentralen und Versorger werten die Messergebnisse mit Ihnen aus. Regional bieten einige Versorger sogar kurzzeitige Stromverbrauchsmessung und Beratung vor Ort an.

Heizgeräts, wenn der Thermostat auf 22 °C eingestellt ist, mit den Kosten, die anfallen, wenn der Thermostat ein paar Grad niedriger eingestellt ist.

Energieverbrauch im Stand-by-Modus Auch beim Ermitteln der Stand-by-Kosten von Elektrogeräten leisten Energiekostenmessgeräte wertvolle Dienste. Wenn Sie erst einmal sehen, wie viel Stand-by-Energie die üblichen Fernsehgeräte, DVD-Rekorder, Audiogeräte in Ihrem Haushalt verbrauchen, werden Sie in Zukunft Geräte, die nicht in Betrieb sind, gerne am Netzschalter ausschalten. Außerdem werden Sie feststellen, dass manche scheinbar ausgeschalteten Geräte dennoch Strom verbrauchen. Hier hilft nur: Stromkabel aus der Steckdose ziehen.

Drahtlose Messgeräte Energiekostenmessen funktioniert auch drahtlos. Dabei verbleibt die Basiseinheit am Hauptverteiler. Auf dem tragbaren Display sehen Sie, welche Betriebskosten für die einzelnen Elektrogeräte anfallen oder wie hoch der Energieverbrauch in jedem Raum ist.

Grenzwerte festlegen mit drahtlosen Messgeräten
Ein weiterer Pluspunkt dieser Geräte ist, dass sie bei der Kontrolle des im gesamten Haushalt verbrauchten Stroms helfen. Viele verfügen über eine Alarmfunktion: Wenn der Energieverbrauch einen von Ihnen vorher festgesetzten Wert überschreitet, ertönt ein Warnzeichen und mahnt an den energiesparenden Umgang mit Elektrogeräten.

Eine Investition in die Zukunft Wenn Sie den Kauf eines Energiekosten-Messgeräts für überflüssig halten, irren Sie. Bereits nach kurzer Zeit hat sich die Investition amortisiert, da Sie auf lange Sicht durch die Reduzierung der Stromkosten in Ihrem Haushalt Geld einsparen. Einfachere Ausführungen kosten nicht mehr als ein Toaster, die Anschaffungskosten von modernen drahtlosen Modellen liegen beim Drei- bis Vierfachen.

Mehr zum *Thema* ...

Energiekosten-Messgeräte im Vergleich: www.test.de/themen/umwelt-energie/test/Strommessgeraete-Nur-eins-ist-gut-1781202-1781479/

Energiefresser entlarven: www.energievergleich.de/strommessgeraete.htm

Elektrogeräte energieeffizient nutzen: www.das-energieportal.de/wohneigentuemer/haushaltsgeraete/energie-sparen-bei-haushaltsgeraeten/

ENERGIESPARLABEL

Um das Energiesparen leichter zu machen und dem Verbraucher Hilfen anzubieten, haben Gesetzgeber, Energieagenturen, Umwelt- und Verbraucherschutzverbände Orientierungshilfen entwickelt, die direkt auf die Geräte geklebt werden. Diese Siegel oder Label kennzeichnen getestete, bewertete Produkte.

Das EU-Label

Im Rahmen der Europäischen Union wurde schon 1998 das EU-Label eingeführt. Es zeigt auf einen Blick, ob ein Elektrogerät ein Energiefresser ist oder nicht. Da die Industrie den Nutzen dieser „Auszeichnung" als Verkaufshelfer schnell erkannt hat, stellen die Firmen seitdem zunehmend energieeffizientere Elektrogeräte her.

Die Kernaussage des Labels Das Label zeigt mithilfe von sieben farbigen Feldern, die in einer Skala übereinander angeordnet sind, die Energieeffizienzklassen (A bis G) eines Geräts an. In der Energieeffizienzklasse wird ausgedrückt, um wie viele Prozent das Gerät vom ermittelten europäischen Bestwert abweicht. Dabei entspricht das unterste Feld in der Farbe Dunkelrot dem schlechtesten Wert und hat daher den höchsten Stromverbrauch (Energieeffizienzklasse G). Die obersten Felder in Grün kennzeichnen die Geräte, die dem Bestwert am nächsten kommen und daher den niedrigsten Verbrauch haben.

Die verbesserte Klasse A Da seit (und wegen) der Einführung des EU-Labels immer mehr Kühl- und Gefriergeräte, Geschirrspülmaschinen und Waschmaschinen so energiesparend wurden, dass sie Klasse A erreichten, war das EU-Label bald nicht mehr aussagekräftig. Um hier weiter zu differenzieren, wurden im Dezember 2010 die drei neuen grünen Klassen A+, A++ und A+++ eingeführt. Die „einfache" Klasse A rutscht dabei in den gelben Bereich. Dafür reicht die Skala nicht mehr bis G, sondern teilweise nur bis E. Für andere Geräte wie Trockner, Elektroherde oder Fernseher gelten hingegen noch die alten Klassen A bis G.

Nicht verwirren lassen Als Verbraucher orientieren Sie sich am leichtesten an der Farbgebung: Das beste Gerät liegt im obersten Feld, egal, ob dieses die Bezeichnung

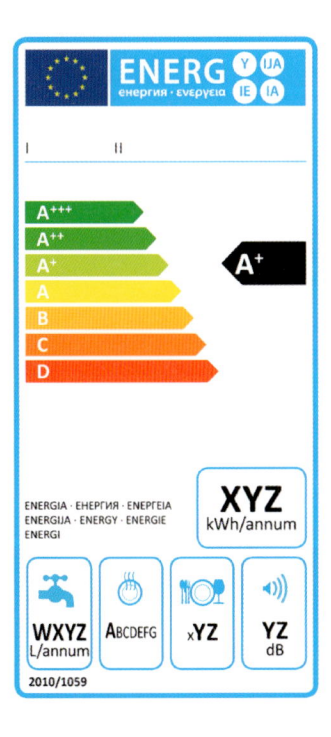

Bei Waschmaschinen wird bei der Bewertung der Energieeffizienz nicht nur der Strom-, sondern auch der Wasserverbrauch berücksichtigt.

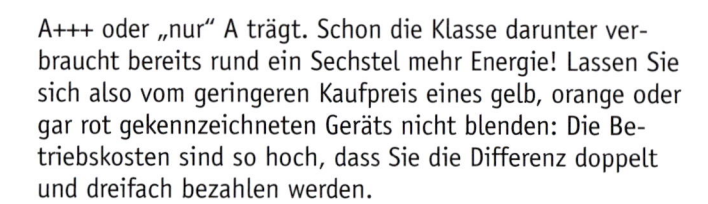

A+++ oder „nur" A trägt. Schon die Klasse darunter verbraucht bereits rund ein Sechstel mehr Energie! Lassen Sie sich also vom geringeren Kaufpreis eines gelb, orange oder gar rot gekennzeichneten Geräts nicht blenden: Die Betriebskosten sind so hoch, dass Sie die Differenz doppelt und dreifach bezahlen werden.

Der Energy Star

Der Jahresstromverbrauch eines Bürogeräts kann 400 kWh betragen oder auch nur 40 kWh – ein Unterschied, der sich deutlich im Geldbeutel bemerkbar macht. Um das Bürogerät mit dem geringsten Stromverbrauch zu kennzeichnen, aber auch um Klarheit über den Stromverbrauch im Stand-by-Modus zu geben, wurde in den USA schon 1992 der Energy Star eingeführt, der sich heute auch zunehmend auf europäischen Geräten findet.

Welche Geräte können den Energy Star tragen?
Computer, Bildschirme und bildgebende Geräte wie Drucker, Kopierer, Scanner, aber auch Fax und Frankiergeräte können dieses Energiesiegel tragen. Die Vergabe beruht auf freiwilligen Tests der Hersteller.

Wie sicher ist der Energy Star?
Leider liegt in der Freiwilligkeit auch der Nachteil, dass nicht kontrolliert werden kann, ob die vorgeschriebenen Werte tatsächlich erreicht wurden. Diese Werte orientieren sich an den Empfehlungen der US-Regierung und beinhalten so wichtige Richtlinien wie den Stromverbrauch im Stand-by-Modus und – bei PCs – den Energiesparmodus.

Label, die Sie kennen sollten

Der Blaue Engel ist Deutschlands ältestes und bekanntestes Umweltsiegel. Es wird vom Umweltbundesamt vergeben für schadstoffgeprüfte Geräte, die wenig Energie verbrauchen (entspricht Energy Star, Stufe 2). Es lohnt sich, beim Kauf von Bildschirmgeräten, Tastaturen und tragbaren Computern auf das Siegel zu achten.

Der TÜV ECO-Kreis wird von unabhängigen Prüfinstituten vergeben. Getestet werden u. a. Stand-by-Verbrauch, Sicherheit, Ergonomie und Ökologie. Achten Sie auf dieses Zeichen, wenn Sie Drucker, Toner, Tinte und Farbe sowie Verpackungsmaterial aus Kunststoff oder Papier/Pappe kaufen.

WOHER WEISS ICH, ▶ ob mein PC stromsparend arbeitet?

Wenn Sie 15 Minuten lang nicht am PC arbeiten, muss das System so weit herunterfahren, dass Sie es kaum noch hören. Je nachdem, ob Sie einen Bildschirmschoner aktiviert haben oder nicht, wird der Monitor sich ausschalten. Wenn Sie ein Gerät mit dem Energy Star gekauft haben, das nicht von alleine in den Energiesparmodus umschaltet, müssen Sie diese Funktion erst noch aktivieren.

Das GEEA-Energielabel Dieses Siegel kennzeichnet Informationstechnik und Unterhaltungselektronik, die von der GED (Gemeinschaft Energielabel Deutschland) vor allem auf den Stand-by-Verbrauch geprüft wurden, um den versteckten Stromverbrauch aufzudecken. Geprüft werden Audiogeräte, Bildschirme, Drucker, Mobiltelefone usw.

Das TCO-Label Wer einen Monitor kauft, sollte auf das Label der schwedischen Angestellten- und Beamtengewerkschaft (Tjänstemännens Centralorganisation TCO) achten. Ein Gerät, das dieses begehrte Label trägt, ist garantiert strahlungsarm, energiesparend und ergonomisch. Da das Label weltweit hohe Wertschätzung genießt, lassen Firmen neben Monitoren nicht selten auch andere Bürogeräte von den Schweden testen. TCO vergibt die Labels TCO 01 bis TCO 07 für Mobiltelefone (u. a. Strahlung, Schwermetalle), Kathodenstrahl- und Flachbildschirme (Helligkeit, Kontrast, Bildstabilität, Schwermetalle, Recyclingfähigkeit, Bildqualität), Büromöbel (u. a. Sitzposition), Desktop- und Notebook-PCs, Multimediabildschirme und Kopfhörer.

Mehr zum *Thema* ...

Aktuelle Liste empfohlener Produkte der GED: www.energie-sparen-aktuell.de

Alles über das EU-Label: www.stromeffizienz.de/eu-label.html

Hintergründe zum Energy Star: www.thema-energie.de/strom/effizienzlabel/das-energy-star-programm-der-eu

Online-Geräteberatung: www.hausgeraete-plus.de/energielabel.php

Drucker und Zubehör: www.energie-sparen-aktuell.de/energiesparlabel-tuev-eco-kreis

Strahlungsarme Schwedennorm: www.stromtip.de/rubrik2/19655/4/Energy-Star-und-TCO-Label.html

KOCHEN UND BACKEN

Ein Großteil der Energie zum Betrieb von Haushaltsgeräten entfällt auf die Zubereitung warmer Speisen, angefangen beim Einsatz von Backofen oder Kochfeld, bis hin zum Sieden von Tee- oder Kaffeewasser. Wer sparen will, kann natürlich entsprechende Küchengeräte kaufen. Doch auch ein paar kleine Tricks helfen bereits.

Sofortsparmaßnahmen

Lassen Sie sich nicht zu der Annahme verleiten, zum Energiesparen müssten Sie die allerneuste Haushaltselektronik anschaffen. Kochen Sie weiter auf Ihren schon vorhandenen Küchengeräten und senken Sie die Kosten, indem Sie sich ein paar nützliche Gewohnheiten zu eigen machen.

Tiefkühlkost vollständig auftauen lassen Vom Standpunkt der Nahrungsmittelsicherheit und des Energieverbrauchs aus taut man Lebensmittel lieber im Kühlschrank auf als außerhalb. Zu beachten ist hierbei bloß, dass der Auftauvorgang länger dauert.

Zum Kochen weniger Wasser nehmen Vergeuden Sie beim Kochen von Gemüse nicht dadurch Energie, dass Sie mehr Wasser aufkochen als nötig. Nehmen Sie stattdessen gerade so viel Wasser, dass das Gemüse bedeckt ist.

WAS HÄLT SIE DAVON AB, ...

einen Dampfdrucktopf zu verwenden?

❏ **DAS SIND DOCH ALTMODISCHE ENERGIEFRESSER.** Inzwischen sind Schnellkochtöpfe sicherer im Gebrauch und einfacher in der Handhabung als früher. Im Prinzip sind das Kochtöpfe mit arretierbarem Deckel und Dichtung. Bei aufgesetztem und versiegeltem Topfdeckel erreicht der Dampfkochtopf im Innern extrem hohe Temperaturen, die unglaublich schnell ins Gargut eindringen. Im Endergebnis wird Ihre Mahlzeit in der halben Zeit (manchmal sogar noch schneller) fertig. Außerdem verbrauchen Dampfkochtöpfe etwa 40 % weniger Energie als herkömmliche Kochtöpfe.

Jedem Töpfchen sein Deckelchen Bei geschlossenem Deckel bleibt die erzeugte Hitze im Kochtopf. Das Wasser erreicht dadurch schneller seinen Siedepunkt.

Gemüse in kleinere Stücke schneiden Kleine Stücke werden schneller gar. Schneiden Sie Gemüse nach Möglichkeit immer klein, statt es im Ganzen in den Topf zu geben.

In einem Topf kochen Es leuchtet ein, dass drei Töpfe auf dem Herd mehr Energie benötigen als einer. Probieren Sie häufiger Gerichte wie Gemüsepfannen und Eintöpfe aus. Es fällt dann auch weniger schmutziges Geschirr an.

Die richtige Topfgröße nehmen Achten Sie beim Kochgeschirr auf die richtige Größe. Ist der Topf zu groß, heizen Sie eine Menge Material unnötig mit auf. Ist er zu klein und bedeckt nicht die gesamte Platte, geht viel Energie an den Rändern der Kochstelle verloren.

Dampfkraft nutzen Kaufen Sie einen Dampfgarer mit stapelbaren Dampfeinsätzen zum Garen von Gemüse – viele verschiedene Gemüsesorten lassen sich in einem Arbeitsgang garen. Da nur eine geringe Wassermenge erhitzt werden muss, verbrauchen solche Töpfe sehr wenig Energie.

Wasserkocher benutzen Elektrische Wasserkocher verbrauchen weniger Energie als herkömmliche Teekessel für den Herd. Beschleunigen Sie den Kochvorgang, indem Sie Kochtöpfe mit im Wasserkocher erhitztem Wasser befüllen.

Backofentür geschlossen halten Bei jedem Öffnen entweicht heiße Luft. Dadurch sinkt die Innentemperatur und der Backofen muss mehr leisten, um den Temperatur-

SPITZEN-SPARER

Sparen Sie Energiekosten durch **Minimierung der Vorheizzeit**. Behalten Sie den Thermostat im Auge und schieben Sie den Braten schon in den Backofen, kurz bevor die Kontrollleuchte erlischt!

> Im Schnellkochtopf garen Gerichte in der Hälfte der Zeit. Die Energieersparnis gegenüber herkömmlichen Töpfen beträgt **40 %**.

verlust wieder auszugleichen. Wer also wissen möchte, wie weit seine Ofenkartoffeln sind, sollte besser die Scheibe des Backofens putzen, als die Tür zu öffnen.

Backofen leer räumen Entfernen Sie alle unbenutzten Bratroste und Backbleche vor dem Einschalten des Backrohrs. Dadurch ersparen Sie dem Backofen, für den Back-/Bratvorgang nicht benötigte Metallteile zu erhitzen.

Resthitze nutzen Ebenso, wie der Backofen eine Weile braucht, bis die Brat-/Backtemperatur erreicht ist, benötigt er nach dem Abschalten etliche Minuten zum Abkühlen. Diesen Umstand könnnen Sie sich bei langsam garenden Gerichten wie großen Braten und Aufläufen zunutze machen. Die Hitze im Backofen hält noch zehn Minuten, um den Garprozess zu Ende zu bringen. Aber probieren Sie diese Energiesparmethode nicht mit Backwaren wie Kuchen, hier sind sehr genaue Backbedingungen einzuhalten!

Gemeinsam essen Allenthalben hört man, wie wichtig das gemeinsame Abendessen für den Familienverband ist. Auch für den Energieverbrauch hat es Vorteile. Bei der Zubereitung einer Mahlzeit für die ganze Familie fällt weniger Energie an, als wenn für jede Person extra gekocht wird.

Küchentechnik

Etwa ein Drittel der Stromkosten entfällt auf Küchengeräte wie Backofen, Kochfeld und Mikrowelle. Die Anschaffung energiesparender Geräte lohnt sich spätestens, wenn beim alten Modell eine Reparatur ansteht. Die niedrigeren Verbrauchswerte hochwertiger Geräte kompensieren den etwas höheren Anschaffungspreis schon nach kurzer Zeit.

Wissen SPEZIAL

INDUKTIONSKOCHFELDER

Bei einem Induktionsherd bewirkt ein elektromagnetisches Wechselfeld, dass sich ein Kochtopf oder eine Bratpfanne erhitzt. Die im Metall des Topfes entstehende Hitze gart das Essen. Nur magnetisierbares Kochgeschirr funktioniert auf einem Induktionskochfeld. Kochtöpfe und Bratpfannen aus Aluminium, Glas und Ton können also nicht verwendet werden, während Kochgeschirr aus Gusseisen und Stahl die passende Wahl sind. Beachten Sie die Herstellerempfehlungen zu Induktionsherden.

Kochflächen

Gut zu regulieren: Gasherde An einem Gasherd genügt ein leichtes Drehen am Bedienknopf, und der Gaszustrom am Brenner ist auf eine höhere oder niedrigere Kochtemperatur eingestellt. Wegen dieser schnellen Dosierbarkeit der Flamme geben auch Berufsköche Gasherden meist den Vorzug. Darüber hinaus ist Gas energieeffizienter und trägt weniger zum Treibhauseffekt bei als Strom.

Leicht zu reinigen: die elektrische Kochplatte Konventionelle strahlungsbeheizte Kochplatten sind auf der Oberfläche des Kochfelds sitzende Metallscheiben. Erwärmung und Abkühlung dauern länger als bei Gasherden. Zudem haben sie im Betrieb einen deutlich höheren Energieverbrauch. Wenn für Sie Sparsamkeit im Vordergrund steht und Sie über einen Gasanschluss verfügen, empfiehlt sich ein Gasherd. Der Vorteil der konventionellen E-Kochplatte liegt in der Flexibilität des Aufstellorts.

Abkühlzeiten beim Ceranfeld nutzen Bei diesen modernen Kochfeldern sitzen elektrische Strahlheizkörper unter einer glatten Glaskeramikoberfläche. Sie sind leicht zu reinigen, weil sie keine Mulden, Fugen oder Stoßkanten aufweisen. Sie erhitzen sich ebenso langsam wie alle anderen elektrisch betriebenen Alternativen und kühlen noch langsamer ab: Selbst wenn das Heizelement darunter nicht mehr rot glüht, kann das Kochfeld darüber noch heiß sein. Diese Resthitze ist zwar ein Nachteil in puncto Sicherheit, Sie können diesen aber zu Ihrem Vorteil nutzen, indem Sie die Kochzone fünf bis zehn Minuten früher abdrehen. Die Resthitze in den Heizelementen hält den Topf weiter warm.

Schnelle Heizleistung – das Halogenkochfeld Im Grunde genommen sind Halogenkochfelder eine weitere Spielart von Cerankochfeldern. Nur erzeugen hier nicht elektrische Heizwiderstände, sondern Halogenheizstrahler die Hitze. Halogenkochfelder bieten unter den strahlungsbeheizten Kochfeldern die exakteste Temperaturregulierung beim Kochen. Und sie erreichen im Gegensatz zu den anderen E-Kochfeldern ihre volle Wärmeleistung fast sofort. Allerdings kühlen sie ebenso langsam ab wie Glaskeramikfelder. Versuchen Sie, die Restwärme optimal auszunutzen, und schalten Sie zum Fortkochen die Kochzone unter dem Topf früher als gewöhnlich ab.

Energiesparend – das Induktionskochfeld Ein Induktionskochfeld heizt schnell hoch, kühlt schnell ab und die Hitze lässt sich gut dosieren. Das macht es einer Gaskoch-

---

Kochstellenvergleich

Wer kocht am sparsamsten?
Die Abbildungen veranschaulichen die Energieeffizienz verschiedener Kochstellen. Senkrechte Pfeile stehen für die genutzte Energie, waagerechte für Verluste.

GASHERD

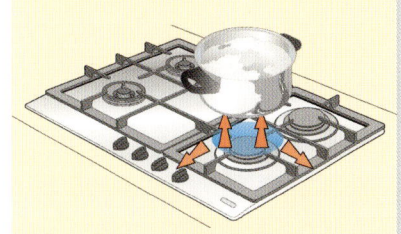

55 % DER ENERGIE ERHITZEN DEN TOPF, 45 % GEHEN VERLOREN.

ELEKTROHERD

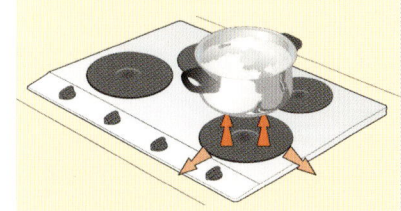

65 % DER ENERGIE ERHITZEN DEN TOPF, 35 % GEHEN VERLOREN.

INDUKTIONSHERD

90 % DER ENERGIE ERHITZEN DEN TOPF, 10 % GEHEN VERLOREN

KOCHFELDER IM VERGLEICH

Typ	Energiequelle	Preistendenz	Energieeffizienz	Aufheizdauer	Abkühldauer	Wärmeregulierung
Gaskochfeld	Erdgas, Stadtgas	€€–€€€	niedrig bis mittelmäßig	schnell	kurz	gut
Elektroherdplatte	Strom	€–€€	niedrig	langsam	sehr lang	schlecht
Glaskeramikkochfeld	Strom	€€	niedrig bis mittelmäßig	langsam	sehr lang	schlecht
Halogenkochfeld	Strom	€€€	niedrig bis mittelmäßig	schnell	sehr lang	mittelmäßig
Induktionskochfeld	Strom	€€€€	hoch	schnell	kurz	gut

Elektroherdplatte

Gaskochfeld

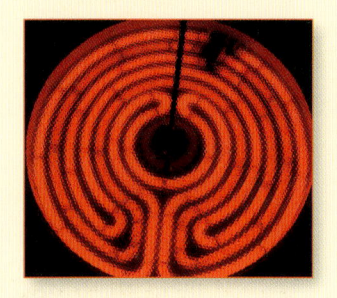

Cerankochfeld

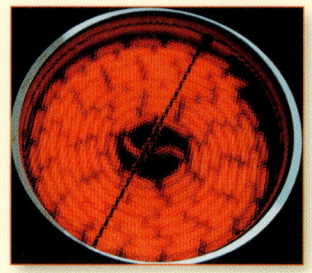

Halogenkochfeld

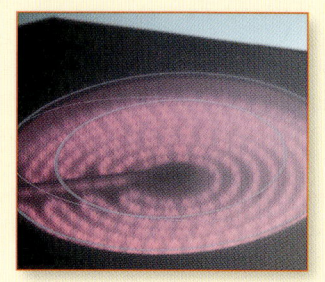

Induktionskochfeld

stelle ähnlich. Das Induktionskochfeld ist bei Weitem das energieeffizienteste unter den E-Kochfeldern – es wandelt fast den gesamten verbrauchten Strom in Wärme um: Ein Induktionskochfeld benötigt für dasselbe Gericht ungefähr die Hälfte der Energie eines Gaskochfelds. Allerdings wird zum Kochen mit Induktionsfeldern spezielles Kochgeschirr benötigt.

Backöfen

Ob Sie einen gas- oder strombetriebenen Backofen nutzen, hängt zunächst davon ab, ob ein Gasanschluss vorhanden ist. Darüber hinaus ist es eine Frage der Gewohnheit, denn auch Backzeit und -ergebnis variieren je nach Bauart des Ofens. Und nicht zuletzt gibt es erhebliche Unterschiede bei der Energieeffizienz der Systeme.

Gasbeheizte Öfen Reine Gasbacköfen haben beim Kochen einige Nachteile, insbesondere, dass der Brenner mit den Gasflammen im Backrohr unten angeordnet ist. Weil es keine direkte Oberhitze gibt, eignen sich Gasherde weniger gut zum Überbacken oder Überkrusten (z. B. von Braten). Auch an die ungleichmäßige Hitzeverteilung muss man sich erst gewöhnen. Aber: Gas ist gegenüber Strom die deutlich sparsamere und sauberere Energieform. In Kombination mit einem elektrisch betriebenen Gebläse oder einem oben liegenden Elektroheizelement bieten Gasöfen hohen Komfort.

Elektroöfen Hier kommen elektrische Heizelemente zum Einsatz. Modelle älterer Bauart haben in der Regel nur ein solches Element an der Unterseite, die sogenannte Unterhitze. Bei modernen Elektrobacköfen sind Unter- und Oberhitze Standard, hinzu kommt gelegentlich ein weiteres Element in der Rückwand. Die Elemente lassen sich einzeln oder in Kombination zuschalten, die Gesamtleistung liegt bei bis zu 5000 Watt. Auch wenn es verlockend erscheint, zur Verkürzung der Garzeit alle Heizelemente gleichzeitig zu nutzen – sparsamer (und oft auch dem Gelingen des Back- bzw. Bratguts zuträglicher) ist jedoch die bewusste Beschränkung auf die passende Betriebsart.

Heißluft-/Umluftöfen Ist ein Elektro- oder Gasbackofen mit einem Gebläse ausgestattet, das die heiße Luft im Innern umwälzt, wird die Hitze gleichmäßiger verteilt. Solche Umluftöfen heizen sich schneller auf als herkömmliche Backöfen, weshalb auch die Gartemperatur niedriger gewählt werden kann. Im Resultat verbrauchen Heißluftbacköfen rund 35 % weniger Energie als herkömmliche Öfen.

SPITZEN-SPARER

Bei jedem Öffnen der **Backofentür** geht wertvolle Wärme verloren. Ein **sauberes Sichtfenster** ermöglicht ein Prüfen des Garzustands ohne Energieverluste.

Die mögliche Energieeinsparung beim Aufwärmen der Reste vom Vortag in der Mikrowelle statt im Backofen liegt bei

75 %

Mikrowellenherde

Mikrowellenherde erwärmen Nahrungsmittel mittels elektromagnetischer Wellen, genannt Mikrowellen, und gehören in vielen Privathaushalten zur Grundausstattung in der Küche. Anders als vielfach angenommen, beschränkt sich ihre Einsatzmöglichkeit jedoch nicht auf das Aufwärmen oder Auftauen von Lebensmitteln.

Energie sparen durch schnelles Kochen Mikrowellenherde haben eine Leistungsaufnahme von bis zu 1000 W. Das erscheint zunächst viel, jedoch wird diese Energie nicht über die gesamte Zeit, sondern in kurzen Schüben abgegeben. Zudem heizen die Wellen ausschließlich das Gargut, nicht die Umgebung oder den Ofenraum auf, was zu Gar-/Kochzeiten von wenigen Minuten führt. Im Ergebnis ist der Energieverbrauch für die Zubereitung einer Mahlzeit in der Mikrowelle deutlich geringer als in einem herkömmlichen elektrischen Backofen.

Die Kombinationsmikrowelle Hier sind die zwei energieeffizientesten Garverfahren – das Garen in der Mikrowelle und das Umluftprinzip – in ein und demselben Gerät vereint. Oft erlaubt ein elektrisches Heizelement zusätzlich das Grillen. Wenn Sie Ihren Energieverbrauch reduzieren wollen und flexibel genug sind, um Ihre alten Kochgewohnheiten teilweise zu verändern, können Sie also durchaus erwägen, eine Kombinationsmikrowelle zum Hauptkochgerät in Ihrer Küche zu machen.

WAS HÄLT SIE DAVON AB, ...

mit der Mikrowelle zu kochen?

- **MIKROWELLEN TAUGEN NUR ZUM AUFWÄRMEN.** Schon der klassische Mikrowellenherd kann viel mehr, als nur Speisen aufwärmen – man kann darin Gemüse und Reis zubereiten. Noch vielseitiger sind Kombinationsmikrowellen: Kombiniert mit einem integrierten Heißluft-/Umluftgebläse und häufig auch mit einem konventionellen elektrischen Heizelement, eignen sie sich sogar zum Braten ganzer Hähnchen.

- **MIKROWELLEN VERSTRAHLEN DIE UMGEBUNG.** Es gab wenige Fälle, bei denen die Strahlung der ersten Mikrowellenherde die Funktion von Herzschrittmachern beeinträchtigte. Das ließ Bedenken hinsichtlich der generellen Betriebssicherheit von Mikrowellengeräten aufkommen. Inzwischen ist jedoch bewiesen, dass Mikrowellenherde ungefährlich sind: Sofern das Gerät in technisch einwandfreiem Zustand ist und vorschriftsmäßig betrieben wird, verbleibt die Strahlung vollständig im Innenraum.

Wissen SPEZIAL

SELBSTREINIGENDE BACKÖFEN

Selbstreinigende Backöfen funktionieren durch Aufheizen des Innenraums auf extrem hohe Temperaturen, wodurch anhaftende Speisereste zu Asche verbrennen. Diese lässt sich dann einfach mit dem Lappen wegwischen. Um diese Temperaturen zu erreichen, sind selbstreinigende Backöfen besser isoliert. Das reduziert Wärmeverluste. Jedoch sollten Sie die Selbstreinigungsfunktion nicht öfter als einmal monatlich benutzen, sonst macht der erhöhte Energiebedarf der Selbstreinigung die Energieersparnis durch die bessere Isolierung wieder zunichte.

Effizienter Dunstabzug

Dunstabzüge verhindern, dass sich Küchendunst und Bratgerüche aus der Küche im Rest des Hauses verteilen. Ein oder mehrere Lüfter im Gerät saugen den Dampf ab, der beim Kochen aus Töpfen und Pfannen auf dem Herd austritt, und leiten ihn entweder durch einen Abluftkanal nach draußen oder durch ein Filtersystem, hinter dem die Luft dann gereinigt zurück in den Küchenraum strömt.

Möglichst Dunstabzug mit Abluft wählen Ein Abluftgerät leitet Dämpfe und Gerüche aus dem Haus ins Freie. Wegen der Arbeitszeit, die für den Mauer- bzw. Deckendurchbruch anfällt, ist der Einbau zwar mit erhöhten Ausgaben verbunden, doch sparen Sie im Betrieb gegenüber einem Umluftgerät den Austausch des Filters ein. Zudem kommt der Lüfter mit einer geringeren Leistung aus.

Luft umwälzen und dabei filtern Beim Umluftbetrieb wird die Luft gereinigt und wieder in den Raum abgegeben. Um neben den Fettanteilen auch Gerüche aus der Luft zu filtern, verfügen Umluftgeräte zusätzlich zum Fettfilter in der Regel über einen Aktivkohlefilter, der allerdings den Luftstrom behindert. Aus diesem Grund haben Umluftgeräte meist stärkere Lüfter und verbrauchen mehr Energie. Wenn aber keine Durchbruchmöglichkeit ins Freie besteht, gibt es zum Umluftgerät häufig keine Alternative.

Mehr Effizienz durch fest installierten Abzug Abzugshauben, die fest über dem Herd installiert werden, sind in der Regel so bemessen, dass sie den Abmessungen des Kochfelds darunter entsprechen. Dadurch saugen sie Küchendünste optimal ab. Die Kehrseite einer fest installierten Dunstabzugshaube ist ihr großer Platzbedarf.

SPITZEN-SPARER

Heizen Sie die Küche nicht **bei eingeschalteter Abluft,** oder Sie vergeuden Geld für teuer aufgeheizte Raumluft, die buchstäblich aus dem Zimmer ins Freie gesaugt wird.

Ausziehbarer Abzug Bei beengten Platzverhältnissen werden heutzutage gern sogenannte Flachschirm-Dunstabzüge in den Oberschränken verbaut, die sich bei Bedarf über dem Kochfeld ausziehen lassen. Wegen der kleineren Abzugsfläche sind sie in der Regel etwas weniger effektiv als fest installierte Dunstabzugshauben, benötigen aber ebenso viel Strom.

Fettfilter sauber halten Wenn Fett den Filter des Abzugs verklebt, muss das Gebläse viel mehr Leistung erbringen, um den Kochdunst durch das Gerät zu saugen. Das reduziert die Energieeffizienz. Alternativ zum relativ kostspieligen Filterwechsel ist oft schon das Auswaschen mit warmer Seifenlauge ausreichend. In der Regel passt der Filter in die Spülmaschine und lässt sich auf diese Weise reinigen.

Gerät nicht länger als nötig betreiben Schalten Sie die Abzugshaube wirklich nur in den Phasen des Kochvorgangs ein, in denen tatsächlich Dunstschwaden und unangenehme Gerüche entstehen. Wenn Sie das Gerät nicht ständig, sondern nur stoßweise betreiben, kommen Sie mit weniger Energie aus und senken Ihre Verbrauchskosten.

Kochstelle zugfrei halten Jeder Luftzug, der über das Kochfeld streicht, erschwert der Abzugshaube die Arbeit. Schließen Sie Fenster und Türen rund um die Kochstelle, wenn der Abzug eingeschaltet ist – sonst blasen Sie die Energie im wahrsten Sinne des Wortes zum Fenster hinaus.

WAS HÄLT SIE DAVON AB, ...
einen Abluftdunstabzug anzuschaffen?

❑ **ICH HABE BEREITS EIN UMLUFTGERÄT.** Wer einen Dunstabzug mit Umluft besitzt, zieht oft ein Abluftgerät gar nicht mehr in Betracht, weil der Kauf eines Neugeräts mehr kosten würde, als es an Strom einspart. Selten wird bedacht, dass das vorhandene Umluftgerät sich höchstwahrscheinlich zum Abluftgerät umrüsten lässt. Dazu muss gewöhnlich eine Abdeckplatte am Gerät entfernt werden. Dann entsorgt man noch den Aktivkohlefilter, der bisher nötig war, um die Gerüche im Küchendunst zu neutralisieren – und schon ist der Abzug für den Abluftbetrieb bereit!

❑ **DER MAUERDURCHBRUCH IST ZU AUFWENDIG.** Wer vor einem Durchbruch in der Mauer zurückschreckt, kann den Anschluss des Abluftabzugs an ein Fenster erwägen. Das Einfügen einer mit der entsprechenden Öffnung versehenen Scheibe, z. B. in ein Oberlicht, kann jeder Glaser vornehmen. Die Kosten halten sich so im Rahmen.

Dunstabzug im Winter sparsam verwenden Die Kehrseite einer Abluftanlage besteht darin, dass sie im Winter teuer aufgeheizte Raumluft absaugt und aus Ihrer Wohnung heraus ins Freie leitet. Dadurch muss die Heizung in Ihrem Zuhause mehr leisten, das steigert den Energieverbrauch und kostet Sie mehr Geld.

Küchenkleingeräte

Wer sich ganz spontan der weitverbreiteten Meinung anschließen würde, dass der Einsatz mehrerer kleiner Küchengeräte mehr Energie verbraucht als die Verwendung des ganz normalen Herds oder Backofens zu demselben Zweck, liegt falsch. Tatsache ist, dass Kleingeräte für dieselbe Aufgabe oft erheblich weniger Energie benötigen als Großgeräte, und zwar unabhängig davon, ob das Kochfeld oder der Backofen mit Gas oder Elektrizität betrieben wird.

Wasserkocher In einem elektrischen Wasserkocher siedet Wasser schneller und mit geringerem Energiebedarf als auf einem Kochfeld. Füllen Sie Wasserkocher mit kaltem statt mit heißem Wasser, sonst wird das Wasser einmal in der Warmwasserleitung und noch einmal im Kessel erhitzt. Doppeltes Aufkochen ist absolute Energieverschwendung. Füllen Sie nicht zu viel Wasser in den Kessel: Bereiten Sie nur so viel kochendes Wasser zu, wie für den angestrebten Zweck (eine Tasse Tee, ein Topf Pellkartoffeln) nötig ist.

Elektrische Pfannen und Woks Derzeit tauchen vermehrt Pfannen und Woks mit integriertem Heizelement auf dem Markt auf. Tatsächlich arbeiten diese sparsamer als der Elektroherd, weil sie die Hitze direkt an das Gargut abgeben. Der Einsatzvielfalt von herkömmlichen Pfannen stehen sie in nichts nach. Vom Geschnetzelten bis hin zum Schmorbraten beherrschen sie sämtliche Gerichte.

Brotbackautomaten Diese Tischgeräte wurden zum Backen eines einzelnen Brotlaibs entwickelt und sind sehr sparsam im Stromverbrauch. Ein Brotbackautomat benötigt viel weniger Energie zum Aufheizen als ein elektrischer Backofen. Tatsächlich kommt ein Backautomat mit 60 bis 80 % weniger Strom aus als ein Backofen.

Kompaktofen/Tischgrill Die Zubereitung einer Mahlzeit in sogenannten Kompaktöfen braucht ungefähr 60 % weniger Energie als im herkömmlichen Backofen. Dank der geringeren Abmessungen sind weniger Oberflächen und ein geringeres Luftvolumen aufzuheizen. Überfüllen Sie den

---

DUNSTABZÜGE

Zwei Betriebsarten
Ein Abluftgerät filtert die Dunstschwaden und leitet sie durch einen Abluftkanal ins Freie. In einem Umluftgerät durchlaufen die Dünste zwei Filter, die gereinigte Luft wird zurück in die Küche geleitet.

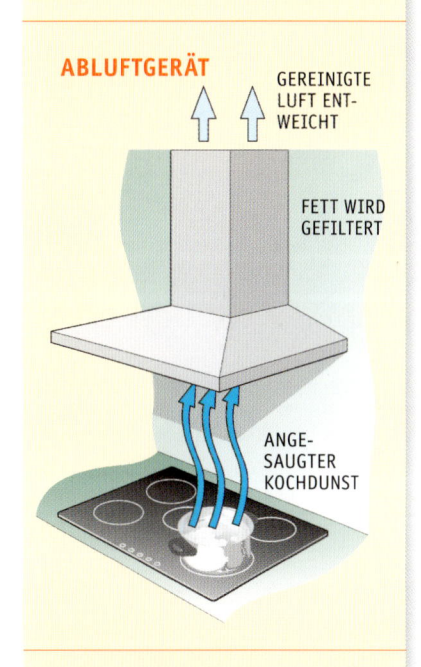

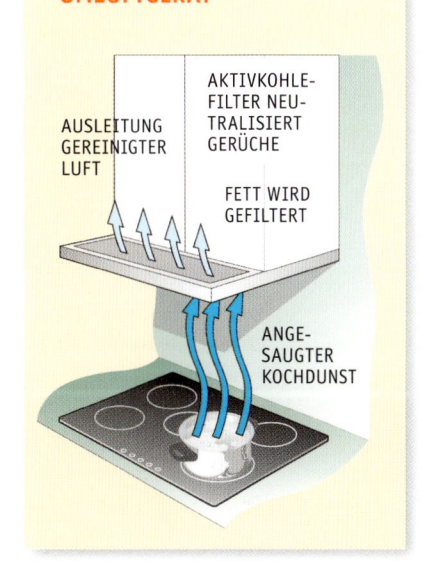

ABLUFTGERÄT
- GEREINIGTE LUFT ENTWEICHT
- FETT WIRD GEFILTERT
- ANGESAUGTER KOCHDUNST

UMLUFTGERÄT
- AUSLEITUNG GEREINIGTER LUFT
- AKTIVKOHLEFILTER NEUTRALISIERT GERÜCHE
- FETT WIRD GEFILTERT
- ANGESAUGTER KOCHDUNST

Kompaktofen aber nicht, denn er arbeitet am effizientesten, wenn die erhitzte Luft während des Backvorgangs ungehindert um das Essen zirkulieren kann.

Toaster mit Aufsatz Es verbraucht dreimal mehr Energie, Brötchen vom Vortag im Backofen aufzubacken, als ihnen auf dem Aufsatz eines herkömmlichen Toasters wieder die nötige Knusprigkeit zu verleihen.

Fritteusen Die Leistungsaufnahme einer 2-l-Fritteuse liegt bei ca. 1600 W – was einer kleinen Herdplatte entspricht. Wer also nur gelegentlich Pommes frites für eine Person macht, erzielt mit diesem Gerät keine Energieersparnis. Lässt sich jedoch Ihre ganze Familie gern mit den knusprigen Kartoffelstäbchen bewirten, sodass Sie einen großen Topf Öl aufsetzen müssten, ist die Fritteuse eine kluge Wahl: In diesem Fall benötigt sie nur etwa halb so viel Strom wie die größeren Kochplatten Ihres Elektroherds.

Rührgeräte und andere kleine Küchenhelfer Der Stromverbrauch elektrischer Rühgeräte, Reiben, Schnitzler oder Tranchiermesser liegt zwar meist nur um die 500 W. Wer sich jedoch an ihren Gebrauch gewöhnt, verschwendet dennoch Energie, denn im Grunde genommen sind sie verzichtbar und lassen sich leicht durch entsprechende Handgeräte (Schneebesen, Gurkenhobel usw.) ersetzen.

SPITZEN-SPARER

Wärmen Sie die **Reste vom Vortag in der Mikrowelle** auf. Gegenüber der Erhitzung auf dem Herd spart dies erheblich Energie ein.

Mehr zum *Thema* ...

Verbrauchskosten von Küchengeräten: www.umzugsratgeber.net/kuechenratgeber_5_1.html

Tipps zum energiesparenden Kochen: www.energiesparend-kochen.de

Die energiesparendsten Kochfelder und Backöfen: www.backofen-online.de/Stiftung_Warentest

Alles über das Kochen mit der Mikrowelle: www.mikrowellenkochen.de/

GESCHIRR SPÜLEN

Die Spülmaschine ist sicher nicht der größte Energieschlucker in Ihrem Haushalt, aber mit überraschend einfachen Maßnahmen können Sie deren Verbrauch noch weiter reduzieren. Ganz erheblich schlägt der Kauf eines energieeffizienten Geräts mit geringem Wasserverbrauch zu Buche, doch auch unspektakuläre Maßnahmen wie das Entfernen von Speiseresten vor dem Beladen der Spülmaschine helfen, die Betriebskosten zu senken.

Geschirrspülmaschinen

Es gibt tatsächlich Geschirrspülmaschinen, die sowohl beim Strom- als auch beim Wasserverbrauch energieeffizient sind. Wer sie mit Köpfchen gebraucht, holt das meiste an Leistung und Kostenersparnis heraus.

Energieeffiziente Spülmaschinen Immer wieder werden Studien zitiert, die beweisen, dass Geschirrspüler Wasser und Energie effizienter nutzen als das Abwaschen von Hand. Tatsache ist: Jeder Geschirrspüler wendet (unabhängig vom gewählten Programm) einen Teil der Energie zum Trocknen des Geschirrs auf – Energie, die bei der Handwäsche nicht anfällt! Wer also bei der Handwäsche bewusst sparsam mit dem warmen Wasser umgeht, kann allemal so effizient abspülen wie die Spülmaschine. Hier ein paar Zahlen, die das untermauern: Im Energiespargang (35°C) verbraucht ein moderner Geschirrspüler (inkl. Trocknung) etwas über 0,9 kWh Strom. Mit dieser Energie können Sie

IM ÜBERBLICK ▶ Geschirrspülmaschinen

Spülmaschinen lassen sich in zwei Kategorien einteilen: Geräte, die sowohl an die Warm- als auch an die Kaltwasserleitung, und solche, die nur an die Kaltwasserleitung angeschlossen werden.

Kaltwasseranschluss Jede Spülmaschine benötigt warmes Wasser; ein Gerät, das nur mit dem Kaltwasseranschluss verbunden ist, muss die benötigte Menge von kaltem Wasser also zunächst erhitzen. Dafür wird jedoch weniger Energie benötigt als für die Bevorratung des erwärmten Wassers in einem Warmwasserspeicher, was bedeutet, dass eine Spülmaschine mit Kaltwasseranschluss energieeffizienter ist als ein Modell mit beiden Anschlüssen. Allerdings ist die Programmdauer meist länger, da Zeit für das Erhitzen des Wassers eingerechnet werden muss. Die meisten im Haushalt verwendeten Geräte arbeiten nur mit Kaltwasseranschluss.

Warm- und Kaltwasseranschluss Spülmaschinen, die sowohl an das Kalt- als auch an das Warmwasserventil angeschlossen sind, zapfen während des Spülprogramms Wasser von beiden Anschlüssen. Sie kommen überall dort zum Einsatz, wo Zeit eine maßgebliche Rolle spielt – also vor allem in der Gastronomie. Weil das warme Wasser bevorratet werden muss, arbeiten diese Geräte erheblich energieintensiver als Kaltwassergeräte.

zweimal 10 l Wasser auf ca. 55 °C erhitzen. Benutzen Sie hingegen in der Regel das Normalprogramm Ihres Geschirrspülers (z. B. weil das Spülergebnis Sie sonst nicht befriedigt), sollte Ihnen bewusst sein, dass Sie einen erheblich höheren Energieverbrauch in Kauf nehmen – wenn auch zu Gunsten von mehr Komfort, weniger Arbeit und erheblicher Zeitersparnis.

Spülmaschine nur voll beladen betreiben Energie- und Wasserverbrauch eines Geschirrspülers bleiben gleich, egal, ob Sie nur ein paar schmutzige Geschirrteile waschen oder ob die Maschine voll beladen ist. Sammeln Sie deshalb das benutzte Geschirr in der Maschine, bis alle Geschirrkörbe voll besetzt sind. Ist das bei Ihnen in der Regel nicht der Fall, sollten Sie der Handwäsche den Vorzug geben oder ein kleineres Gerätemodell anschaffen.

Richtig vorspülen Moderne Geschirrspüler werden im entsprechend leistungsfähigen Programm auch mit stark verschmutztem Geschirr fertig. Wer das Geschirr hier noch mit heißem Wasser von Hand vorspült, verschwendet Energie. Sehr sinnvoll ist es hingegen, Grobschmutz mit kaltem Wasser abzuspülen, damit er nicht antrocknet, bis die Maschine voll ist. So kann bereits im Energiesparprogramm der Maschine ein befriedigendes Spülergebnis erzielt werden.

Die Gebrauchsanweisung befolgen Den Geräteherstellern ist durchaus daran gelegen, dass ihr Produkt so effektiv wie möglich eingesetzt wird, denn nur ein zufriedener Kunde empfiehlt die Marke weiter. Vertrauen Sie also den Empfehlungen des Herstellers hinsichtlich Beladen und Pflege der Spülmaschine (dazu gehört das gelegentliche Reinigen des Filters). Die Maschine wird es Ihnen mit höchstmöglicher Effizienz danken.

Das optimale Spülprogramm wählen Die meisten Geräte bieten eine Vielfalt an Spülprogrammen mit unterschiedlicher Wassertemperatur und Dauer. Wenn Sie verschiedene Programme ausprobieren, finden Sie schnell heraus, mit welchem Ihr im Durchschnitt anfallendes Geschirr bei der geringstmöglichen Temperatur und in der kürzestmöglichen Zeit sauber wird. Nutzen Sie die mit „ECO", „Spar-" oder „Intelligent" bezeichneten Energiesparprogramme.

Nach dem Waschgang die Tür öffnen Bei praktisch allen Spülmaschinen schließt sich an das eigentliche Spülprogramm eine Trocknungsphase an – die allerdings völlig überflüssigerweise Energie verbraucht. Finden Sie heraus, wann Ihr Gerät den Waschgang abgeschlossen hat; dann können Sie die Türe öffnen und das Geschirr trocknet ganz von selbst an der Luft.

Moderne energieeffiziente Geschirrspüler verbrauchen bis zu

64 %

weniger Energie pro Spülgang als ältere Modelle.

Nachtstrom nutzen Wenn Ihr Energieversorger ein Strompaket mit Mehrtarifzählung anbietet, lohnt sich der Anschluss Ihrer Spülmaschine an eine Zeitschaltuhr. Dann können Sie Ihr Gerät außerhalb der Spitzenlastzeiten betreiben, wenn der günstigere Nachttarif gilt.

Geräteextra „halbe Beladung" nutzen Einige moderne Geschirrspüler verfügen über eine Taste mit einer Bezeichnung wie „halbe Beladung" o. Ä. Dieses Sonderprogramm halbiert die Wasser- und damit auch die zum Aufheizen benötigte Energiemenge, sodass Sie das Gerät guten Gewissens schon halb gefüllt in Betrieb nehmen können. Vor allem für Ein- und Zweipersonenhaushalte bietet dieses Extra eine interessante Einsparmöglichkeit.

KÜHLEN UND GEFRIEREN

Knapp 18 % Prozent des Strombedarfs eines durchschnittlichen Privataushalts entfallen auf das Kühlen und Einfrieren von Lebensmitteln. Damit kostet die Bevorratung unserer Speisen und Getränke – so verblüffend das auch klingen mag – nahezu doppelt so viel wie deren Zubereitung. Wer also nicht weiß, an welcher Stelle er einen echten Schnitt bei seiner Stromrechnung machen soll: Kühl- und Gefriergeräte bieten zweifellos den richtigen Ansatzpunkt.

Sofortsparmaßnahmen

Als Faustregel gilt: Je älter ein Kühlschrank ist, desto mehr Strom verbraucht er. Unter ökologischen Gesichtspunkten gibt es daher zum Ersatz der alten Energiefresser durch ein effizientes Neugerät keine Alternative. Nur: Angesichts der nicht unerheblichen Anschaffungskosten ist diese Option nicht immer realistisch. Hier ein paar Tricks, wie Sie dennoch sparen können.

Zweitkühlschrank abschalten Wenn Sie in der Regel zwei Kühlschränke in Betrieb haben, sollten Sie erwägen, das Zweitgerät abzuschalten. Dazu müssen Sie Ihre Vorratshaltung reduzieren. Im Klartext: Sie können Ihren Zweitkühlschrank zwar behalten, aber nehmen Sie ihn nur in Betrieb, wenn tatsächlich konkreter Anlass zur vermehrten Bevorratung von Getränken oder Speisen besteht, wie z. B. bei einer größeren Familienfeier. Auf diese Weise sparen Sie rund 1000 kWh Strom pro Jahr ein.

Thermostat nicht zu kalt ... Kühlschränke arbeiten am effektivsten im Temperaturbereich zwischen 3 und 5 °C. Der Gefrierschrank sollte zwischen –15 und –18 °C eingestellt sein. Eine weitere Absenkung der Thermostateinstellungen am Kühl- oder Gefrierschrank erhöht die laufenden Kosten unnötig – um ca. 5 % für jedes zusätzliche Minusgrad.

... aber auch nicht zu warm einstellen Liegen die Temperaturen in Ihrem Kühl- oder Gefrierschrank über den oben genannten Werten, könnten Lebensmitteln verderben. Auch aus umwelttechnischer Sicht ist nichts gewonnen, wenn Sie ein Gerät so „energiesparend" betreiben, dass es seine eigentliche Funktion verliert.

Kühlschränke von Wärmequellen fernhalten Logisch: Je wärmer die Umgebung ist, in der ein Kühlgerät betrieben wird, desto mehr muss es leisten, um die voreingestellte Temperatur zu halten. Stellen Sie den Kühlschrank daher weit genug von Herd und Geschirrspüler (auch dieser wird warm!) sowie vor direkter Sonneneinstrahlung geschützt auf. Vermeiden Sie auch, ihn an einer ungedämmten, sonnenexponierten Außenwand zu platzieren.

Kühlschlangen sauber halten Bei vielen Kühlschränken verlaufen die Röhren, die das Kühlmittel enthalten, offen an der Geräterückseite. Sammeln sich hier Schmutz und Staub, muss das Kühlaggregat erheblich mehr (bis zu 30 %) leisten, um die Temperatur zu halten. Wischen oder saugen Sie daher die Kühlschlangen hin und wieder ab.

Wenn Kopfsalat, der in der Nähe der Rückwand liegt, einfriert, ist das ein klares Zeichen dafür, dass Ihr Kühlschrank zu kalt eingestellt ist. Regeln Sie ihn auf 3 bis 5 °C hoch.

WOHER WEISS ICH, ▶ ob mein Kühlschrank dicht ist?

Folgende Dichtheitsprüfung gibt hier Aufschluss. Halten Sie einen Geldschein zwischen Tür und Kühlschrank und schließen Sie die Kühlschranktür so, dass eine Hälfte des Scheines in den Innenraum ragt. Nun ziehen Sie vorsichtig an der Banknote. Wenn Sie einen Widerstand spüren, ist die Dichtung intakt. Lässt sich der Geldschein ohne nennenswerten Widerstand herausziehen, sollte die Dichtung erneuert werden – möglicherweise auch der ganze Kühlschrank.

Türdichtungen richtig pflegen Ist die Türdichtung durch Lebensmittelreste verschmutzt, schließt die Tür des Kühlschranks nicht richtig – das Gerät vergeudet Energie. Regelmäßiges Abwischen der Dichtgummiprofile mit etwas warmem Spülwasser hält diese flexibel und sauber.

Türdichtungen auswechseln Ist die Türdichtung nach langjährigem Gebrauch brüchig oder beschädigt, sinkt die Kühlleistung des Geräts rapide ab. Bei Modellen mit aufgeklebter oder geschäumter Dichtung bleibt nur der Kauf eines Neugeräts. Viele Kühlschränke verfügen jedoch über angeschraubte oder -gesteckte Dichtprofile, die als Ersatzteile im Handel erhältlich sind (vgl. „Mehr zum Thema …", Seite 147). Arbeitet Ihr Kühlaggregat ansonsten einwandfrei, macht sich das Auswechseln der Dichtung bezahlt.

Genügend Abstand zur Wand lassen Ein Kühlschrank arbeitet effizienter, wenn die Luft um ihn herum ungehindert zirkulieren kann. Kühlschränke mit Kühlschlangen an der Rückseite sollten mit mindestens 80 mm Abstand zur Wand aufgestellt werden. Bei verdeckten Kühlmittelrohren genügt schon ein Abstand von 30–50 mm. Ist Ihr Kühlschrank in die Einbauküche integriert, stellen Sie sicher, dass die Lüftungsschlitze in der Deckplatte nicht verdeckt sind. Bei behinderter Luftzirkulation können Ihre Verbrauchskosten um bis zu 15 % höher sein.

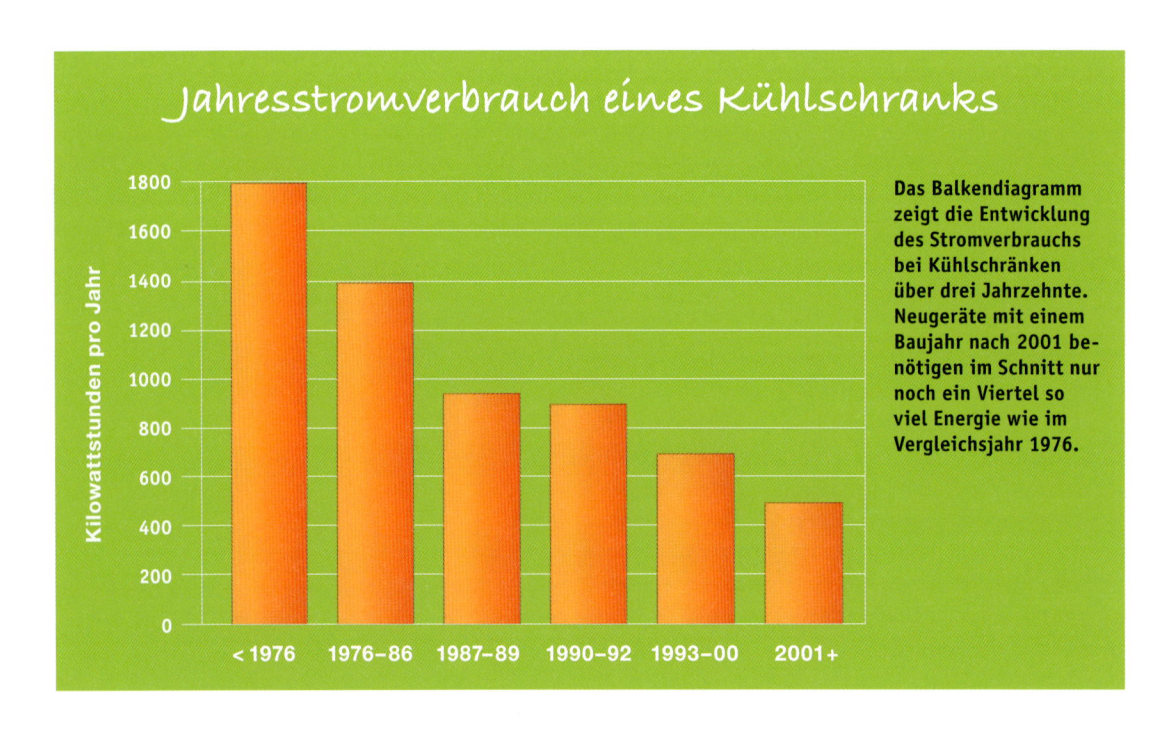

Jahresstromverbrauch eines Kühlschranks

Baujahr	Kilowattstunden pro Jahr
< 1976	1800
1976–86	1400
1987–89	950
1990–92	900
1993–00	700
2001+	500

Das Balkendiagramm zeigt die Entwicklung des Stromverbrauchs bei Kühlschränken über drei Jahrzehnte. Neugeräte mit einem Baujahr nach 2001 benötigen im Schnitt nur noch ein Viertel so viel Energie wie im Vergleichsjahr 1976.

Hängende Türen ausrichten Beim Verrücken des Kühlschranks werden die Scharniere gelegentlich so belastet, dass die Tür nicht mehr richtig schließt. Mit etwas handwerklichem Geschick, einem Schraubenzieher und einer Wasserwaage lassen sich die Anschläge so justieren, dass die Tür wieder im Lot ist.

Erst überlegen, dann öffnen Bei jedem Öffnen der Kühlschranktür strömt warme Luft in den Kühlraum, die vom Aggregat wieder auf die vorgewählte Temperatur gebracht werden muss. Machen Sie es für sich und alle Familienmitglieder zur Regel, immer erst zu überlegen, was Sie eigentlich entnehmen wollen, bevor Sie die Kühlschranktür öffnen, anstatt bei weit geöffneter Tür auf das Speisensortiment zu starren und erst dann die Wahl zu treffen.

Speisen erst nach dem Abkühlen einlagern Wenn Sie Speisen warm in den Kühlschrank stellen, muss dessen Aggregat eine Zusatzleistung erbringen, die entsprechend viel Energie kostet. Lassen Sie Vorgekochtes deshalb stets bis auf Raumtemperatur abkühlen, bevor Sie es (rechtzeitig, bevor es schlecht wird) kühl einlagern.

Leerräume im Kühlschrank vermeiden Kühlschränke funktionieren voll beladen am effizientesten. Das in den Lebensmitteln enthaltene Wasser speichert die Kälte wesentlich besser als die Luft in den Zwischenräumen. Füllen Sie die Lücken notfalls mit Getränkeflaschen. Ist Ihr Kühlschrank häufig nur halb gefüllt, sollten Sie die Anschaffung eines kleineren Geräts erwägen.

Gefriergut im Gefrierschrank ausbreiten Breiten Sie Lebensmittel, die Sie tiefkühlen wollen, möglichst großflächig im Gefrierschrank/-fach aus. Je größer die Oberfläche, desto schneller der Gefrierprozess. Das platzsparende Stapeln besorgen Sie zu einem späteren Zeitpunkt.

Gefrorenes im Kühlschrank auftauen lassen Zwei Argumente sprechen dafür, Tiefkühlkost im Kühlschrank und nicht bei Raumtemperatur aufzutauen.
- Während das Gefriergut im Kühlschrank auftaut, gibt es Kälte an die Umgebungsluft ab und kühlt so die anderen dort gelagerten Lebensmittel. Das Kühlaggregat muss in dieser Zeit erheblich weniger Leistung erbringen.
- Das Auftauen im Kühlschrank ist schonender, es bleiben mehr Geschmacksstoffe erhalten. Zudem sinkt (vor allem im Hochsommer) die Gefahr, dass sich Keime in den aufgetauten Lebensmitteln vermehren.

SPITZEN-SPARER

Beschriften Sie im Gefrierfach eingelagerte **Lebensmittel,** damit Sie das Gewünschte gleich finden und die Tür schnell wieder schließen können. **So minimieren Sie den Verlust von kalter Luft** (und Ihre Stromkosten).

IM ÜBERBLICK ▶ Kühl- und Gefrierschränke

Kühlschrank mit Gefrierfach Bei diesen eintürigen Varianten verfügt der Kühlschrank über ein kleines Gefrierfach im Oberteil des Innenraums. Das Hauptproblem dieser Geräte besteht darin, dass man jedes Mal, wenn man die Tür des Gefrierfachs öffnen will, die Kühlschranktür ebenfalls öffnen muss. Dadurch geht gekühlte Luft verloren, und der Kühlschrank muss mehr leisten, um diesen Verlust wettzumachen.

Kühl-/Gefrierkombination Beim gebräuchlichsten Aufbau von Kühl-/Gefrierkombinationen sind die Kühl- und die Gefrierzone übereinander angeordnet, jede mit einer eigenen Tür. Energetisch am sinnvollsten ist die Anordnung der Kühleinheit unten und der Gefriereinheit oben. Die inzwischen ebenfalls weitverbreiteten Modelle mit Gefrierabteil unten und Kühlabteil oben sind zwar ergonomischer, weil man den Kühlschrank in der Regel öfter benutzt als das Gefrierabteil, verbrauchen jedoch tendenziell mehr Strom und sind meist teurer in der Anschaffung.

Kühl-/Gefrierkombi im US-Stil Geräte mit einem Kühlabteil auf der einen und einem Gefrierabteil auf der anderen Seite sind in der Regel weniger effizient als Kühl-/Gefrierkombinationen, bei denen die Kühl- und Gefrierabteile übereinander angeordnet sind. Aufgrund der schmalen Türen lassen sie sich jedoch auch dort aufstellen, wo für ein herkömmliches Modell kein Platz wäre. Auch bieten sie gleich guten Zugang zum Kühl- als auch zum Gefrierschrank, was Menschen mit eingeschränkter Mobilität entgegenkommt.

Gefriergeräte sind in zwei Varianten im Handel: als Tiefkühltruhen, die sich nach oben öffnen lassen, und als Gefrierschränke, die eintürigen Kühlschränken gleichen. Beide haben ihre Vor- und Nachteile. Gefriertruhen benötigen mehr Stellfläche, und der Inhalt ist nicht so leicht zugänglich, aber sie sind tendenziell besser isoliert und laufen effizienter. Gefrierschränke sind ergonomischer und leichter zu befüllen. Sie benötigen weniger Stellfläche, haben aber höhere Betriebskosten.

Kühlschrank mit integriertem Gefrierfach

Zweitürige Kühl-/Gefrierkombination

Kühl-/Gefrierkombination im US-Stil

Tiefkühltruhe

Eiscreme als Prüfstein Mit diesem einfachen Test prüfen Sie, ob Ihr Gefrierschrank optimal funktioniert. Eiscreme aus der Tiefkühlung wird so hergestellt, dass sie bei Temperaturen zwischen –15 und –18 °C eine feste Konsistenz behält. Treten höhere Temperaturschwankungen auf, bilden sich kleine Eiskristalle. Innerhalb weniger Tage wird das Speiseeis auf diese Weise bröckelig; Vanilleeis nimmt zudem einen satteren Gelbton an als beim Kauf – ein Hinweis darauf, dass die Leistung Ihres Gefrierfachs/-schranks eingeschränkt ist. Dies kann z. B. von einer zu dicken Eisschicht oder einer rissigen Türdichtung herrühren. Lässt sich das Problem auf keine dieser zwei Ursachen zurückführen, bietet sich eventuell der Umstieg auf ein energieeffizientes Neugerät an.

Beim Neukauf eines Kühlgeräts

Die richtige Größe wählen Erste Priorität beim Kauf einer neuen Kühl-/Gefrierkombination ist die Auswahl der für Ihren Haushalt optimalen Größe. Ist der Kühlschrank so klein, dass er vor Lebensmitteln regelrecht überquillt, ist keine gute Kälteverteilung gewährleistet. Ist er zu groß, verschwendet man Energie zur Kühlung von Luft.

Extrafunktionen kosten extra Auch kleine Extras wie Wasserspender und automatische Eiswürfelbereiter kosten Energie und Geld. Verzichten Sie auf Sonderausstattungen, die Sie nicht nutzen, und minimieren Sie den Anschaffungspreis sowie die Betriebskosten.

Nützliche Alarmfunktion Wie schnell ist es passiert, dass die Kühlschranktür nicht ganz schließt: Es genügt schon, das Gemüsefach nicht ganz hineinzuschieben, schon gibt der Kühlschrank stundenlang gekühlte Luft an die Umgebung ab. Halten Sie beim nächsten Neukauf Ausschau nach einem Modell mit Alarmfunktion: Sobald die Tür des Kühl- oder Gefrierschranks länger als eine bestimmte Zeit offen steht, ertönt ein akustisches Signal – ein nützliches Extra, das viel Energie und Geld sparen kann.

Auf gute Zugänglichkeit des Thermostats achten Der Thermostat eines Kühlschranks sollte auch im gut gefüllten Zustand jederzeit leicht zugänglich sein. Bei Modellen, deren Thermostat aus dem Blickfeld verschwindet, sobald der angrenzende Fachboden mit Lebensmitteln belegt ist, wird der Temperatureinstellung meist wenig Beachtung geschenkt. Dabei macht sich jede Stufe niedriger am Thermostat in reduziertem Energieverbrauch bemerkbar.

Energiesparendes Abtauen

Spätestens wenn die unvermeidliche Eisschicht im Kühl- oder Gefriergerät eine Dicke von 5 mm erreicht, wird es höchste Zeit zum Abtauen. Denn Eis und die darin eingeschlossene Luft wirken wie eine Wärmedämmung – die an den Innenflächen einer Kältemaschine sicherlich fehl am Platz ist. Sie verlangt dem Kühlaggregat nur unnötig hohe Leistung ab und treibt Ihre Stromrechnung in die Höhe. Doch wie entledigt man sich am besten des lästigen Eispanzers, ohne dabei noch mehr Energie zu verschwenden?

Gefriergeräte mit No-Frost-Technik Die Eisschicht im Kühlfach bildet sich aus gefrierendem Kondenswasser. Hier setzt das No-Frost-Verfahren an, indem es der Luft im Kühlraum permanent Feuchtigkeit entzieht und diese außerhalb des Geräts verdunstet. Praktisch, denn das lästige Aus- und Einräumen des Gefrierguts (mit der damit einhergehenden Zwischenlagerung) beim manuellen Abtauen entfällt. Jedoch verbrauchen die dazu nötigen Vorrichtungen (Ventilator und Verdampfer) zusätzlich Strom – und zwar bis zu 20 %. Andererseits geht auch beim manuellen Abtauen Energie verloren, weil der Gefrierraum nach Beseitigung der Eisschicht wieder heruntergekühlt werden muss. Dennoch gilt auch hier die Faustregel: Mehr Komfort und Bequemlichkeit kosten tendenziell mehr Strom. Vergleichen Sie bei No-Frost-

> *Wenn man den Motor des Kühlschranks den ganzen Tag brummen hört, sollte man den Kühlschrank reparieren lassen oder austauschen.*

Geräten deshalb noch sorgfältiger als sonst die auf dem Energielabel ausgewiesenen Verbrauchswerte.

Herkömmliche Abtauautomatik Bei einem Großteil der handelsüblichen Kühl-/Gefrierkombinationen beschränkt sich die Abtauautomatik auf den Kühlraum – das Gefrierfach muss manuell abgetaut werden. Die Verflüssigung des Kondensreifs erfolgt hierbei an der Innenseite der Rückwand. Auch das kostet etwas mehr Strom, wenn auch tendenziell etwas weniger als bei No-Frost-Modellen.

Manuelles Abtauen – eine gute Idee Geräte ohne Abtauautomatik sind generell stromsparender im Betrieb als solche mit No-Frost- bzw. herkömmlicher Abtauautomatik – aber nur, wenn man sie auch wirklich regelmäßig abtaut.

Zeitgesteuertes (adaptives) Abtauen Bei dieser modernsten Variante einer Abtauautomatik wird der Verdunstungsprozess technisch unabhängig vom eigentlichen Kühlzyklus gesteuert. Das Abtauen wird nur in bestimmten Intervallen (z. B. alle 96 Stunden) in Gang gesetzt. Diese Technik ist sehr energieeffizient, aber bislang nur in höherpreisigen Geräten verfügbar.

Mehr zum Thema ...

Tipps zum Energiesparen bei Kühlschränken: www.der-kuehlschrank.eu/Energiesparen.html
Ersatzdichtungen für Kühlschränke aller Marken: www.kuehlschrankdichtung.de/
Wie man die Leistung seines Kühlschranks steigert: http://guter-strom.de/haeufig-gefragt/60-strom-und-heizung-sparen.html
Tipps zum Energiesparen bei Gefrierschränke: www.dolceta.eu/deutschland/Mod5/Gefrierschranke.html

---

Stromfrei kühlen mit Speiseschränken

Die Rechnung ist einfach: Je kleiner ein Kühlschrank, desto weniger Strom verbraucht er. Wer also einen Weg findet, Lebensmittel wie Obst und Gemüse auf andere Art frisch zu halten, spart bares Geld. Eine fast schon vergessene Möglichkeit hierfür bieten kühle Speiseschränke.

Passenden Schrank aussuchen Wählen Sie einen Schrank, der vom Boden bis zur Decke reicht und an der kühleren Nordseite Ihrer Küche steht. Selbstverständlich können Sie ein solches Stück auch extra anschaffen oder anfertigen, meist aber lässt sich ein vorhandener Küchen- oder Besenschrank „zweckentfremden".

Belüftungsöffnungen schaffen Das Kühlprinzip eines Speiseschranks beruht auf dem Kamineffekt. Im Bodenbereich ist die Luft kälter. Sorgt man dafür, dass der Schrank am Fuß Zuluftschlitze und im Bereich des „Daches" Abluftöffnungen hat, entsteht durch den Temperaturunterschied zur Zimmerdecke hin ein Sog. So herrscht im Innern des Speiseschranks ein leichter, aber beständiger Luftzug, der die Lebensmittel frisch hält. Vergessen Sie nicht, die Öffnungen mit etwas Gaze oder einem Stück Fliegengitter zu verdecken, um Insekten fernzuhalten – fertig ist Ihre betriebskostenfreie Alternative zum Kühlschrank.

Mit den Jahreszeiten leben Während im Winter auch empfindliche Lebensmittel wie z. B. Salat gut im Speiseschrank gelagert werden können, ist im Hochsommer Vorsicht geboten, damit Ihre Vorräte nicht verderben. Folgen Sie Ihrem gesunden Menschenverstand: Leicht Verderbliches wie Fleisch und Fisch gehört nicht in den Speiseschrank. Andererseits werden Sie staunen, mit wie wenig Platzbedarf im Kühlschrank Sie auskommen, wenn Sie Ihre Vorratshaltung auf die Jahreszeiten und im Hinblick auf die Lagerung im Speiseschrank ausrichten.

WÄSCHE WASCHEN

Pro Tag eine saubere Garnitur Oberbekleidung und pro Abend noch ein frisches Ausgehhemd – das ist für manche nichts Ungewöhnliches. Lesen Sie, was Sie tun können, damit Ihnen der Wäscheberg und die Stromkosten nicht über den Kopf wachsen.

Sofortsparmaßnahmen

Selbstverständlich macht sich der Kauf einer modernen, energieeffizienten Waschmaschine sofort in einer Senkung der laufenden Kosten bemerkbar. Doch bevor Sie sich für diese letzte Maßnahme entscheiden, sollten Sie Ihre Waschgewohnheiten daraufhin überprüfen, ob diese nicht unbeabsichtigterweise Energie und Geld verschwenden.

Bei niedrigen Temperaturen waschen Bis zu 80 % des Stroms für einen Waschgang werden zum Aufheizen des Wassers verbraucht. Ein unnötiger Aufwand, denn moderne Waschmittel entfalten ihre volle Wirkung teilweise bereits ab 20 °C. Drehen Sie Ihre Waschgewohnheiten einfach um eine Stufe zurück: Waschen Sie klassische Kochwäsche bei 60 °C, Buntwäsche bei maximal 40 °C und alles, was Sie bisher in die 40-Grad-Wäsche gegeben haben, bei maximal 30 °C. Schon diese Maßnahme spart Ihnen die Hälfte der Stromkosten ein. Sollte Sie das Waschergebnis nicht überzeugen, können Sie ja jederzeit wieder zu Ihren gewohnten Temperaturen zurückkehren – aber machen Sie sich darauf gefasst, dass es tatsächlich funktioniert.

Gesamte Füllmenge ausnutzen Viele Modelle erhitzen pro Waschgang die gleiche Wassermenge, auch wenn die Maschine nur halb beladen ist. Sammeln Sie daher Ihre Schmutzwäsche, bis die Trommel wirklich voll ist. Dies verbessert auch die mechanische Walkwirkung. Verfügt Ihre Maschine über ein „Halbe-Menge"-Programm, nutzen Sie es.

Sortieren Sie die Wäsche vor Das Vorsortieren der Schmutzwäsche lohnt sich tatsächlich. Nur sollten Sie nicht so sehr nach Farbe, sondern nach Verschmutzungsgrad trennen, denn der Großteil der Wäsche ist nur einmal getragen, weist außer Schweiß keine Verunreinigung auf und wird schon bei minimalem Energieaufwand (30 oder sogar 20 °C, falls Ihre Waschmaschine das kann) perfekt sauber. Erst wenn sich eine Trommel voll stärker verschmutzter Kleidung angesammelt hat, zahlt sich ein Waschprogramm mit höherer Temperatur aus.

Inzwischen bieten alle Waschmittelhersteller Produkte an, die bereits bei niedrigen Temperaturen ab 20 °C die volle Waschleistung entfalten.

Beim Neukauf einer Waschmaschine

Achten Sie auf das Energielabel Beim Kauf einer neuen Waschmaschine lohnt sich der Blick auf die Energieklasse. Die Unterschiede in der Energieeffizienz sind immer noch erstaunlich groß. Nicht selten weichen die Betriebskosten von Geräten, die auf den ersten Blick nahezu identisch erscheinen, deutlich voneinander ab.

Legen Sie Wert auf Niedrigtemperaturprogramme Waschen bei niedriger Temperatur ist ein erheblicher Energiesparfaktor. Achten Sie beim Neukauf darauf, dass Sie unabhängig von der Waschintensität (Normal-, Fein-, Schonwäsche) niedrige sowie Zwischentemperaturen (kalt, 20 °C, 50 °C) frei wählen können.

IM ÜBERBLICK ▶ Wasch- und Schleuderautomaten

Toplader Als Toplader bezeichnet man Waschmaschinen, deren Bedienelemente und Füllöffnung sich an der Oberseite des Geräts befinden. Die Trommel ist so eingebaut, dass sie (von der Vorderseite des Geräts gesehen) um die Querachse rotiert. Häufig handelt es sich um preiswertere, leichtere Geräte mit geringeren Füllmengen. Ihr Vorteil liegt in den geringeren Abmessungen in der Breite, was sie für das Aufstellen in beengter Umgebung prädestiniert, so z. B. in Fensternischen hinter der Badewanne, an denen kein seitlicher Zugang zur Waschmaschine gegeben ist.

Frontlader Bei einem Frontlader bildet das sich nach vorn öffnende „Bullauge" aus Glas zugleich den Verschluss für die Waschtrommel und bietet so direkten Zugriff auf den Innenraum (zum Vergleich: Bei Topladern wird die Trommel gesondert verschlossen). Die typische Füllmenge beträgt 5–6 kg. Da eine platzsparende Bauweise bei diesen Modellen eher zweitrangig ist, verfügen Frontlader in der Regel über starke Motoren, die hohe Schleuderzahlen ermöglichen. Dieser Typ Waschmaschine hat bei uns den mit Abstand größten Marktanteil.

Wäscheschleudern Aus der Zeit, als Waschmaschinen noch niedrige Schleuderleistungen hatten, stammt dieses Haushaltsgerät, das in seiner senkrecht stehenden Edelstahltrommel durch Zentrifugalkräfte das Wasser aus gewaschener Wäsche wringt. Die heute noch im Handel erhältlichen Modelle sind spezialisiert auf hohe Drehzahlen.

SPITZEN-SPARER

Im **Feinwaschgang** bei 30 °C benötigt die Waschmaschine ca. **60 % weniger** Energie als bei 60 °C. Dank moderner Waschmittel wird die Kleidung dabei ebenso sauber.

Modelle mit Mengenautomatik bevorzugen Waschmaschinen mit Beladungssensor wiegen die Wäscheladung und passen die Wassermenge automatisch an. Das ist vor allem beim Waschen mit höheren Temperaturen ökonomisch und ökologisch sinnvoll, da keine Energie für das Aufheizen von nicht benötigtem Wasser verschwendet wird. Auf diese Weise können Sie die Waschmaschine ohne große Bedenken auch einschalten, wenn der Wäscheberg, der sich angesammelt hat, noch nicht eine ganze Füllung ausmacht. Beim Neukauf sollten Sie dies in Betracht ziehen.

WÄSCHE TROCKNEN

Ist Ihnen bewusst, dass beim Trocknen einer Wäscheladung bis zu 15-mal so viel Strom verbraucht wird wie beim Waschen dieser Menge? Reichlich verschwenderisch, wenn man bedenkt, dass sich auf der Wäscheleine an der Sonne dasselbe Ergebnis kostenlos einstellt. Und trotzdem: Manchmal ist ein Wäschetrockner einfach nützlich.

Sofortsparmaßnahmen

An kalten Regentagen, an denen Sport- oder Arbeitskleidung dringend benötigt wird, ist der Nutzen eines Wäschetrockners unbestritten. Hier ein paar Tipps, die Ihnen wenigstens das gute Gefühl geben, dass Sie das an sich umweltschädliche Haushaltsgerät so sparsam wie möglich einsetzen.

Dem Trockner die Arbeit erleichtern Je nasser die Wäsche, desto mehr Arbeit hat der Trockner und desto mehr Energie verbraucht er. Von Hand gewaschene Kleidungsstücke sollten geschleudert werden, bevor sie in den Trockner kommen. Auch ist es nicht ratsam, Ihrem Trockner mehr als die vom Hersteller empfohlene Wäscheladung aufzubürden. Sie sparen nichts – ein überladener Trockner benötigt unverhältnismäßig viel Zeit und Strom.

Wäscheleine nicht vergessen Die Versuchung ist groß, Wäscheleine oder Wäscheständer nach Anschaffung eines Trockners überhaupt nicht mehr zu benutzen. Dabei leisten diese – immer, wenn es nicht wirklich eilt – noch gute und vor allem kostenlose Dienste.

Restwärme nutzen Wenn Sie mehr als eine Ladung feuchter Wäsche zu trocknen haben, sollten Sie die Trockengänge unmittelbar nacheinander vornehmen. So wird die im ersten Durchlauf im Gerät verbliebene Restwärme für die nachfolgenden Trockengänge genutzt. Diese fallen entsprechend kürzer und stromsparender aus.

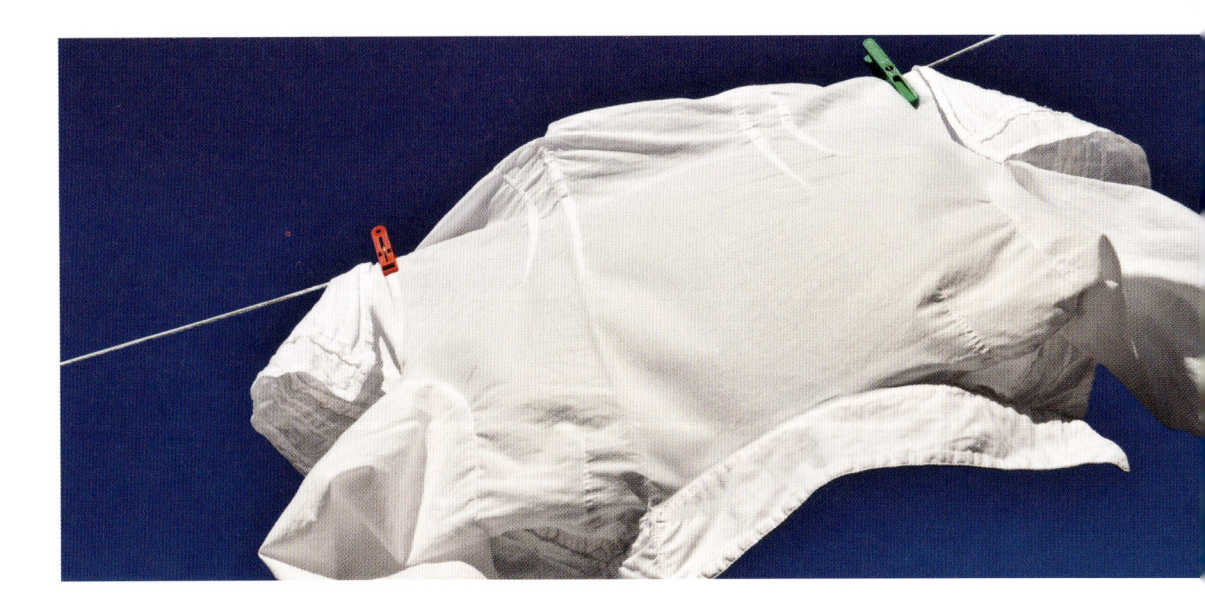

Nach leichten und schweren Stoffen sortieren Dünne Textilien trocknen viel schneller als solche aus festerem Stoff. Wenn Sie diese Materialien zusammen in den Trockner geben, vergeuden Sie Strom, da die leichte Wäsche übertrocknet wird, was ihr sogar schaden kann. Machen Sie verschiedene Stapel und trocknen Sie zuerst die dünnen Stoffe. Die dabei bereits erwärmte Trockenluft verkürzt den zweiten Trockengang für die Schwergewichte.

Flusensieb sauber halten Ein übervolles Flusensieb behindert den Luftstrom im Wäschetrockner, sodass dieser nicht seine volle Leistung erbringen kann. Machen Sie es sich daher zur Gewohnheit, das Flusensieb regelmäßig, am besten nach jedem Trockengang, zu säubern. Damit tun Sie gleichzeitig etwas für die Sicherheit im Haushalt, denn ein verstopftes Flusensieb kann zur Überhitzung des Wäschetrockners führen und stellt ein Brandrisiko dar.

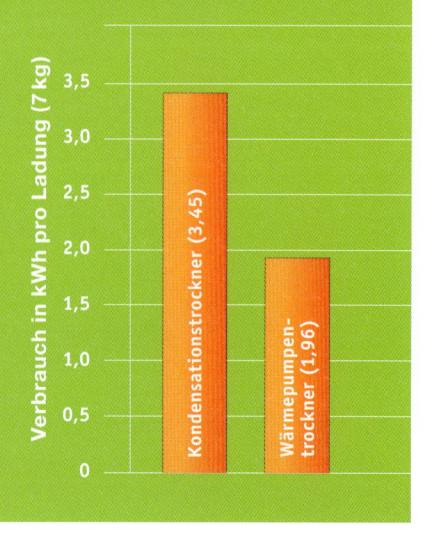

Beim Neukauf eines Trockners

Einen Wäschetrockner als energiesparend auszuloben wäre vermessen, denn der Prozess des Trocknens benötigt grundsätzlich keine künstliche Energiezufuhr. Dennoch möchten wir Ihnen für den Fall eines Neukaufs aufzeigen, welche Modelle am sparsamsten sind.

Typen von Wäschetrocknern Beim Neukauf haben Sie die Wahl zwischen folgenden Typen: Ablufttrockner (die feuchte Luft wird nach draußen geleitet), Kondensationstrockner (Feuchtigkeit wird in einem Wasserbehälter gesammelt), Kondensationstrockner mit Wärmepumpe (ein Teil der Abwärme wird zurückgewonnen) und Kondensationstrockner mit Dampfbehandlung (die Wäsche wird zusätzlich mit Dampf geglättet). Dabei ist der letztgenannte Typ der größte Stromfresser (fast 4 kWh pro 7-kg-Ladung), gefolgt vom herkömmlichen Kondensationstrockner (ca. 3,5 kWh). Tendenziell etwas energiesparender arbeiten Ablufttrockner. Die weitaus effizienteste Variante stellt ein Trockner mit Wärmepumpe dar. Allerdings sind die Modelle nahezu doppelt so teuer in der Anschaffung.

Intelligente Elektronik kaufen Während bei früheren Modellen der Trockenvorgang lediglich über eine Zeitschaltung gesteuert wurde, sollte inzwischen ein Feuchtigkeitssensor zur Pflichtausstattung des neuen Trockners gehören. So stoppt das Gerät, sobald der gewünschte Trocknungsgrad erreicht ist – selbst bei kleinen Wäschemengen.

Wäschetrockner im Vergleich

Moderne Wäschetrockner mit Wärmepumpentechnik sind zwar noch erheblich teurer in der Anschaffung, benötigen aber pro Ladung nur ca. 56 % (1,96 kWh) so viel Strom wie ein herkömmlicher Kondensationstrockner der Energieeffizienzklasse B (3,44 kWh).

Verbrauch in kWh pro Ladung (7 kg):
- Kondensationstrockner: 3,45
- Wärmepumpentrockner: 1,96

ANDERE ELEKTROGERÄTE

Längst vergangen sind die Zeiten, in denen die meisten strombetriebenen Haushaltsgeräte in Küche und Waschküche zu finden waren: Mehrere Fernsehapparate, Computer, CD- und DVD-Player, schnurlose Telefone, Ladegeräte – sie alle machen inzwischen einen ganz erheblichen (und ständig wachsenden) Teil unserer Stromrechnung aus.

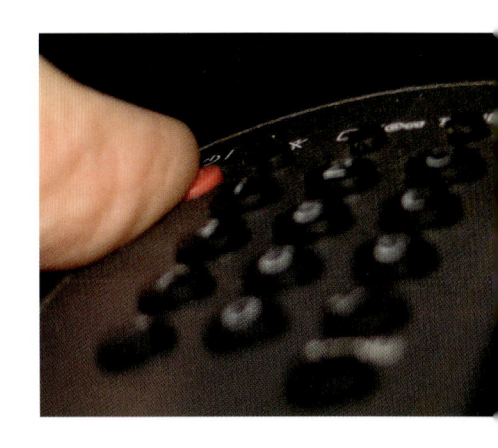

Elektronik kritisch hinterfragen

Auf keinem Gebiet wächst der Stromverbrauch so rapide an wie bei Geräten der Unterhaltungs- und Büroelektronik.

Nur kaufen, was man wirklich braucht Wenn sich der aktuelle Trend fortsetzt, werden Geräte der Unterhaltungselektronik bis zum Ende des Jahrzehnts einen größeren Anteil an der Stromrechnung haben als Herde, Kühlschränke und Tiefkühltruhen. Denn während der Bedarf an „klassischen" Haushaltsgeräten längst gesättigt ist, bietet der digital unterstützte Lebensstil noch reichlich Potenzial für Neues. Hinterfragen Sie deshalb die Werbestrategien der Hersteller kritisch und filtern Sie jene Produkte heraus, die nicht nur dem aktuellen Trend folgen.

Allzeit bereit – aber zu welchem Preis?

Die permanente Betriebsbereitschaft vieler Geräte – angefangen vom Smartphone bis hin zur Audioanlage – kostet mehr Energie und Geld, als man denkt. Bis zu 5 % der Stromkosten werden durch sogenanntes Geräte-Stand-by verursacht. Das kann auf verschiedene Arten passieren.

Ausschalten ist nicht gleich ausschalten Dass z. B. ein Fernseher nicht wirklich ausgeschaltet ist, wenn die Bereitschafts-LED noch leuchtet, hat sich längst herumgesprochen. Aber wussten Sie, dass einige Geräte selbst dann noch Strom verbrauchen, wenn man sie direkt am Netzschalter des Geräts ausschaltet? Diesen Fall bezeichnet man als „Scheinaus". Der einzige Weg sicherzustellen, dass ein Gerät absolut keine Energie verbraucht, besteht darin, die Stromzufuhr an der (schaltbaren) Steckerleiste zu unterbrechen oder den Stecker zu ziehen.

Wenn Sie nicht aufpassen, verbraucht Ihr DVD-Player im Lauf eines Jahres wahrscheinlich mehr Energie im Stand-by als für das eigentliche Abspielen von DVDs.

IM ÜBERBLICK ▶ Arten von Bereitschaftsbetrieb

Aktiver Stand-by (Leerlauf) Den Fall, dass ein Gerät eingesteckt und eingeschaltet ist, aber im Moment seine grundlegende Funktion nicht ausführt, bezeichnet man als Leerlauf oder auch als „aktiven Stand-by". Wenn z. B. eine CD in der Stereoanlage das Ende ihrer Laufzeit erreicht hat, bleibt das Abspielgerät zwar stehen, doch die Anzeige leuchtet nach wie vor. Diese Art von Stand-by-Betrieb verschwendet die meiste Energie und sollte möglichst vermieden werden. Wenn Sie das Gerät schon nicht ganz vom Netz trennen, schalten Sie zumindest auf passiven Stand-by.

Passiver Stand-by Der Ausschaltknopf einer Fernbedienung oder die entsprechend gekennzeichnete Taste direkt am Gehäuse (in der Regel ein von einem senkrechten Strich durchbrochener Kreis) versetzt das Gerät in den Bereitschaftsbetrieb oder passiven Stand-by. Dabei bleibt ein Teil der Steuerungselektronik unter Strom, um das Gerät bei Bedarf sofort wieder einsatzbereit zu machen. Meist (aber bei Weitem nicht immer) leuchtet dabei eine farbige LED. Der Energiebedarf wird auf diese Art zwar reduziert, doch im Lauf der Zeit wächst sich der Verbrauch im passiven Stand-by zu einem Kostenfaktor aus.

„Scheinaus" Viele Geräte verfügen neben der erwähnten Bereitschaftstaste über einen kleinen Wipp- oder Kippschalter am Gehäuse, der Ihnen suggeriert, Sie könnten hier das Gerät komplett vom Netzstrom trennen. Leider ist das aber nicht immer der Fall, sondern bestimmte Komponenten, wie ein digitaler Speicher oder der Transformator, werden nach wie vor mit Strom gespeist, ohne dass es dafür äußere Anzeichen gäbe. In diesem Fall spricht man von „Scheinaus".

Hochgerechnet auf alle Privathaushalte, wird in Deutschland pro Jahr eine Summe von 900 Millionen Euro für Elektrogeräte verschwendet, die gar nicht in Betrieb sind.

Den Stand-by-Verbrauch ermitteln Die Grafik auf der nächsten Seite gibt Ihnen eine Vorstellung von der Leistungsaufnahme einiger haushaltsüblicher Geräte im Bereitschaftsbetrieb. Multiplizieren Sie die angegebene Wattzahl mit der Anzahl von Stunden, die das Gerät im Laufe eines Jahres auf Stand-by ist, und teilen Sie das Ergebnis durch 1000. Die so errechneten Kilowattstunden (kWh), die das Gerät pro Jahr nutzlos verschwendet, multiplizieren Sie mit dem aktuellen Leistungspreis Ihres Stromanbieters, um eine Vorstellung von den Kosten zu erhalten, die Sie sparen. Ist keine Zahl in der Tabelle angegeben, besitzt das entsprechende Gerät entweder diese Art des Stand-by-Betriebs nicht oder diese Betriebsart wurde im Rahmen der zitierten Studie nicht untersucht.

Geräte nicht wegen der digitalen Uhr anlassen Viele gängige Geräte wie Mikrowellenherde, DVD-Player und Videorekorder haben eine eingebaute Digitaluhr. Der Einfachheit halber lässt man solche Geräte dann oft die ganze Zeit im Stand-by. Da sie dabei aber Energie verbrauchen, sollte man sich fragen, ob man diese Uhr tatsächlich benötigt. Ähnliches gilt für den Timer des Videorekorders oder DVD-

LEISTUNGSAUFNAHME IM STAND-BY-BETRIEB

Elektrogerät	Aktiver Stand-by*	Passiver Stand-by**	Scheinaus***
Wäschetrockner	3,4 W	—	0,9 W
Geschirrspüler	3 W	—	0,6 W
DVD-Player	7,7 W	1,2 W	—
DVD-Rekorder	17,1 W	2,6 W	—
Stereoanlage	19,4 W	2,8 W	—
Radiorekorder	6,4 W	2,2 W	—
Röhrenfernseher	—	3,1 W	—
LCD-Fernseher	—	3,1 W	0,1 W
Plasmafernseher	—	0,4 W	—
Videorekorder	6,9 W	2 W	0,5 W
Waschmaschine (Toplader)	3,8 W	—	1,2 W
Waschmaschine (Frontlader)	3,8 W	—	0,5 W

Quelle: Stand-by Power Store Survey 2008–09, Interim Report, Oktober 2008

* Das Gerät wird nicht aktiv genutzt, ist aber eingesteckt und angeschaltet.
** Das Gerät wurde per Fernbedienung oder Austaste ausgeschaltet, ist aber eingesteckt.
*** Das Gerät wurde am Gehäuse-Netzschalter ausgeschaltet, ist aber eingesteckt.

Players zum Mitschneiden von TV-Sendungen. Wenn Sie die eingebaute Uhr nicht tatsächlich für den Timer benutzen, weil Sie in der Regel ausgeliehene oder gekaufte DVDs und Videos ansehen, dann nehmen Sie das Gerät in die Liste dessen auf, was Sie getrost ausgesteckt lassen können. Und wenn Sie nur wissen wollen, wie spät es ist, werfen Sie doch mal einen Blick auf Ihre Armbanduhr!

Mehr zum *Thema* ...

Machen Sie den Stand-by-Check beim Umweltbundesamt:
https://ratgeber.co2online.de/index.php?berater=standby

Mehr zu Stromfressern von der Stiftung Warentest:
www.test.de/themen/umwelt-energie/test/Spargeraete-LCD-und-Plasmafernseher-Sparsamer-mit-LED-1725624-2725624/?mc=b2b.standard.link

SPITZEN-SPARER

Der gute altmodische **Röhrenfernseher** verbraucht immer noch nur ca. **ein Drittel** der Energie eines großes Spitzenmodells mit Plasmabildschirm.

Unterhaltungselektronik

Noch vor zwei Generationen verfügte der durchschnittliche Privathaushalt gerade mal über zwei Geräte aus dem Bereich der Unterhaltungselektronik: den Fernseher und das Radio. Heutzutage umfasst die Liste Videorekorder, DVD-Player, Spielekonsolen und vieles mehr. Damit nicht genug, findet man eine derartige Multimedia-Wand immer häufiger nicht nur im Wohn-, sondern auch im Schlafzimmer. Auf diese Weise landet man schnell bei einem halben Dutzend Unterhaltungsgeräten, die in einer Wohnung gleichzeitig laufen. Angesicht dieser Größenordnung dürfte klar sein, dass jede noch so kleine Einsparung sich beim Verbrauch zu einer ansehnlichen Summe addiert.

Fernsehgeräte

Helligkeit und Kontrast überprüfen Hersteller maximieren häufig die werkseitigen Einstellungen von Helligkeit und Kontrast, um sicherzustellen, dass ihre Fernseher im Einkaufsregal neben dem Konkurrenzmodell gut dastehen. Regeln Sie diese Einstellungen ein wenig nach unten und Sie erhalten nicht nur ein besseres Bild, sondern reduzieren den Energieverbrauch Ihres Geräts um bis zu 30 %.

Gerät nach Programmschluss vom Netz nehmen Ein Fernseher, der nur an der Fernbedienung auf passiven Stand-by-Betrieb geschaltet wurde, verbraucht noch bis zu 15 W. Diese Verschwendung können Sie leicht unterbinden,

IM ÜBERBLICK ▶ Fernsehgeräte

Röhrenfernseher Das sind die Fernseher, mit denen viele von uns aufgewachsen sind. Sie sind relativ preiswert und sehr zuverlässig, aber groß und im Vergleich zu den neuen superflachen Modellen sperrig. Sie sind im Energieverbrauch tendenziell sparsam, vor allem weil sie in vergleichsweise bescheidenen Bildschirmabmessungen im Handel sind.

Flachbild-(LCD-)Geräte Flachbildfernseher mit LCD-Technologie haben einen großen Vorteil – sie sind dünn und leicht. Sogar so dünn und leicht, dass man sie an die Wand montieren kann – eine Eigenschaft, die in beengten Wohnverhältnissen großen Charme hat. Sie sind teurer als Röhrenfernseher, aber nur geringfügig preisgünstiger als Plasmageräte. Ebenso verbrauchen sie tendenziell kaum mehr Energie als Röhrenfernseher, sind aber deutlich energieeffizienter als Plasmageräte.

Plasmageräte Wie LCDs können Plasmageräte zwar sehr flach, aber im Gegensatz zu LCDs auch sehr schwer sein. Das bedeutet, dass die Wandmontage eine schwierige – wenn auch nicht unmögliche – Aufgabe darstellt. Moderne Plasmafernseher bestechen durch enorme Bildschirmdiagonalen und extrem hohe Bildqualität. Obwohl die Preise für Plasmafernseher beständig fallen, bleibt diese Technologie noch erheblich teurer als die anderen Arten von TV-Geräten. Auch im Energieverbrauch sind sie groß, zum Teil wegen der typischerweise großen Bildschirmdiagonalen. Außerdem erzeugen sie sehr viel Abwärme im Betrieb, die reine Energieverschwendung ist. Wenn Sie derzeit erwägen, von einem alten Farbfernseher auf einen modernen Plasmafernseher umzusteigen, beachten Sie, dass Sie die laufenden Betriebskosten deutlich teurer kommen werden.

wenn Sie den Fernseher zusammen mit anderen Geräten an eine schaltbare Steckerleiste anschließen, die Sie ausschalten, wenn Ihre Lieblingssendung vorbei ist.

Die Ein-Fernseher-Regel Der einfachste Weg zur Reduzierung des fernsehbedingten Energiekonsums besteht ganz klar darin, das Gerät abzuschalten und öfter einmal etwas anderes zu tun. Wer das für unrealistisch oder idealistisch hält, kann versuchen, den Fernsehgebrauch zumindest so weit einzuschränken, dass immer nur ein Fernseher in Betrieb ist. Es ist erstaunlich, wie viele Haushalte in entwickelten Ländern zwei oder mehr TV-Geräte besitzen und gleichzeitig angeschaltet haben. Sie sparen nicht nur Energie, sondern auch die damit verbundenen Kosten.

Die Bildschirmgröße beachten Die Größe von TV-Geräten nimmt rapide zu. Vor nur etwa einem Jahrzehnt galt ein Bildschirm mit einer Diagonalen von 50–60 cm als groß. Heutzutage haben neue Fernseher oft eine Bildschirmdiagonale von 100 cm oder mehr. Der Energieverbrauch von Fernsehern steigt um rund 1,5 Watt pro zusätz-

Der Stromverbrauch eines Fernsehgeräts steigt um ca. 1,5 W pro zusätzlichem Zentimeter Bildschirmdiagonale.

Fernsehgeräte

Röhrengeräte haben eine begrenzte Bildschirmdiagonale und benötigen daher im Schnitt deutlich weniger Strom. Bei den Flachbildschirmen schneidet die LCD-Technologie bei gleicher Größe deutlich besser ab als Geräte mit Plasmabildschirm.

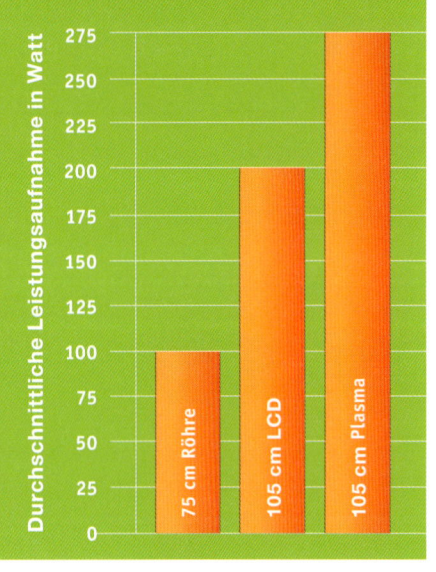

Durchschnittliche Leistungsaufnahme in Watt:
- 75 cm Röhre: 100
- 105 cm LCD: 200
- 105 cm Plasma: 275

lichem Zentimeter Bildschirmdiagonale. Mit anderen Worten, je größer der Fernseher, desto größer sein Verbrauch. Wenn Sie ein neues TV-Gerät kaufen, sollten Sie auch kleinere Bildschirme in Betracht ziehen – und nicht einfach automatisch zum größten Modell greifen, das Sie sich leisten können. Unter Umständen könnte das stromfressende Großgerät sogar Ihren Fernsehgenuss schmälern, weil der Raum dafür nicht vorhanden ist (vgl. Kasten unten).

Bei großen Diagonalen besser LCD Wenn es schon ein Großbildfernseher sein soll, Sie aber den Verbrauch so weit wie möglich reduzieren wollen, sollten Sie sich für ein LCD-Gerät entscheiden. Bei dieser Technologie wird pro Quadratzentimeter Bildschirmfläche deutlich weniger Energie benötigt als bei einem Fernseher mit Plasmabildschirm.

Integrierte Digitaltechnik spart Strom Um auf einem herkömmlichen analogen Fernseher digitale Programme zu empfangen, benötigen Sie ein spezielles Empfangsmodul, auch Set-Top-Box genannt. Spätestens seit Einführung der HD-Technologie gibt es immer mehr dieser Geräte – die leider im Stand-by-Modus zwischen 3,5 und 10 Watt pro Stunde verbrauchen. Niedrigere Betriebskosten als bei der Kombination aus Analoggerät und Digitalempfänger fallen bei einem neuen sogenannten integrierten Digitalfernseher (IDTV) an. Entscheiden Sie sich daher beim Neukauf für ein solches Digitalgerät.

WOHER WEISS ICH, ▶ wie groß mein Bildschirm sein darf?

Der Mindestabstand, den ein Betrachter zum Bildschirm einhalten sollte, hängt von der Bildschirmdiagonalen ab. Daraus folgt, dass die Anschaffung eines größeren TV-Geräts nur Sinn ergibt, wenn Sie auch den Raum dafür haben.

Als Richtwert für den Abstand zu herkömmlichen Röhrenbildschirmen gilt: mindestens das Fünffache der Bildschirmdiagonalen. Bei Plasmabildschirmen sollten Sie im Abstand von mindestens dem Dreifachen der Bilddiagonalen sitzen. Andernfalls nehmen Sie Einbußen bei der Bildqualität in Kauf.

Angenommen, Ihr Sofa kann – bedingt durch den Schnitt des Zimmers – nur ca. 2,50 m vom TV-Gerät entfernt stehen. In diesem Fall sollte ein Röhrenbildschirm eine Diagonale von höchstens 50 cm haben; bei einem Plasmagerät liegt die Maximalgröße entsprechend bei 80 cm. Jedes größere Modell wäre reine Geldverschwendung bei Anschaffung und Betrieb.

Andere Unterhaltungselektronik

Stereoanlage verkleinern Große Stereoanlagen verbrauchen mehr Energie als kleine. Lassen Sie sich beim Kauf eines neuen Audiosystems nicht von der Leistungsangabe blenden. Nutzen Sie lieber eine kleinere Anlage besser aus, indem Sie die Boxen optimal aufstellen.

Spielkonsolen vergleichen Manche Spielkonsolen verbrauchen im Spielbetrieb bis zu zehnmal so viel Strom wie ihre sparsamsten Konkurrentinnen. Im Stand-by erhöht sich dieser Vergleichsfaktor bis auf das Sechzehnfache. Vergleichen Sie deshalb die Testberichte gründlich und greifen Sie zu dem Modell, das am wenigsten Energie verbraucht.

Nach Betrieb abschalten Trennen Sie Stereoanlagen, DVD-Player und Videorekorder nach Gebrauch vom Netz. Belässt man z. B. eine Stereoanlage nach dem Abspielen einer CD im Leerlauf, werden bis zu 8 W Strom verbraucht, im Stand-by sind es noch rund 2 W. Erst wenn Sie das Gerät vom Netz trennen (Steckerleiste aus), sinkt der Energieverbrauch auf den Wert, der bei Nichtbenutzung auch sein sollte, nämlich auf null.

Mehr zum Thema ...

Stromspartipps bei Unterhaltungselektronik:
www.stromtip.de/rubrik2/19686/5/Energiesparen-bei-Unterhaltungselektronik.html

Energieverbrauch von Fernsehgeräten:
www.energieinfo.de/energiesparen/energiespartipps_fernseher_kaufen.html

Stromverbrauch von Spielekonsolen:
www.sparhaushalt.eu/der-stromverbrauch-von-spielekonsolen/

Bürogeräte

Mit Computern und Peripheriegeräten wie Drucker oder Scanner verhält es sich tückisch: Ihre Leistungsaufnahme scheint vergleichsweise gering (100 bis 200 W). Anders als Föhn oder Staubsauger sind sie jedoch mehrere Stunden am Tag in Betrieb. Und selbst im Bereitschaftsbetrieb summiert sich ihr Strombedarf auf ca. ein Drittel des gesamten Stand-by-Verbrauchs des Durchschnittshaushalts.

Bildschirmschoner abschalten Bildschirmschoner wurden entwickelt, um den Verschleiß der Hardware zu minimieren, nicht um Energie zu sparen. Die meisten Computer

WAS HÄLT SIE DAVON AB, ...

Ihren Computer herunterzufahren?

❏ **DAS SCHADET DEM COMPUTER.** Da sind Sie gewiss nicht der Einzige, der diesem modernen Mythos aufgesessen ist. In Wahrheit müsste man den Computer viele Jahre lang mehrmals am Tag ein- und ausschalten, bevor dies seine Leistung schmälern würde. Wenn Sie ihn jedoch ständig im Stand-by lassen, anstatt ihn herunterzufahren, verschwenden Sie bis zu 1 kWh Strom pro Woche.

verbrauchen ebenso viel Energie im Bildschirmschoner-Modus wie bei Normalbetrieb. Schalten Sie Ihren Computer deshalb stets ab oder versetzen Sie ihn in den Ruhezustand, sobald Sie sich länger als eine halbe Stunde von Ihrem Schreibtisch entfernen.

Monitor abschalten Selbst wenn Sie Ihren Schreibtisch nur so kurz verlassen, dass sich ein Herunterfahren nicht lohnt, können Sie durch das Abschalten des Monitors an dessen Gehäuse wertvolle Energie sparen.

Schaltbare Steckerleiste verwenden Schließen Sie Ihren PC sowie die gesamte Peripherie (Scanner, Drucker, Fax usw.) an eine Steckerleiste mit Schalter an. So können Sie alle Verbraucher auf einmal vom Netz nehmen, wenn sie nicht benutzt werden.

Integrierte Energiesparfunktionen nutzen Viele Computer verfügen über integrierte Energiesparfunktionen, die auch etwaige Peripheriegeräte auf Stand-by schalten. Konsultieren Sie die Betriebsanleitung Ihres PCs oder besuchen Sie die Internetseite des Herstellers.

Wissen SPEZIAL

DRUCKER UND FAXGERÄTE

Diese Peripheriegeräte halten den Negativrekord im aktiven Stand-by. Drucker sind in der Regel ganze 9 % ihrer Einschaltzeit tatsächlich im Einsatz, bei Faxgeräten ist das Verhältnis noch schlechter – sie laufen rund um die Uhr, sind aber im Schnitt selten mehr als eine Stunde pro Tag wirklich aktiv. Wählen Sie daher beim Kauf eines Druckers oder Faxgeräts das Modell, das im Bereitschaftsmodus am wenigsten Strom verbraucht. Ziehen Sie zudem so oft wie möglich den Netzstecker.

Staubsauger

Staubsauger widersetzen sich dem Trend. Während viele Geräte ihre Energieeffizienz im letzten Jahrzehnt verbessert haben, benötigen Staubsauger heutzutage tendenziell mehr Strom als früher. Während es also allgemein durchaus angeraten ist, altmodische Energiefresser durch moderne, hocheffiziente Modelle auszutauschen, verhält es sich bei Staubsaugern gerade umgekehrt.

Auf glatten Böden dem Besen den Vorzug geben
Selbstverständlich wird ein moderner Staubsauger mit -entsprechendem Bürstenaufsatz auch dem Staub auf glatten Holz-, Laminat- oder PVC-Böden Herr. Aber er tut auch nichts anderes, als was Sie ebenso gut mit Besen, Kehrschaufel oder Mopp erledigen könnten. Für die besonders feinen Staubpartikel, an denen Besen häufig scheitern, sind spezielle Mikrofasertücher im Handel. Für welche Methode der manuellen Reinigung Sie sich auch entscheiden – sie alle nehmen nicht mehr Zeit in Anspruch als das Staubsaugen und liefern das gleiche Ergebnis, allerdings ohne dabei Strom zu verbrauchen.

Manuellen Teppichkehrer verwenden
Teppiche, die nicht zu stark verschmutzt sind, können mit einem Teppichkehrer in Schuss gehalten werden. Teppichkehrer sind im Vergleich zu Staubsaugern klein und leicht, sodass sie sich leicht verräumen und bewegen lassen. Das ist ein echter Bonus, wenn Sie in einer kleinen Wohnung mit beschränkter Stellfläche leben. Es kann auch ein Vorteil sein, wenn Ihre Wohnung zwei- oder mehrgeschossig ist. Dann müssen Sie keinen schweren Staubsauger die Stufen hinauf- und hinunterschleppen.

Altbewährtes behalten
Sie werden wahrscheinlich feststellen, dass Ihr alter Staubsauger weniger Strom verbraucht als die meisten neueren Modelle. Solange er noch gut funktioniert, besteht also keine Notwendigkeit, auf ein Neugerät umzusteigen.

Leistungsaufnahme ist nicht gleich Saugkraft
Achten Sie beim Neukauf eher auf die Saugkraft als auf die Motorleistung. Die weitverbreitete Annahme, der Staubsauger mit dem größten Motor verfüge auch über die größte Saugkraft, trifft nämlich längst nicht immer zu. Testen Sie den Staubsauger vor dem Kauf und bilden Sie sich selbst ein Urteil oder ziehen Sie Testberichte zurate, die ausdrücklich auf die Saugkraft eingehen.

SPITZENSPARER

Wenn Sie den **Leistungsregler** Ihres Staubsaugers auf **halbe Kraft** stellen, benötigen Sie bei gutem Saugergebnis **50 % weniger** Strom und verlängern die Lebensdauer des Geräts auf das Doppelte.

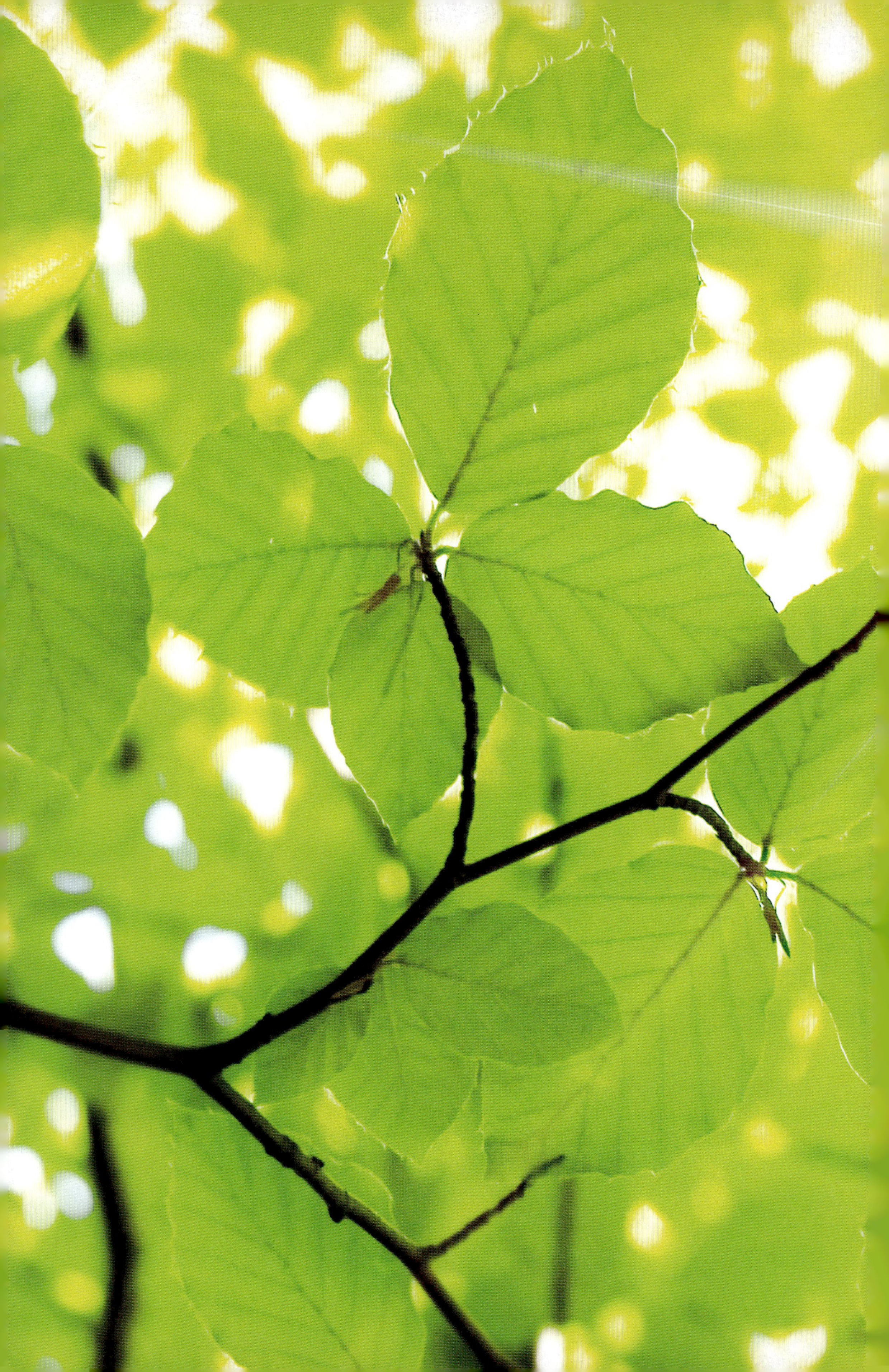

KAPITEL 6

GARTEN UND TERRASSE

- Sparsame Gartenpflege 164
- Gartenteich und Pool 168
- Spaß im Freien 171

SPARSAME GARTENPFLEGE

Um die schweißtreibende Gartenarbeit zu erleichtern, steht eine breite Palette motorisierter Hilfsmittel zur Verfügung. Elektro- oder Benzinrasenmäher, Heckenschneider, Laubsauger und Häcksler erledigen im Nu, wofür Sie von Hand Stunden benötigen – allerdings zu einem hohen Preis für die Umwelt und Ihren Geldbeutel.

Umweltfreundlich Rasen mähen

Der klassische Benzinrasenmäher ist nicht nur laut, sondern produziert auch in großem Umfang schädliche Abgase. Als umweltfreundlichste Alternative bietet sich ein Handmäher an, der allerdings etwas Körpereinsatz erfordert. Einen Kompromiss zwischen Umweltverträglichkeit und maschineller Hilfestellung bilden Modelle mit Elektromotor. Beachten Sie beim Kauf eines Neugeräts in jedem Fall die Verbrauchs- und Emissionswerte des Motors.

Wer die Umwelt liebt, der schiebt

Der altmodische Handmäher erlebt gerade eine Renaissance. Wer noch mit Schaudern an die Modelle aus vergangenen Zeiten zurückdenkt, darf sich auf eine positive Überraschung einstellen: Moderne Handmäher sind Leichtgewichte von oftmals unter 10 kg und entsprechend einfacher zu handhaben als sperriger Benzinmäher, die bis zum Dreifachen dieses Werts auf die Waage bringen.

Ein Benzinrasenmäher erzeugt in einer Stunde ebenso viele Abgase wie zwölf fahrende Autos.

WAS HÄLT SIE DAVON AB, ...

einen Handrasenmäher zu verwenden?

❏ **DAS DAUERT ZU LANGE.** Natürlich benötigen Sie mit einem Handmäher mehr Zeit als mit einem Benzin- oder Elektromäher – aber eben nicht so viel mehr, wie Sie vielleicht denken. Auf einer ebenen Rasenfläche und mit einem Gerät, das gut in Schuss ist, beträgt der Zeitaufwand in etwa um die Hälfte mehr, weist der Boden einige Unebenheiten auf, kann es auch doppelt so lange sein. Wenn Sie alle 14 Tage eine halbe Stunde lang mähen, brauchen Sie mit einem Handmäher 15 bis 30 Minuten länger – wobei Sie diese Zeit körperlich aktiv und an der frischen Luft verbringen ...

Handrasenmäher für kleine Flächen Sinnvoll ist das Mähen von Hand nur bei Rasenflächen bis zu 500 m². Für größere Grundstücke erscheint es doch allzu mühsam.

Der Schliff macht's Scharfe Klingen schneiden besser und minimieren den Körpereinsatz. Wenn Sie das Schneidwerk nach jedem Mähen mit einem feuchten Tuch säubern und die Gegenschneide (die feststehende horizontale Klinge am Chassis des Mähers) mit Silikonfett einsprühen, bleiben die Schneiden jahrelang scharf. Zum Schärfen stumpf gewordener Schneiden stellen Sie den Mäher auf einen festen Untergrund und tragen eine handelsübliche Schleif- und Polierpaste auf die beweglichen Schneiden auf. Bewegen Sie diese nun ca. 10 Minuten entgegen der (Schnitt-)Laufrichtung, entfernen Sie ggf. Pastenrückstände – fertig.

Den Rasen kurz halten Da das Mähen von langem Gras mehr Muskeleinsatz erfordert, sollten Sie den Rasen regelmäßig schneiden.

Die Ruhe genießen Der Geräuschpegel eines Handmähers liegt bei lediglich 50 Dezibel, was dem Hintergrundlärm einer ruhigen Nachbarschaft entspricht. Ein Benzinrasenmäher erzeugt 90 Dezibel und mehr – und steht damit der Lärmentwicklung eines Motorrads in nichts nach.

Benzinrasenmäher

Diese Gartengeräte punkten mit Leistung und Bedienungskomfort, sind aber unhandlich, schwer und verschmutzen die Luft. Einen großen Unterschied macht es, ob es sich um ein Modell mit Zweitakt- oder Viertaktmotor handelt.

SPITZEN-SPARER

Ein **Kanister** mit verschüttungsfreiem **Einfüllsystem** amortisiert sich durch den **eingesparten Kraftstoff** bereits nach ca. einem Jahr.

Viertakter statt Zweitakter Zweitaktmotoren werden mit einem Öl-Benzin-Gemisch betrieben und sind äußerst ineffizient: Bis zu 30 % des Treibstoffs werden nicht verbrannt, sondern treten unverbrannt aus und belasten die Umwelt. Viertaktmäher, die mit bleifreiem Benzin betrieben werden können, sind weitaus kraftstoffsparender und daher deutlich günstiger im Betrieb. Ein weiterer Pluspunkt ist die geringere Emission von Schadstoffen.

Elektromäher

Abgasfrei mähen Elektromäher beziehen ihre Antriebsenergie aus der Steckdose und erzeugen deshalb – jedenfalls vor Ort – keine Abgase. Ein weiterer Pluspunkt: Das Betanken entfällt und es kann kein verschüttetes Benzin in die Umwelt gelangen.

Leiser Betrieb Als motorbetriebene Geräte erzeugen Elektromäher zwar deutlich mehr Lärm als Handmäher, dennoch liegt der Geräuschpegel ca. 10 bis 15 Dezibel unter dem eines benzinbetriebenen Rasenmähers.

Rasentrimmer

Diese auch Motorsense oder Freischneider genannten Gartengeräte rücken mit einem Fadenkopf Gras und Unkraut zu Leibe. Der Fadenkopf sitzt am unteren Ende von einem langen festen Stiel, der kleine Motor am oberen Ende. Auch hier gibt es Modelle mit Benzin- oder Elektromotor. Auch akkubetriebene Geräte sind im Handel.

Besser im Viertakt In einer Stunde stößt ein Zweitakt-Rasentrimmer die gleiche Menge von Treibhausgasen aus wie fünf fahrende Autos. Also: Wer ein neues Gerät kauft, sollte auf jeden Fall einen Viertaktmotor wählen.

Oder doch lieber elektrisch? Weitaus weniger Abgase produzieren elektrische Rasentrimmer. Da sie häufig nicht so leistungsstark sind wie benzinbetriebene Geräte, kann das Schneiden von harten Pflanzen wie Brombeerranken allerdings Schwierigkeiten bereiten.

Akkugeräte für kleinere Gärten Eine weitere Variante sind kabellose Geräte mit Akku, deren Gebrauchsdauer allerdings durch die Akkukapazität begrenzt ist; je nach Modell kann man damit bis zu 45 Minuten arbeiten. Ist Ihnen das zu wenig, sehen Sie sich nach einem Gerät mit Austauschakku um.

Alternativen zum Rasen

Energiesparen im Garten ist nicht nur eine Frage der technischen Ausrüstung. Wie wäre es, den Rasen teilweise durch Bäume als Kübelpflanzen zu ersetzen oder Bodendecker anzupflanzen, die ohne Mähen auskommen? Auch Kiesflächen sind eine ansprechende Alternative.

Sonstige Gartengeräte

Heckenschneider und Laubgebläse

Weniger ist oft mehr Motorisierte Heckenscheren, Laubgebläse und Laubsauger kommen auch im privaten Bereich mehr in Mode. Der Umweltfaktor gerät dabei oft ins Hintertreffen. Sind diese Hightechgeräte die Kosten, den Lärm und die Luftverschmutzung, die sie verursachen, tatsächlich wert, wenn man bedenkt, dass sich Laub ebenso von Hand zusammenrechen lässt und eine Hecke auch mechanisch gestutzt werden kann?

Gartenhäcksler

Zusammengerechtes Laub und Schnittgut sind ideales Material für den Kompostbehälter. Um die Zeit zu verkürzen, bis die Gartenabfälle anfangen zu verrotten, kann man sie mit einem Häcksler oder Mulcher zerkleinern.

Mulchmäher bei kleineren Pflanzenteilen Für Blätter und weiche grüne Pflanzenteile können Sie einen elektrischen Mäher mit Mulcheinheit verwenden.

Gartenhäcksler nur für grobe Pflanzenabfälle Ein großer Häcksler mit Benzinmotor kommt vorwiegend für festen Gartenabfall wie Holzschnitt und kleine Zweige zum Einsatz. Entscheiden Sie sich für ein Gerät mit Viertaktmotor.

SPITZEN-SPARER

Zum Zerkleinern von zusammengerechtem Laub und weichem Gartenabfall genügt es, ein paarmal **mit dem Rasenmäher** darüberzufahren.

Mehr zum *Thema* ...

Energiesparende Gartengeräte: www.energie-regensburg.de/energiesparen/garten/energiesparen-nuetzliche-helfer-im-garten.html

Elektrorasenmäher im Test: www.avu-energietipp.de/energiesparen/garten/der-gruene-rasenmaeher.html

Energieeffiziente Rasenmäher: www.nachhaltigleben.ch/wohnen-haushalt/rasenmaeher-test

GARTENTEICH UND POOL

Nicht nur die Anlage eines Gartenteichs oder Pools ist mit erheblichen Investitionen verbunden, auch die Instandhaltung ist kostspielig. Wer auf energieeffizienten Betrieb achtet, tut nicht nur der Umwelt etwas Gutes, sondern auch seinem Geldbeutel.

Eine Umwälzpumpe, die den ganzen Tag über ununterbrochen in Betrieb ist, kann mehr Energie verbrauchen als alle anderen Haushaltsgeräte zusammen.

Pumpen und Filter

Umwälzpumpen mit Filtern haben die Aufgabe, das Wasser von Schwebstoffen zu reinigen. Zudem reichern sie das Wasser mit Sauerstoff an und verteilen ggf. zugefügte Pflegemittel gleichmäßig. Die Pumpe ist zwar unverzichtbarer Bestandteil Ihres Teichs oder Pools, aber dennoch brauchen Sie keine unnötig hohen Betriebskosten in Kauf zu nehmen.

Die passende Größe Je stärker die Pumpe, desto mehr Strom verbraucht sie. Stellen Sie sicher, dass die Leistung Ihres Modells exakt auf die Wassermenge abgestimmt ist.

Pumpleistung optimieren So holen Sie die maximale Leistung aus Ihrer Umwälzpumpe heraus:

- Stellen Sie die Pumpe so nah wie möglich an den Pool.
- Ersetzen Sie 90°-Gelenkstücke in den Zu- und Abflussleitungen durch Gelenke im 45°-Winkel.
- Setzen Sie einen größeren Filter ein.

WOHER WEISS ICH, ▶ wie lange die Pumpe laufen muss?

Bei den meisten Teichen und Pools genügt eine Betriebsdauer der Umwälzpumpe von vier bis sechs Stunden täglich, verteilt auf mehrere Abschnitte. Bleibt das Wasser auf diese Weise ungewöhnlich trüb, muss es möglicherweise länger gefiltert werden. Verlängern Sie zunächst jeden Zeitabschnitt um 15 Minuten. Hat sich der Zustand nach einer Woche nicht gebessert, prüfen Sie andere Faktoren (z. B. die Lage unter einem Laubbaum, pH-Wert des Wassers) und fügen dem Wasser ggf. ein geeignetes Pflegemittel bei.

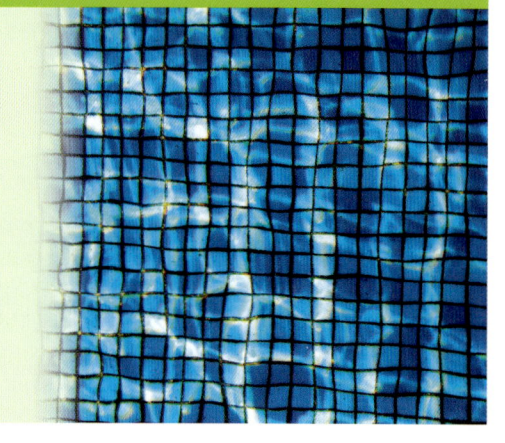

Schon diese Maßnahmen sparen bis zu 40 % Strom ein. Lassen Sie sich vom Fachmann beraten, welche Lösung für Ihren Pool optimal ist.

Pumpenlaufzeit per Zeitschaltuhr begrenzen In der Regel sind vier bis sechs Stunden ausreichend, um das Wasser im Teich oder Pool einmal komplett umzuwälzen. Über eine Zeitschaltuhr können Sie die Pumpe auf mehrere Betriebsintervalle, z. B. dreimal zwei Stunden täglich, programmieren. Diese Reduzierung der Pumpenlaufzeit macht sich in einem deutlichen Rückgang des Stromverbrauchs – um bis zu 60 % – bemerkbar.

Für ausreichende Beschattung sorgen Zu intensive Sonneneinstrahlung fördert das Algenwachstum in Teich oder Pool und erhöht den Reinigungsaufwand für Sie und die Umwälzpumpe. Wählen Sie den Standort Ihres Teichs so, dass er ca. zwei Drittel der Tageszeit im Schatten liegt, oder sorgen Sie für eine entsprechende Bepflanzung.

Wasserfläche vor Laub schützen Im Herbst, wenn die Blätter welken, kann Laub, das in den Teich oder Pool fällt, die Pumpleistung erheblich beeinträchtigen. Breiten Sie rechtzeitig eine geeignete Abdeckung (Netz bzw. Plane) über die Wasserfläche.

> Durch die Wahl einer weniger starken, aber optimal platzierten und abgestimmten Pumpe reduzieren Sie die Betriebskosten für Pool bzw. Teich um bis zu
>
> **75 %**

Beheizte Pools

Schon ein einfacher Gartenpool mit den Abmessungen von 6,50 x 3 m fasst bei einer Tiefe von 1,20 m ca. 23 000 l Wasser. Wer dieses Volumen für sein Schwimmvergnügen während der gesamten Freiluftsaison auf luxuriöse 23 °C oder mehr erwärmt, darf sich über einen enorm hohen Energiebedarf nicht wundern. Möchten Sie auf den Komfort eines beheizten Pools dennoch nicht verzichten, finden Sie hier einige Tipps, wie Sie Kosten sparen können.

Auf Solarenergie setzen Sehen Sie bei der Planung Ihres Pools eine solare Heizanlage vor. Diese pumpt das Wasser aus dem Pool durch einen Filter und über einen Sonnenkollektor wieder zurück. Die Pumpe, die das Wasser umwälzt, verbraucht zwar etwas Strom, aber die Sonne übernimmt den energieaufwändigsten Teil – das Erwärmen des Wassers. Und das keineswegs nur bei Dauersonnenschein, denn der Kollektor nutzt die Strahlungsenergie auch an wolkigen Tagen, sofern er an einem ganztägig schattenfreien Platz und im richtigen Winkel aufgestellt wird. Auch das Nachrüsten eines bestehenden Pools ist möglich. Erkundigen Sie sich bei einem Fachmann, ob die Solarheizung für Ihre Belange infrage kommt.

Pool-Thermostat herunterregeln Die als angenehm empfundene Temperierung des Wassers in einem Swimmingpool variiert (je nach persönlichem Empfinden) zwischen 20 und 25 °C. Wer sich bewusst macht, dass beim Erwärmen für jedes zusätzliche Grad 1,16 kWh pro Kubikmeter Wasser mehr Energie benötigt werden, freundet sich möglicherweise gern mit einer etwas niedrigeren Temperatur an. Denn auf einen moderat großen Pool (6,50 x 3 x 1,20 m) hochgerechnet, bedeutet ein Grad weniger schon eine Ersparnis von über 27 kWh – und das pro Tag, an dem der Pool benutzt wird!

Mehr zum *Thema* ...

Solarbeheizte Schwimmbecken: www.klickpool.de/solarenergie/energie-sparen.php
Energie sparen beim Pool: www.stromrechner.org/stromtipps/stromspartipps/pool.html

Wärmepumpe nutzen Auch die Nutzung von Wärmepumpentechnik sollten Sie für das Beheizen Ihres Pools in Betracht ziehen. Im Handel sind kleine Modelle mit einer Leistung von ca. 2 kWh erhältlich, die der Luft Wärme entziehen und an das Wasser abgeben. Auf diese Weise lässt sich der Energiebedarf um bis zu 70 % reduzieren.

Pool abdecken Ohne Abdeckung verliert Ihr Pool über Nacht jede Menge Wärme. Eine Schwimmbadabdeckung hilft, die Wärme im Wasser zu halten, und kann die Betriebskosten für die Heizanlage des Pools um bis zu 75 % senken. Wenn Sie etwas mehr Geld für eine feste, begehbare Abdeckung ausgeben, steht Ihnen die Fläche über dem Pool im Garten auch zur Verfügung, wenn es fürs Schwimmen zu kalt ist.

Poolwände isolieren Ein Pool verliert nicht nur über die Wasseroberfläche Wärme, sondern auch über die Außenwände. Freistehende Pools können entweder an der Unterseite der Acrylwanne oder an der Innenseite isoliert werden. Alternativ lässt sich der Hohlraum der Wandung mit einer Dämmung ausfüllen. Die Isolierung von im Boden versenkten Pools ist aufwendiger – aber sie zahlt sich aus!

SPASS IM FREIEN

Sobald die Tage und Abende wärmer werden, laden Garten, Terrasse oder Balkon zum Verweilen im Freien ein und gern verlagern wir unser Dasein ein kleines Stück zurück in die Natur. An der frischen Luft kann man besonders gut entspannen, nicht zuletzt, weil wir erkennen, dass es sich auch ohne Heizung, Klimaanlage und permanente Multimediaberieselung gut – und energiesparend – leben lässt.

Außenbeleuchtung

Nach Einbruch der Dämmerung zaubert eine richtig platzierte Außenbeleuchtung viel Atmosphäre ins Dunkel. Allerdings kann sie auch unnötig Energie kosten.

Abschaltautomatik vorsehen Bleibt die Außenbeleuchtung die ganze Nacht über eingeschaltet, ist das reine Energieverschwendung, egal, wie sparsam die Leuchtmittel sind, die Sie verwenden. Sollten Sie diesbezüglich zur Vergesslichkeit neigen, versehen Sie die entsprechenden Stromkreise mit einer Abschaltautomatik – z. B. einer programmierbaren Zeitschaltuhr.

Solarleuchten verwenden Solarleuchten für den Garten speichern tagsüber Sonnenenergie in einem Akku, aus dem sie sich nach Einbruch der Dunkelheit mit Strom versorgen. Ein Lichtsensor übernimmt das Ein- und Ausschalten. An hellen Sonnentagen speichert die Lampe genügend Energie für die ganze Nacht – kostenlos und umweltfreundlich.

Wissen SPEZIAL: LED-LICHTERKETTEN

Wenn Sie nach einer günstigen Lösung für die Außenbeleuchtung Ihres Gartens oder Ihrer Terrasse suchen, entscheiden Sie sich am besten für LED-Lämpchen (Leuchtdioden). Lichterketten mit LED-Lämpchen sind zwar einmalig in der Anschaffung deutlich teurer als Lichterketten mit herkömmlichen Glühlämpchen, dafür sind ihre Lebensdauer und ihr Wirkungsgrad erheblich höher und ihr Stromverbrauch beläuft sich bei gleicher Lichtausbeute lediglich auf ein Zehntel (10%). Auch als dekorative Weihnachtsbeleuchtung sind LEDs daher erste Wahl.

Bewegungssensor für Auffahrt und Eingang In Fällen, in denen die Außenbeleuchtung nicht der Schaffung eines angenehmen Ambientes dient, sondern ungebetene Besucher vom Grundstück abhalten und den willkommenen Gästen des Hauses den Weg weisen soll, empfiehlt sich die Anschaffung von Leuchten mit Bewegungssensor. So brennt das Licht nur, wenn es benötigt wird.

Mehr zum Thema ...

LED-Lampen: www.stromverbrauch.de/LED-Leuchten-Lampen-Beleuchtung-140
Solarleuchten: www.gartenwelt.de/artikel/4399/solarleuchten-mit-sonnenlicht-den-garten-erhellen

Kochen im Freien

Wenn es die Außentemperaturen zulassen, entspannt man gern bei Mahlzeiten an der frischen Luft. Auch das Zubereiten der Speisen im Freien hat seinen Reiz – was z. B. beim Grillen augenscheinlich wird, das manche Männer im Sommer fast schon zur „Kulthandlung" erheben. Aber auch unter wirtschaftlichen und energiesparenden Gesichtspunkten ist das Kochen unter freiem Himmel bedeutsam: Gerichte mit mehreren Gängen und langen Garzeiten können ohne Proteste vom Speiseplan gestrichen werden und der Einsatz mehrerer Herdplatten oder eines Dunstabzugs entfällt. Allerdings gilt es, einige Dinge zu beachten, die das naturnahe Kocherlebnis sonst schnell zur Umweltsünde entarten lassen.

Strom aus im Haus Während Sie sich im Freien aufhalten, sollten Sie sicherstellen, dass im Haus kein Licht brennt. Auch Fernseher, Radio, Stereoanlage und PC können Sie eine Pause gönnen – Sie wollten sich draußen doch entspannen, da können Sie Nachrichten und Unterhaltungsangebot aus der hektischen Welt ruhig einmal ausblenden.

Im Freien nicht frieren Wer sich den kulinarischen Genuss im Freien dadurch erkauft, dass er einen Heizpilz aufstellt, weil ihn sonst fröstelt, braucht sich nicht zu wundern, wenn er irgendwann die Quittung erhält – nämlich vom Energieversorger. Halten Sie für die kühleren Abendstunden geeignete Kleidung und Decken bereit oder wärmen Sie sich an einem kleinen Lagerfeuer oder Feuerkorb. Diese verbrauchen zwar ebenfalls Energie – aber jedenfalls nicht noch zusätzlich bei Herstellung und Transport.

SPITZEN-SPARER

Nutzen Sie die **Resthitze Ihres Holzkohlegrills** voll aus und legen Sie, wenn das Fleisch gar ist, **Gemüse und andere Beilagen** auf den Rost oder in Alufolie gewickelt direkt in die Glut.

Grillen – mit Stil und Sachverstand

Welchen Grill man wählt, hängt von vielen Faktoren ab: dem Ort, an dem man ihn benutzt (Balkon, Garten, Park), der benötigten Größe (gemütliche Zweisamkeit bis Gartenparty) und den geschmacklichen Vorlieben (mit rustikalem Brandmuster oder schonend gegart). Wer einen Garten hat, kann sich mit einer Feuerstelle, ein paar Ziegeln und einem Rost behelfen – fertig ist der Grill. Seltener werden Umwelt- und Energieaspekte in die Überlegungen miteinbezogen. Hier einige Denkanstöße:

Holzkohlegrill Am beliebtesten sind Grills, die mit Holzkohle befeuert werden. Einfache Modelle sind kostengünstig zu haben, wobei Einweggrills die zweifellos umweltschädlichste Variante darstellen. Auch wenn Holzkohle zu den erneuerbaren (weil nachwachsenden) Brennstoffen zählt, sollte man den Wirkungsgrad des Grills nicht vernachlässigen und eine Form wählen, die eine gute Hitzeverteilung gewährleistet. Entfachen Sie zudem nie mehr Glut als nötig. Sonst ist ein 3-kg-Sack Holzkohle schnell verheizt und der ist – verglichen z. B. mit Brennholz oder Gas – relativ teuer.

Die richtige Holzkohle Lassen Sie Billigware links liegen. Gute Holzkohle ist FSC-zertifiziert und wird aus ökologisch betriebener Waldbewirtschaftung gewonnen.

Gasgrill Gasgrills sind teurer in der Anschaffung als Kohlegrills, sparen aber auf lange Sicht Geld durch ihren höheren Wirkungsgrad und die geringen Kosten der Butan/Propangasflaschen, aus denen sie gespeist werden. Zudem werden weniger Treibhausgase erzeugt als bei Holzkohlegrills, und das Garen erfolgt schonender.

Elektrogrill Für kleinere Anlässe und das Grillvergnügen auf Terrasse oder Balkon bilden Elektrogrills eine umweltschonende Variante – vor allem, weil man sie (wie den Gasgrill) ausschalten kann, wenn das Grillgut gar ist.

Andere Kochgelegenheiten im Freien

Dreibein mit Kessel Über einer Feuerstelle platziert, bereiten Sie in einem Dreibein-Schwenkgrill mit Kessel mit wenig Energie deftige Eintopfgerichte nach Hirtenart zu.

Grillkamin Diese gemauerten oder als Formstein-Bausätze im Baumarkt erhältlichen „Freiluftherde" können mit Brennholz beheizt werden und ermöglichen neben dem Grillen sogar das Kochen mit Pfanne und Topf sowie das Backen.

заман
Килмер. —
я при монастырь. "На-

KAPITEL 7

VERMEIDEN, SORTIEREN, VERWERTEN

- Wegwerfgesellschaft 176
- Müll vermeiden 177
- Wiederverwertung 179
- Sondermüll 184
- Biomüll 184

WEGWERFGESELLSCHAFT

Der Müllberg, den unsere Zivilisation hinterlässt, besteht nicht nur aus Warenverpackungen. Weil häufig eher die Konsumfreudigkeit als die Haltbarkeit im Vordergrund steht, landen viele Produkte vorzeitig im Müll – eine Verschwendung der zur Herstellung aufgewendeten Energie und Rohstoffe.

Was kann der Einzelne bewirken?

Als Endverbraucher können Sie an zwei Stellen in den scheinbar unvermeidlichen Kreislauf von Produktion, Verbrauch und Entsorgung eingreifen.

Warenüberschuss eindämmen In jedem neuen Produkt steckt ein Anteil an „grauer" Energie, wie man die zur Herstellung aufgewendeten Ressourcen auch nennt. Wenn weniger Güter produziert werden, weil diese länger in Gebrauch sind, wird die graue Energie effektiver genutzt.

Abfallmenge reduzieren Alles, was als Restmüll in die Verbrennungsanlage wandert, verursacht Kosten und stellt ein potenzielles Risiko für die Umwelt dar. Leisten Sie Ihren Beitrag, indem Sie Einwegprodukte meiden und Rohstoffe wie Papier oder Glas der Wiederverwertung zuführen.

MÜLL VERMEIDEN

Mit dem steigenden Konsum der Privathaushalte werden immer mehr Rohstoffe und Energie für die Produktion neuer Güter aufgewendet; gleichzeitig entsteht mehr Abfall. Gut zu wissen, dass jeder seinen Beitrag leisten kann, indem er sein Einkaufsverhalten überdenkt und ändert.

Verschwendung vermeiden

Mit Verstand kaufen Kaufen Sie nur Dinge, die Sie wirklich brauchen und an denen Sie jahrelang Freude haben werden. Einkaufen ist eine notwendige und für viele Zeitgenossen auch angenehme Tätigkeit, birgt aber die Gefahr einer Anhäufung von letztlich überflüssigen Produkten.

Gebrauchtkauf in Betracht ziehen Auf Flohmärkten, Auktionen oder auch Tauschbörsen finden Sie gute Alternativen zu fabrikneuen Produkten. Um nur einige der Vorteile zu nennen: Die Produkte sind preiswerter und häufig von besserer Qualität, als Sie es sich bei neuer Ware leisten könnten; zudem bewahren Sie einen noch verwendbaren Artikel vor der Müllpresse oder Verbrennungsanlage.

Wert auf Qualität legen Natürlich ist Neuware, die lange halten soll, teurer in der Anschaffung. Doch auf lange Sicht sieht die Rechnung meist anders aus. Was ist besser: ein billiges Sofa zu kaufen, das Sie bereits nach wenigen Jahren ersetzen müssen, oder mehr Geld für ein Möbelstück zu investieren, das Sie – und vielleicht noch Ihre Kinder – über einen langen Zeitraum begleiten wird?

Pfleglicher Umgang mit der Ware Ob Kleidung, Möbel oder Sportgerät – gute Pflege verlängert die Lebensdauer. Je länger eine Ware hält, desto effektiver die Ausnutzung der zur Produktion aufgewendeten Ressourcen. Noch dazu sparen Sie das Geld für den vorzeitigen Ersatz.

Auf Wartungsfreundlichkeit achten Machen Sie es sich bei jedem Kauf zum Kriterium, ob das Produkt unter vertretbarem Aufwand repariert werden kann. Jedes Gerät hat seine Verschleißteile, z. B. die Ein- und Ausgangsbuchsen an Audio- oder Videokomponenten. Lassen diese sich notfalls auch austauschen oder müssen Sie im Schadensfall das

Das durchschnittliche Pro-Kopf-Jahresaufkommen an Haus- und Sperrmüll lag im Jahr 2009 EU-weit bei ca. 520 kg.

> Was Trennung und Wiederverwertung von Hausmüll betrifft, liegen Deutschland und Österreich weltweit an der Spitze. Die Schweiz hingegen hat die höchste Recyclingquote bei Elektroschrott.

ganze Gerät ersetzen? Gleiches gilt für die Möglichkeit, digitale Hardware (Sat-Empfänger, Smartphone usw.) mit neuer Software auf den aktuellen Stand zu bringen.

Recyclingprodukte wählen Bei der Produktion eines Artikels aus Sekundärrohstoffen wird in der Regel weniger Energie verbraucht als bei der Herstellung des gleichen Artikels aus Primärrohstoffen. Halten Sie deshalb Ausschau nach Waren aus Recyclingmaterial.

Erst überlegen, dann wegwerfen Wegwerfen sollte grundsätzlich die letzte Möglichkeit sein. Kann der Gegenstand nicht stattdessen verkauft, getauscht oder gespendet werden? Ist er definitiv am Ende seiner Gebrauchsdauer angelangt, entsorgen Sie ihn mit Verstand. Wiederverwertung lautet hier das Stichwort.

Verpackungsmüll vermeiden

Sparsam verpackte Produkte kaufen Im Klartext heißt das: Lieber Käse am Stück statt einzeln verpackter Scheiben kaufen, besser Fleisch beim Metzger und Brot vom Bäcker holen statt abgepackter Ware aus dem Supermarkt.

Verzicht auf Plastik Wer jede Woche zwei neue Plastiktüten benutzt, um seine Einkäufe nach Hause zu transportieren, verschwendet im Jahr fast 30 kWh Energie, die bei Herstellung der Tüten anfallen. Übrigens beginnt der Verzicht bereits vor der Kasse, indem Sie z. B. Obst und Gemüse direkt in den Einkaufskorb oder -wagen legen.

WAS HÄLT SIE DAVON AB, ...

Einkaufstüten wiederzuverwenden?

❑ **ICH HABE SIE NIE BEI MIR.** Vermutlich haben auch Sie eine Sammlung von Plastiktüten in einer Küchenschublade; nehmen Sie fünf oder zehn davon und verstauen Sie sie in einem kleinen Beutel mit Reißverschluss – Sie werden erstaunt sein, wie viele Tüten darin Platz finden. Wenn Sie den Beutel in Ihrer Handtasche oder im Handschuhfach Ihres Autos deponieren, haben Sie jederzeit einen Vorrat an Tüten bei sich, wenn Sie zum Supermarkt gehen. Alternativ greifen Sie zu Einkaufstaschen aus umweltfreundlichem Material, die Sie bei jedem Einkauf wiederverwenden können.

Große Mengen kaufen Für Großpackungen fällt im Allgemeinen weniger Verpackungsmaterial an als für mehrere kleinere Einheiten – außerdem ergeben sich beim Kauf von Großgebinden in der Regel erhebliche Preisvorteile.

Mehrweg-Frischhalteboxen sind die umweltfreundliche Lösung für den Einkauf an der Wurst- und Käsetheke. Der Fachverkäufer Ihres Vertrauens ist sicher gern bereit, die Ware in die von Ihnen mitgebrachten Behälter zu legen statt in die übliche Einweg-Plastiktüte.

WIEDERVERWERTUNG

In den Ländern der sogenannten Ersten Welt fallen jährlich 400 – 600 kg Hausmüll pro Person an. Davon könnten 80 % recycelt werden. Tatsächlich gelangen aber nur 10 – 50 % in den Wiederverwertungskreislauf.

Recycling – warum?

Für die Produktion aus Sekundärrohstoffen wird weitaus weniger Energie verbraucht als für die Produktion aus Rohmaterialien. So werden für die Herstellung eines Produkts aus recyceltem Aluminium nur 5 % der Energie aufgewendet, die für die Herstellung desselben Produkts aus Rohmaterial nötig wäre. Bei Stahl sind es 25 %, bei Glas rund 30 % und bei Papier 40 %.

Wie viel Müll recycelt wird

50 % werden recycelt.

30 % könnten recycelt werden.

20 % können nicht recycelt werden.

In Europa gelangt im Durchschnitt nur rund die Hälfte aller Siedlungsabfälle in den Wiederverwertungsprozess, es könnten 30 % mehr sein.

Was wird auf welche Art recycelt?

Der Recyclingratgeber auf den folgenden Seiten gibt Ihnen einen Überblick, welche Materialien einer Wiederverwertung zugeführt werden können. Bei der zeitintensiven Aufgabe, diese Wertstoffe vom übrigen Hausmüll zu trennen, hat sich eine Arbeitsteilung zwischen Privathaushalten, Kommunen und zugelassenen Entsorgungsfirmen bewährt. Die verschiedenen möglichen Sammelformen sind jedoch nicht in allen europäischen Ländern gleich gut etabliert.

Pfand-/Mehrwegsystem Bei Getränkeflaschen aus Glas und PET-Kunststoff erfährt das Pfandsystem eine breite Akzeptanz und erzielt hohe Recyclingquoten.

Mehrtonnensystem Die Gemeinde bzw. örtlich auch private Entsorgungsunternehmen stellen den Haushalten gesonderte Tonnen/Säcke für Papier, Biomüll, Wertstoffe (Der Grüne Punkt) und Restmüll zur Verfügung.

Wertstoffsammelcontainer An sogenannten Wertstoffinseln stehen Container für Glas (Weiß-, Grün-, Braunglas) sowie für Kunststoffe und Metalle zur Verfügung. Die Abholung übernehmen vertraglich gebundene Entsorgungsfirmen oder teilweise auch die Gemeinde selbst.

Nachsortierung in Müllverwertungsanlagen Verpackungsmüll aus unterschiedlichen Kunststoffen (siehe Materialsymbole in der Tabelle), Verbundkarton (Tetrapak), Weißblech und beschichteten Folien lässt sich durch spezielle Verfahren (Sieb, Magnet, Infrarottechnik usw.) auch nachträglich sortenrein trennen und wiederverwerten. In Deutschland und Österreich übernimmt das sogenannte Duale System (Der Grüne Punkt) diese Aufgabe. In der Schweiz hingegen wird der hohe Heizwert dieser Materialien gern als Argument gegen die aufwendige Wiederverwertung angeführt und der Verpackungsmüll häufig verbrannt.

WOHER WEISS ICH, ▶ ob ein Stoff recyclingfähig ist?

Das internationale Symbol für Stoffe, die der Wiederverwertung zugeführt werden können, ist eine Endlosschleife aus drei gebogenen Pfeilen, die ein nicht geschlossenes Dreieck bilden. Eine Nummer im und eine Abkürzung unter dem Symbol kennzeichnen das Material. Das Symbol sagt nicht aus, ob die so gekennzeichnete Verpackung tatsächlich recycelt wird.

RECYCLINGRATGEBER

Material	Merkmale	typische Verwendung	Recyclingcode	Form der Sammlung
PET *Polyethylenterephthalat*	durchsichtiger, fester Kunststoff	Flaschen für Erfrischungsgetränke, Speiseölflaschen, Saftflaschen	♳ 1 PET	Pfandsystem; Kunststoff-Sammelcontainer, Nachsortierung
PE-HD *Polyethylen, High-Density (hart)*	meist weißer oder farbiger Kunststoff, hart bis mittelflexibel, fühlt sich wachsartig an	Shampooflaschen, Milchflaschen, Reinigungsmittelflaschen, Eimer	♴ 2 PE-HD	Kunststoff-Sammelcontainer, Nachsortierung (Der Grüne Punkt)
Hart-PVC und Weich-PVC *Hart- und Weich-Polyvinylchlorid*	starrer Kunststoff (Hart-PVC) oder durchsichtiger, flexibler Kunststoff (Weich-PVC)	durchsichtige Saftflaschen, Reinigungsmittelflaschen, Frischhaltefolie, Verpackungsschalen für Obst und Gemüse, Schläuche, Rohre, bestimmte Schreibwaren	♵ 3 PVC	Kunststoff-Sammelcontainer, Nachsortierung (Der Grüne Punkt)
PE-LD *Polyethylen, Low-Density (weich)*	weicher, flexibler Kunststoff	Kleiderhüllen aus der chemischen Reinigung, Tüten für Frischware, Kunststofffolie, Frischhaltefolie	♶ 4 PE-LD	Kunststoff-Sammelcontainer, Nachsortierung (Der Grüne Punkt)
PP *Polypropylen*	harter aber flexibler Kunststoff	Margarinebecher, Eiscremebehälter, Strohhalme, Brotzeitdosen	♷ 5 PP	Kunststoff-Sammelcontainer, Nachsortierung (Der Grüne Punkt)
PS und EPS *Polystyrol und expandierbares Polystyrol*	spröder, glasartiger Kunststoff (PS) oder geschäumter Leichtkunststoff, Styropor (EPS)	PS-Joghurt- und Milchproduktebecher, Plastikbesteck, CD-Hüllen	♸ 6 PS	Kunststoff-Sammelcontainer, Nachsortierung (Der Grüne Punkt); bei großen Mengen auch Wertstoffhof
alle anderen Kunststoffe	Kunststoffarten, die nicht zu den Typen 1 bis 6 gehören (Acryl, Polycarbonat, Nylon, ABS usw.)	eine große Vielfalt von Produkten, einschließlich Verbundmaterialien aus verschiedenen Kunststoffen	♹ 7 O	Kunststoff-Sammelcontainer, wg. geringem Anteil meist der Verbrennung zugeführt

RECYCLINGRATGEBER

Material	Merkmale	typische Verwendung	Recyclingcode	Form der Sammlung
Papier	Zellstoff in verschiedenen Stärken, teils farbig oder beschichtet	Zeitungen, Zeitschriften, Packpapier, Broschüren, Briefpapier, Umschläge	22 PAP	Papiertonne; teils gesonderte Altpapiersammlung
Stahl(-blech)	im Allgemeinen ein starres Metall	Konservendosen, Tierfutterdosen	40 FE	Metall-Sammelcontainer, Nachsortierung (Der Grüne Punkt)
Aluminium	halbfestes (z. B. Getränkedosen) oder flexibles Aluminium (z. B. Folie)	Getränkedosen, Folie, Einweg-Backbleche, Joghurtdeckel, Schraubverschlüsse	41 ALU	Pfandsystem; Metall-Sammelcontainer, (Der Grüne Punkt)
Glas, farblos grün = 71 GL braun = 72 GL	durchsichtiges und farbiges Glas	Gläser, Flaschen (keine Leuchtstoffröhren)	70 GL	Pfandsystem; Glas-Sammelcontainer
Spraydosen	meist aus einer Kombination aus Weißblech und Aluminium	Haarspray, Insektenspray, Deodorants, Raumerfrischer	uneinheitlich (diverse Verbundmaterialien)	Metall-Sammelcontainer, Wertstoffhof
Verbundkarton	Tetrapak-Verpackungen	Milch, Sahne- und Getränkeumverpackungen (Tetrapak)	uneinheitlich (diverse Verbundmaterialien)	Nachsortierung (Der Grüne Punkt)

Mehr zum *Thema* ...

Müllvermeidung: www.danke.de/501010_danke_interaktiv_muell.php

Adressliste von Tauschbörsen in ganz Europa: www.tauschring.de/adressen.php

Umweltfreundliche Verpackungen: www.kompostierbaresgeschirr.de/

Abfallwegweiser (Deutschland): www.bmu.de/abfallwirtschaft/abfallarten_abfallstroeme/doc/41198.php

Nachhaltige Abfallwirtschaft (Österreich): http://umwelt.lebensministerium.at/article/archive/14402

Abfallwegweiser (Schweiz): www.bafu.admin.ch/abfall/01472/index.html?lang=de

Was kann noch recycelt werden?

Das Thema Recycling hat in den letzten Jahren derart an Bedeutung gewonnen, dass die Gemeinden und Kommunen ihre Bürger auf jede erdenkliche Weise darin unterstützen, wiederverwertbare Stoffe einer getrennten Entsorgung zuzuführen. Aber auch in kommerzieller Hinsicht ist der Kreislauf der Rohstoffe und Einzelbauteile von Interesse, sodass inzwischen zahlreiche Händler ihr Unternehmen auf der Basis von Gebrauchtmaterialien betreiben.

Handys Bis zu 80% der Komponenten eines Handys sind wiederverwertbar. Sie können Ihr ausgedientes Gerät an einem Wertstoffhof abgeben, wo es zusammen mit anderem sogenannten Elektroschrott gesammelt wird. Gern nehmen aber auch Händler und Mobilfunkanbieter die Altgeräte zurück – teilweise sogar gegen einen Einkaufsgutschein. Die Altgeräte werden in der Regel an gemeinnützige Organisationen abgegeben.

Computer werden häufig schon nach fünf Jahren durch ein Neugerät ersetzt. Bauteile wie Festplatten und Platinen enthalten Giftstoffe und dürfen nicht im Hausmüll entsorgt werden. Andererseits stecken die Gehäuse voller wertvoller Rohstoffe wie z. B. Kupfer. Geben Sie Ihr Altgerät auf dem Wertstoffhof ab. Ist es noch funktionstüchtig, machen Sie einer gemeinnützigen Organisation damit eine Freude.

Altöl wird als Gefahrenstoff eingestuft, darf nicht ins Grundwasser gelangen und muss fachgerecht entsorgt werden. Sie können gebrauchte Öle kostenfrei an jeder Tankstelle oder beim nächsten Wertstoffhof zurückgeben. Aus dem verunreinigten Altstoff lässt sich in speziellen Raffinerien wieder frisches Öl gewinnen.

Autobatterien Bei Bleiakkus bestehen die Elektroden aus hochgiftigem Blei und Bleidioxid, der Elektrolyt aus verdünnter, aber ätzender Schwefelsäure. Sie lassen sich jedoch zu 95% wiederverwerten. Die Rückgabe erfolgt über den Fachhandel, einen Wertstoffhof oder an der Tankstelle.

Leere Druckerpatronen Tonerkartuschen für Laserdrucker können bei den meisten Modellen mehrmals wiederbefüllt werden. Sofern die Druckköpfe und Düsen nicht verstopft sind, trifft dies auch auf Kartuschen von Tintendruckern zu. Firmen, die sich auf diese Arbeit spezialisiert haben, finden Sie über das Internet. Ansonsten entsorgen Sie Druckerpatronen beim nächsten Wertstoffhof.

SONDERMÜLL

Produkte wie Farben, Lösungsmittel, Insektizide oder Batterien können nicht wiederverwertet werden, dürfen aber auch nicht in die Mülltonne geworfen oder in den Ausguss geschüttet werden. Im Interesse Ihrer Gesundheit und zum Wohle der Umwelt sollten Sie möglichst wenig Sondermüll produzieren und ihn verantwortungsbewusst entsorgen.

Gibt es Alternativen? Es muss nicht immer Chemie sein. Noch vor 50 Jahren wurde in den Haushalten hauptsächlich mit Essig, Zitronensaft und Natron geputzt. Bevorzugen Sie, wann immer möglich, natürliche, ungiftige Produkte.

Kaufen Sie nicht mehr, als Sie benötigen. Wenn Sie gleich die richtige Menge kaufen, stellt sich das Problem der Entsorgung von Resten erst gar nicht. Falls doch etwas von einem Produkt übrig bleibt, fragen Sie Freunde und Bekannte, wer es aufbrauchen kann.

Gefahrenstoffe sicher entsorgen Bewahren Sie die zu entsorgenden Reste sicher verpackt und außerhalb der Reichweite von Kindern und Tieren auf. Vielerorts wird der Sonderabfall von sogenannten Gift- oder Schadstoffmobilen gesammelt. Andernfalls suchen Sie den nächsten Wertstoffhof auf. Vor dem Transport sollten Sie sich vergewissern, dass alle Behälter sicher verschlossen sind, damit keine Giftstoffe austreten können.

BIOMÜLL

Über ein Fünftel des Hausmülls ist biologischer Küchen- oder Gartenabfall. Mit den Lebensmitteln, die in der Biotonne landen, werden zugleich Energie, Wasser und Rohstoffe vernichtet, die für Anbau bzw. Zucht, Verarbeitung, Verpackung und Transport aufgewendet wurden. Vermeiden können Sie diese Verschwendung, indem Sie so wenig Essen wie möglich wegwerfen und Essensreste sinnvoll verwerten.

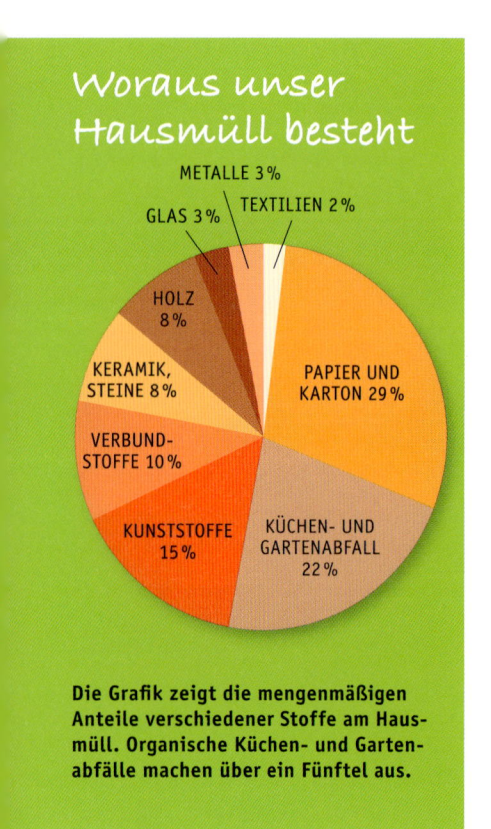

Woraus unser Hausmüll besteht

- METALLE 3 %
- TEXTILIEN 2 %
- GLAS 3 %
- HOLZ 8 %
- KERAMIK, STEINE 8 %
- PAPIER UND KARTON 29 %
- VERBUNDSTOFFE 10 %
- KUNSTSTOFFE 15 %
- KÜCHEN- UND GARTENABFALL 22 %

Die Grafik zeigt die mengenmäßigen Anteile verschiedener Stoffe am Hausmüll. Organische Küchen- und Gartenabfälle machen über ein Fünftel aus.

Nicht verschwenden, nicht darben

Laut einer aktuellen UN-Studie landen ein Drittel aller weltweit produzierten Lebensmittel im Müll – meistens aus zwei Gründen: Entweder es wurde zu viel Essen zubereitet oder die Lebensmittel sind nicht mehr frisch bzw. haben ihr Verfallsdatum überschritten. Wer ein paar einfache und vernünftige Regeln beherzigt, kann dem abhelfen.

Mahlzeiten vorausplanen Vielleicht altmodisch, aber wahr: Wer jeweils für eine Woche im Voraus einen Speiseplan und eine Einkaufsliste erstellt, hat schon eine der wirksamsten Möglichkeiten entdeckt, Lebensmittelabfälle zu vermeiden. Sichten Sie vor dem nächsten Einkauf Ihre Vorräte in Kühlschrank, Tiefkühltruhe und Speisekammer.

Darf es etwas weniger sein? Nicht selten wird weit mehr Essen zubereitet als nötig: Da werden mehrere Tassen Reis abgemessen, wenn nur eine benötigt wird, oder gleich zwei Pfund Hackfleisch angebraten statt nur einem. Natürlich können Reste für weitere Mahlzeiten verwendet werden, oder aber Sie wählen gleich die richtige Portion. Achten Sie doch einmal darauf, welche Lebensmittel besonders oft in Ihrem Mülleimer landen.

Kühltemperatur optimieren Lebensmittel halten im Kühlschrank am längsten, wenn Sie neben der korrekten Thermostateinstellung auch die verschiedenen Kältezonen beachten: Leicht Verderbliches wie Fleisch und Fisch lagern Sie in der kältesten Zone (3–5 °C) – sie liegt in der unteren Kühlschrankhälfte, oberhalb der häufig dort angebrachten Glasplatte. Gemüse und kälteempfindliche Obstsorten gehören ins Gemüsefach (ca. 7 °C) oder alternativ in das oberste Lagerfach, wo ähnliche Temperaturen herrschen. Entfernen Sie aber alles Grün. Die Türfächer sind ca. 2 °C wärmer als die jeweils gegenüberliegende Zone des Kühlraums. Hier sind Käse, Butter – aber auch Geräuchertes oder Soßen (Ketchup, Meerrettich usw.) – gut aufgehoben.

Richtige Vorratshaltung Lebensmittel bleiben länger frisch, wenn sie richtig gelagert werden. Trauben in einer Schüssel auf der Anrichte werden innerhalb von wenigen Tagen schrumpelig; im Kühlschrank bleiben sie eine Woche oder noch länger knackig. Kartoffeln gehören an einen kühlen, dunklen Ort, damit sie nicht grün werden, außerdem sollten sie nicht neben Zwiebeln gelagert werden – sie verderben sonst schneller. Entfernen Sie das Grün von Gemüse wie Karotten oder Roten Beten und Sie verlängern

SPITZEN-SPARER

Schon ein **weniger verschwenderischer Umgang** mit Lebensmitteln kann Ihre Einkaufskosten bis zu **einem Drittel** reduzieren.

die Lagerdauer um eine Woche oder mehr. Wenn Sie Frischfleisch aus der Plastikverpackung nehmen und in einem belüfteten Behälter im Kühlschrank verstauen, bleibt es einen oder zwei Tage länger haltbar.

Mehr zum Thema ...

Lebensmittel richtig lagern: www.rezepte-und-tipps.de/Haushaltstipps/Lebensmittellagerung/
Kältezonen eines Kühlschranks: www.krohneonline.de/html/kuhlschrank.html
Richtig kompostieren: www.selbst.de/selber-bauen/kompostieren.html
Wurmkomposter und Würmer: www.wurmhandel.de

Küchenreste sinnvoll verwerten

Im Komposter oder der eigenen Wurmfarm sind Küchen- und Gartenabfälle besser aufgehoben als in der Biotonne oder gar im Restmüll. Sie reduzieren Ihren Hausmüll um mehr als ein Fünftel und erhalten perfekten Humusdünger für Ihren Garten oder Balkon.

Legen Sie einen Kompost an

Welche Art von Kompostbehälter? Der herkömmliche Komposthaufen in einer Gartenecke ist für den angestrebten Zweck ebenso geeignet wie ein Profi-Kompostierer aus mehreren Behältern. Im Gartenfachhandel oder im Internet finden Sie gute Alternativen für beide Varianten.

Was kommt auf den Kompost? Werfen Sie alle Obst- und Gemüsereste auf den Kompost, lediglich bei Schalen von Zwiebeln und Zitrusfrüchten sollten Sie Zurückhaltung walten lassen. Dazu Kaffeesatz, Teebeutel, Eierschalen, Pflanzen- und Grasschnitt aus dem Garten und zerkleinertes Küchen- bzw. Zeitungspapier. Milchprodukte, Fleisch, Fisch und Fette haben hingegen nichts auf dem Kompost zu suchen, da sie Maden und Ungeziefer anlocken.

Kompost verwenden Fertiger Kompost ist krümelig, hat einen erdigen Geruch und enthält nur noch wenige erkennbare Essensreste. Heben Sie ihn als biologischen Dünger unter Ihre Gartenbeete, verwenden Sie ihn als Oberflächendünger auf dem Rasen oder mischen Sie ihn im Verhältnis 1:1 mit Gartenerde und verwenden Sie die Mischung anstatt von Blumenerde für Ihre Topfpflanzen.

Kompostwürmer nutzen

Platzsparende Wurmkomposter Wo kein Platz für einen Komposthaufen oder -behälter ist, bieten sogenannte Wurmfarmen oder -komposter die ideale Alternative. Der obere Teil eines (in der kleinsten Variante) nur schuhkartongroßen Behälters beherbergt ein Substrat mit Kompostwürmern sowie deren Futter – nämlich Ihre Küchenabfälle. Wenn Sie die Reste zerkleinern, können die Tiere sie schneller verarbeiten. Würmer mögen keine Zwiebeln, Schalotten, Knoblauch und Zitronenschalen. Fleischreste und Milchprodukte gehören nicht in die Wurmfarm, da sie Maden anlocken.

Flüssigdünger für Ihre Pflanzen Im unteren Teil der Wurmfarm sammelt sich der sogenannte Wurmtee, den Sie jederzeit entnehmen können, am einfachsten, wenn dort ein Ablasshahn installiert ist. Diese Flüssigkeit ist ein ideales Düngerkonzentrat, das Sie in verdünnter Form dem Gießwasser für Ihre Pflanzen zugeben können.

Wurmhumus für Ihren Garten Um an den fertigen Wurmhumus zu gelangen, öffnen Sie den Behälter, schieben den fertigen Humus auf eine Seite und füllen anschließend die andere Seite mit frischer Einstreu und Küchenabfällen auf. Nach ungefähr einer Woche sind die meisten Würmer auf die frische Seite des Behälters gewandert. Verteilen Sie den Wurmhumus um Ihre Pflanzen herum oder vermischen Sie ihn mit frischer Pflanzerde sowie mit Sand und verwenden Sie ihn als Anzuchtsubstrat für die nächste Generation Kompostwürmer.

WAS HÄLT SIE DAVON AB, ...

Ihre Küchenabfälle zu kompostieren?

☐ **ICH HABE KEINEN GARTEN.** Sie werden staunen, wie wenig Platz Sie heutzutage fürs Kompostieren benötigen. Sie können eine Wurmfarm so dimensionieren, dass sie auf jedem Balkon oder sogar auf dem Fensterbrett Platz findet. Im Handel werden sehr effiziente Modelle für den Innen- und Außenbereich angeboten. Ihre Topfpflanzen gedeihen unter dem Einfluss der reichhaltigen Düngung prächtig.

☐ **DIE WURMFARM IST EKLIG.** Der Wurmkompostierer hat einen Deckel. Sie heben diesen nur, wenn Sie neue Küchenabfälle einbringen oder wenn Sie den Wurmhumus ernten. Sobald der Deckel entfernt wird, graben sich die lichtscheuen Lebewesen unter die Oberfläche. Ihre Hinterlassenschaften – der Wurmhumus – sind völlig geruchsneutral.

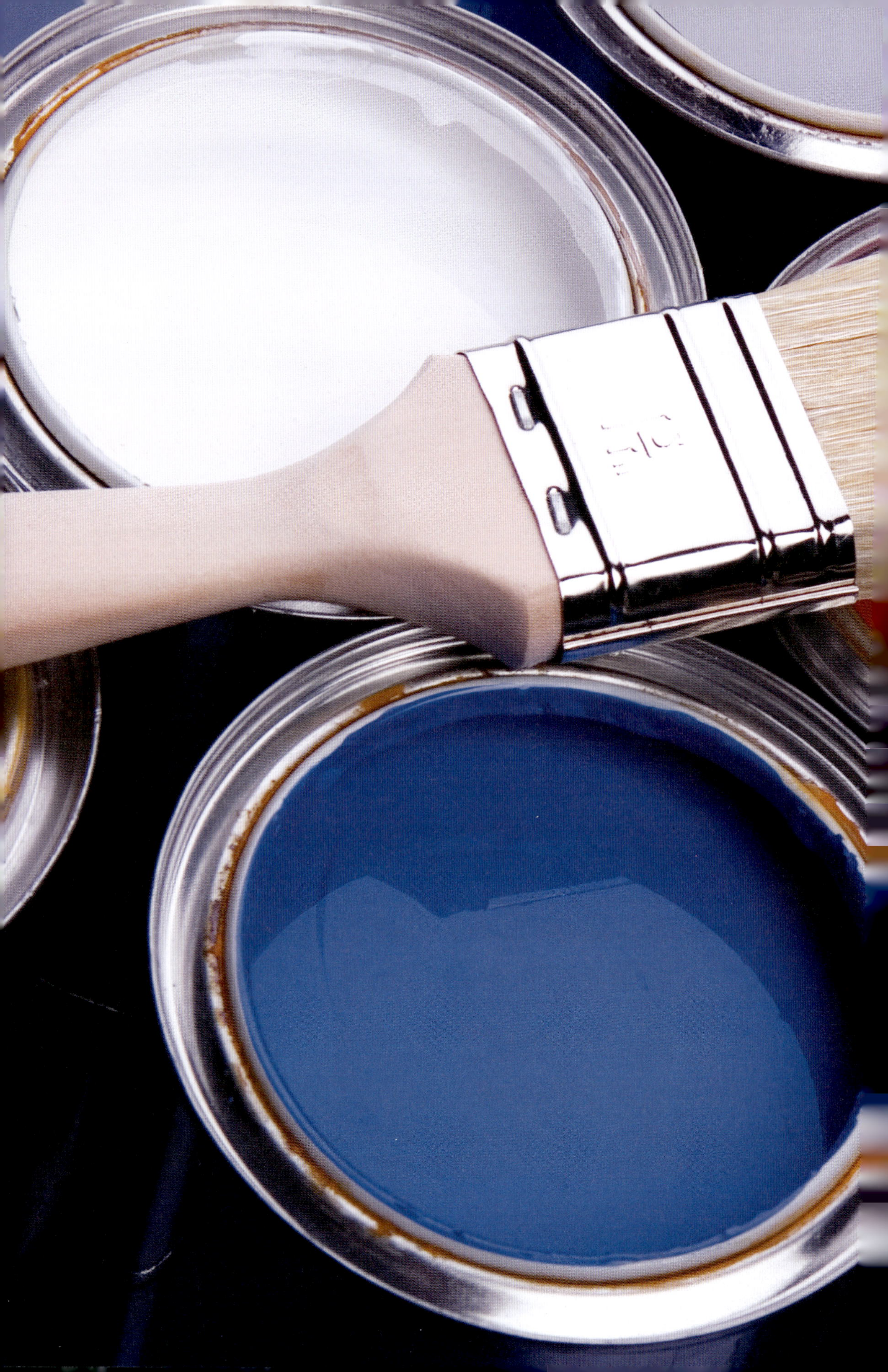

KAPITEL 8

MIETEN, BAUEN, RENOVIEREN

- Ein neues Zuhause 190
- Bauen und Energie sparen 196
- Nachhaltig bauen 207

EIN NEUES ZUHAUSE

Ob Kauf oder Miete – halten Sie ganz gezielt nach Objekten Ausschau, die energiebewusst gebaut und ausgestattet sind. So beugen Sie unnötig hohen Energiekosten in der Zukunft vor und erleichtern sich zudem das Leben dank moderner Technik.

Eine Vorauswahl treffen

Sammeln Sie schon beim ersten Telefonat mit Makler oder Besitzer möglichst viele Grundinformationen wie Baujahr und verwendetes Baumaterial. Fragen Sie nach Dämm- und Renovierungsmaßnahmen. Am besten schreiben Sie mit.

Die Lage in Augenschein nehmen

Achten Sie bereits bei der Anfahrt auf die Lage. Sie sagt viel über den Energiebedarf eines Gebäudes aus.

Ungünstig Wenn frei stehende Gebäude im Schatten (Waldrand, hohe Bäume) oder im Wind stehen (z. B. Windschneise, am Siedlungsrand), lassen sie sich nur dann energiesparend heizen, wenn sie hervorragend gedämmt sind.

Günstig Prinzipiell sind Reihenhäuser wärmer als frei stehende Anwesen – Reihenmittelhäuser werden in der Regel von den Nachbarn „mitgeheizt". In einem Mietshaus bieten mittlere und obere Wohnungen denselben Vorteil.

Beim ersten Rundgang checken

Sind bereits Zufahrtswege, Türen, Fenster und Treppenaufgänge marode, blättert die Farbe oder ist der Putz beschädigt, hat der Besitzer wenig Interesse an Investitionen und Energiesparnormen. Seien Sie doppelt vorsichtig und sehen Sie genau hin.

Das muss funktionieren Den Zustand der Kellerräume prüfen und sich Heizung bzw. Warmwasserversorgung erklären lassen. Fenster und Türen, die nach außen führen, öffnen – ebenso Wasserhähne in Bädern und Küche. Auch Küche, Bad, WC und Beleuchtung müssen einwandfrei sein.

Schattenwurf im Jahresverlauf

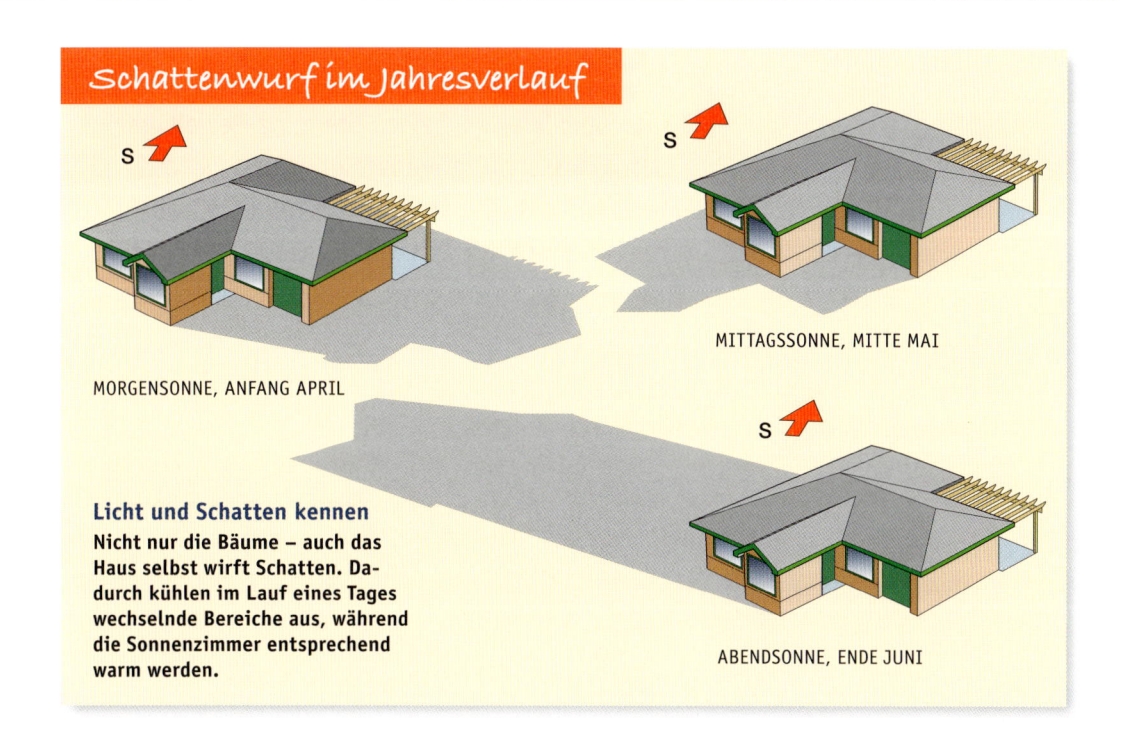

MORGENSONNE, ANFANG APRIL

MITTAGSSONNE, MITTE MAI

ABENDSONNE, ENDE JUNI

Licht und Schatten kennen
Nicht nur die Bäume – auch das Haus selbst wirft Schatten. Dadurch kühlen im Lauf eines Tages wechselnde Bereiche aus, während die Sonnenzimmer entsprechend warm werden.

Daten sammeln Welche energiesparenden Maßnahmen wurden durchgeführt, welcher Energieträger, welche Art von Brenner werden verwendet? Vergleichen Sie die Auskünfte mit Ihren bisherigen Informationen und schreiben Sie wieder mit – auch im Hinblick auf das Übergabeprotokoll.

Unterlagen Lassen Sie sich Energieausweis und Jahresabrechnungen vorlegen – am besten auch Betriebsanleitungen wichtiger Geräte wie Brenner, Solaranlage, Wärmepumpe.

Checkliste Sie gehen am systematischsten vor, wenn Sie die Checkliste auf Seite 192 – 194 fotokopieren und zu jeder Besichtigung mitnehmen. Ideal und ein gutes Zeichen ist es, wenn sich Makler oder Hausbesitzer bereit erklären, sie mit Ihnen gemeinsam auszufüllen.

Mehr zum Thema ...

Hausbau und Energie: www.haus-bauen.net/energie-sparen.htm
Energiesparhäuser mieten in Österreich: www.immokralle.at/energiesparhaus
Energiesparhäuser mieten oder kaufen in der Schweiz: www.immoschweiz.ch/ort/ch/kaufen/index.html

ENERGIECHECK FÜR IHR NEUES ZUHAUSE		
Prüfen Sie ...	Notizen	Note
Haustyp		

❏ herkömmliche Bauweise
  ❏ energetisch modernisiert
  ❏ energetisch kaum modernisiert		

❏ Energiesparhaus/Passivhaus		
❏ Plusenergiehaus		
Energieversorgung/Strom		
❏ öffentliches Stromnetz/ geringer Anteil regenerativer Energie		
❏ öffentliches Stromnetz/ hoher Anteil regenerativer Energie		
❏ regenerative Energien (Solar, Wärmepumpe)		
Energieversorgung/Heizungsanlage		
❏ Zentralheizung herkömmlich (Öl, Gas) Brennwertkessel ❏ ja ❏ nein		
❏ Zentralheizung modern (Solarthermie, Wärmepumpe, Pelletofenanlage usw.)		
❏ Heizung über Einzelöfen ❏ Holz ❏ Gas ❏ Öl ❏ Nachtspeicher		
❏ Zusatzheizung (Kachelofen, Kaminofen usw.)		
Energieversorgung/Warmwasser		
❏ Warmwasser herkömmlich (Teil der Zentralheizungsanlage)		

❏ separate Warmwasserbereitung
  ❏ Wasserspeicher/Boiler
    (Fassungsvermögen ausreichend?)
  ❏ Durchlauferhitzer
    (Durchflussmenge ausreichend?)		

ENERGIECHECK FÜR IHR NEUES ZUHAUSE – FORTSETZUNG

Prüfen Sie ...	Notizen	Note
Dämmung		
❏ Dachhaut gedämmt (Material, Dicke)?		
❏ Boden des Dachraums gedämmt (Material, Dicke)?		
❏ Außenwände gedämmt? 　❏ Außendämmung 　❏ Innendämmung 　❏ herkömmliches Material (Stein-/Mineralwolle, PUR usw.) 　❏ alternatives Material (Kork usw.) 　❏ Wärmedämmverbundsystem 　❏ vorgehängte Fassade/Verklinkerung		
❏ Rohrleitungen im Keller gedämmt?		
❏ Dämmung vorgesehen?		
Heizkörper/Wärmeverteilung		
❏ Zentralheizung/Wandheizkörper		
❏ Zentralheizung/Fußbodenheizung		
Heizkörper-/Heizröhrenzustand 　❏ veraltet 　❏ modern		
❏ Thermostatregelung programmierbar?		
Fenster und Türen		
Rahmenmaterial 　❏ Holz　❏ Kunststoff　❏ Aluminium		
Verglasung 　❏ Einfachverglasung im Doppelrahmen 　❏ Zweifach-Isolierglas 　❏ Dreifach-Isolierglas		
Gesamtdämmwert der Fenster/Türen 　❏ Standard　❏ Niedrigenergie/Passivhaus		

ENERGIECHECK FÜR IHR NEUES ZUHAUSE – FORTSETZUNG

Prüfen Sie …	Notizen	Note
Fenster und Türen (Fortsetzung)		
❏ Fenster-/Türflügel leichtgängig und zugdicht?		
❏ Maueranschlüsse zugdicht?		
❏ Rollläden vorhanden?		
❏ Rollladenkästen gedämmt?		
Einbaugeräte und Armaturen		
❏ Tragen die Geräte Energiespar-Label?		

❏ Herd vorhanden?   Alter ……….
   Betriebsart ❏ Gas ❏ elektrisch
   Kochfeld ❏ Standard ❏ Ceran/Induktion		

❏ Geschirrspüler vorhanden? Alter ………. Verbrauch (kWh/Lauf) ……….		
❏ Kühlschrank vorhanden? Alter ………. Verbrauch (kWh/Jahr) ……….		
❏ Waschmaschine vorhanden? Alter ………. Verbrauch (kWh/Lauf) ……….		
❏ Armaturen modern (Einhebel-/Sparfunktion)?		
❏ Toilettenspülung mit Spartaste?		
Licht und Beleuchtung		
❏ ausreichende/gute Tageslichtausbeute?		
❏ Oberlichter/Dachfenster vorhanden?		
❏ geteilte Deckenlichtschaltung in Großräumen?		
❏ Wechsel-/Kreuzschaltung in Durchgangszimmern an jeder Tür vorhanden?		

Die Eindrücke auswerten

Wenn Sie zwischen verschiedenen Objekten schwanken, erleichtern Ihnen die Checklisten die Entscheidung. Vor allem beim Kauf sollten Sie nicht aus dem Bauch heraus entscheiden. Lassen Sie die Fakten für sich selbst sprechen.

Noten vergeben Werten Sie die Listen aus und fassen Sie Ihre Beurteilungen in der dritten Spalte zu einer Gesamtenergienote von 1 = „sehr gut" bis 6 = „ungenügend" für jede besichtigte Immobilie zusammen.

Allgemeinzustand Lassen Sie das Haus/die Wohnung noch einmal Revue passieren:
- Was war positiv: alternative Energien, gute Dämmung, moderne Ausstattung, perfekte Renovierung?
- Was war negativ: Schimmel(-geruch), fußkalte Böden, zugige Fenster/Türen, oberflächliche Renovierung?
- Überdenken Sie auch Details wie den Strom- und Wasserverbrauch aller Geräte, die Sie ablösen.

Vermieter/Besitzer in die Pflicht nehmen Lassen Sie sich alle Zusagen schriftlich geben. Weisen Sie ihn auch auf mögliche Förderprogramme von Bund und Ländern und Gemeinden hin und achten Sie darauf, wie er reagiert.

SPITZEN-SPARER

Einzelne Ausstattungsmerkmale wie z. B. eine **Solarthermieanlage** können Ihre Energiekosten – hier für die Warmwasserbereitung – um bis zu **50 %** senken.

IM ÜBERBLICK ▶ Energieausweis

Vergleichbar mit den Energieeffizienzklassen von Elektrogeräten soll gemäß einer EU-Richtlinie auch jeder Bauherr, Käufer oder Mieter auf den ersten Blick erkennen können, wie energiesparend ein Gebäude betrieben werden kann. Die Umsetzung dieser Richtlinie weist von Land zu Land minimale Unterschiede auf, die hier kaum von Belang sind. Im Nicht-EU-Land Schweiz wurde z. B. der Gebäude-Energieausweis der Kantone (GEAK) zum Standard erhoben; in Deutschland gibt der standardisierte Energieausweis für Wohngebäude Auskunft.

1 Auf einer Skala von 0 bis > 400 wird der Energiebedarf pro Wohneinheit eingetragen. Dazu wird der tatsächliche Verbrauch an Primärenergie (Öl, Gas, Strom erneuerbare Energie) aus Jahres- plus Endenergiebedarf berechnet in kWh pro m² und Jahr. Prinzipiell signalisieren niedere Werte ein gutes Ergebnis.

2 Die Energieeinsparverordnung EnEV schreibt für jeden Gebäudetyp einen Idealwert vor, der ebenfalls in den Ausweis eingetragen und in einer zweiten Skala vermerkt wird. Auf einen Blick lässt sich so erkennen, ob das Gebäude über oder unter dem geforderten Wert liegt.

3 Zusätzlich dokumentiert der Ausweis die gemessenen CO_2-Emissionen, die verwendeten Energieträger und deren Durchschnittswerte.

4 Der Energieverbrauchskennwert gilt für das ganze Gebäude.

BAUEN UND ENERGIE SPAREN

Wer neu baut, kann heute viele Informationen, Mittel und Möglichkeiten nutzen, um ein besonders energiesparendes Haus zu realisieren. Auch Umbauten oder Erweiterungen an bestehenden Gebäuden sollten neben einem Mehr an Wohnfläche und Komfort die eigene Energiewende bringen.

Grundwissen Hausbau

So mancher Bauherr mag angesichts der Komplexität und Kosten des Vorhabens vor einem Hausbau zurückschrecken. Zu Unrecht: Er muss nur gut geplant und vorbereitet werden, damit Traum und Realität zum Schluss nicht zu weit auseinanderklaffen und das Budget nicht gesprengt wird.

Grundstück Suchen Sie ein Grundstück aus, das günstig liegt. Dabei nicht nur an Verkehrsanbindung, Lärmbelästigung oder Ausblick denken. Die Ausrichtung ist enorm wichtig: Ein sonniges Fleckchen Erde spart viel Heizkosten.

Der Rohbau – ein Baukasten Ganz gleich, ob Sie sich für einen Keller entschieden haben oder nicht. Ein Bau beginnt mit den Erdarbeiten, dann werden die entsprechenden Rohre verlegt und darüber entsteht Fundament

oder Bodenplatte. Auf dieser Grundkonstruktion wächst ein Haus in den folgenden einzelnen Bauabschnitten:
- Kellergeschoss: Mauerwerk, Decke und Treppe(n), Isolierung/Drainage
- Erdgeschoss: Mauerwerk, Decke, Treppe(n)
- Obergeschoss: Mauerwerk, Decke, Treppe(n), Balkon(e)
- Dachgeschoss: Mauerwerk, Schornstein

Sobald das Haus einen Dachstuhl hat, ist Richtfest. Es folgen Dacheindeckung und Regenrinnen, das Dämmen der Außenwände und das Einsetzen von Fenstern und Türen.

Langwierig – der Innenausbau Während heute – vor allem bei Fertighäusern – der Aufbau unglaublich schnell gehen kann, verlangt der Innenausbau seine Zeit, denn immer wieder müssen Elemente trocknen, ehe man weiterarbeiten kann: Die Böden erhalten Schallisolierung und Estrich, die Wände werden verputzt, Rohre und Leitungen verlegt. Wenn Kacheln, Fliesen, Bodenbeläge und Treppengeländer angebracht sind und der Bad- und Kücheneinbau beendet ist, wird gestrichen.

Vorbild Energiesparhäuser

Der Faktor Energieeffizienz entscheidet heutzutage bereits in der frühen Planungsphase über den Haustyp. Denn kurz gesagt, kann man sich heute entweder für einen herkömmlichen Bau entscheiden oder für eines der vielen Energiesparhauskonzepte und die jeweils zugehörige Haustechnik.

Passivhaus Wer ein Passivhaus baut, holt sich das modernste Konzept und die fortschrittlichsten Anlagen in allen Bereichen der Haustechnik ins Haus. Das betrifft Dämmung, Stromgewinnung, Heizungs- und Lüftungsanlage, Warmwasserbereitung, Elektrik und Elektronik. Da dieses Konzept im Passivhaus als großes Ganzes funktioniert, sollten Sie das Vorhaben mit einem renommierten Partner angehen, der über langjährige Erfahrung in diesem Bereich verfügt und auch über Detailfragen Auskunft geben kann. Darüber hinaus spielen beim Passivhausstandard weitere Faktoren wie die Ausrichtung des Hauses eine wesentliche Rolle.

Herkömmliche Bauweise Wer sich mit den modernen Hausformen nicht anfreunden mag, kann trotzdem eine Menge Energie einsparen. Vor allem die Heiztechnik bietet mit Brennwerttechnik, Mini-Blockheizkraftwerken oder auch Luft-Wärmepumpen und Pelletöfen die besten Möglichkeiten, sich von hohen Betriebskosten zu befreien.

Wer zum ersten Mal baut, steht heute einem fast unüberschaubaren Angebot an energieeffizienten Baustoffen und Anlagentechniken gegenüber. Daher empfiehlt sich die Zusammenarbeit mit einem Energiesparberater.

WAS HÄLT SIE DAVON AB, ...

ein Passivhaus zu bauen?

❏ **DAS IST VIEL ZU KOMPLIZIERT UND TEUER** Zugegeben, beim Bau eines Passivhauses liegen die Quadratmeterkosten erheblich höher als bei einem konventionellen Haus. Doch im Lauf der Jahre macht sich die Investition mehr als bezahlt: Nicht nur, dass Sie bis zu 90% der herkömmlichen Heizkosten sparen. Dank der hohen Qualität aller Materialien und der Haustechnik sind Passivhäuser viel weniger anfällig gegenüber Verschleiß und Alterung.

Umbauen und anbauen Da die Energiebilanz auch von Faktoren wie der Dämmung, unterschiedlich großer Fenster im Norden und Süden und der Aufteilung des Innenraums abhängt, kann schon ein cleverer Um- oder Anbau Ihr Heim näher an den Standard eines Passivhauses rücken.

Ohne gute Planung können Sie in keinem Haus bequem und gemütlich leben. Bedenken Sie beim Verteilen der Räume unbedingt den Tageslauf der Sonne.

Energiegerechte Vorplanung

Wer ein Eigenheim plant, tut dies in der Regel nicht, um Energie zu sparen, sondern weil die Lebenssituation es erfordert. Darüber hinaus möchte man sich in seinen eigenen vier Wänden genau die Oase schaffen, in der man sich wohlfühlt. Planen Sie trotzdem unter dem Gesichtspunkt des klugen Energiemanagements und nicht zu verschwenderisch. Jedes Mehr an Raum verschlechtert die globale Energiebilanz.

Nach der Sonne ausrichten Eine völlig kostenlose Wärmequelle ist die Sonne. Deshalb liegen in Energieeffizienzhäusern möglichst alle Räume, in denen man tagsüber viel Zeit verbringt, nach Süden. Für die übrigen Zimmer gilt es, Folgendes zu bedenken.
- Schlafzimmer im Osten haben den Vorteil, dass man den Tag mit der Morgensonne beginnt. Alle anderen Himmelsrichtungen haben Nachteile: Nach Westen fängt sich die Hitze der Nachmittagssonne im Raum; nach Norden liegende Schlafzimmer sind kühl, dunkel und etwas feucht.
- Arbeits- oder Vorratsräume, in denen man sich nicht lange aufhält, sind auf der Nordseite gut untergebracht. Natürlich liegen auch separate Toiletten oder die Garage am besten im Norden des Hauses.

Offenes Wohnraumkonzept Das aktuell moderne Konzept der offenen Raumstruktur schafft im Erdgeschoss Küche, Essplatz, Wohnbereich und oftmals sogar noch

einen Arbeitsplatz in einem Raum. Die Vorteile liegen für junge Familien auf der Hand – so lassen sich kleine Kinder mühelos beaufsichtigen. Aus Sicht des Energiemanagements muss man dagegen abwägen:
- In Energieeffizienzhäusern, wo die Wärme über ein Lüftungssystem verteilt wird, sind offene Konzepte sinnvoll.
- Bei konventioneller Heizung sind getrennte Räume vernünftiger, da es besser ist, wenn sie sich einzeln auf unterschiedliche Temperaturen bringen lassen.
- Sehen Sie für den großen Raum vor dem (Um-)Bau Wärmeinseln und unterschiedliche Temperaturbereiche vor.

Küche, Bäder und WC Legen Sie alle Räume, in denen warmes Wasser verwendet wird, neben oder übereinander. So sind die Wege zwischen dem Warmwassertank und dem Wasserhahn so kurz wie möglich, das Wasser kühlt auf seinem Weg durch die Rohre kaum ab und Sie sparen Kosten.

Windfang Gerade bei einem offenen Raumkonzept im Erdgeschoss sollten Sie über einen Windfang nachdenken. Dieser kleine Raum nimmt nicht nur die Garderobe auf, sondern sorgt dafür, dass keine Wärme entweicht, wenn man in der kalten Jahreszeit die Haustür öffnet.

Wintergarten – das klingt nach ganzjährigem Sommer. Doch Achtung: Die Energiebilanz eines Wintergartens ist über das Jahr gesehen schlechter, als man denkt. Wegen der großen Glasflächen muss an kalten Tagen mehr geheizt werden, im Hochsommer kann sogar eine Klimatisierung in Betracht kommen. Wird der Wintergarten zumindest teilweise (ca. ein Drittel des Jahres) als Wohnraum genutzt, sollte die Konstruktion mindestens folgende U-Werte aufweisen:
- Glasdach und transparente Seitenwände: 2,0 W/m²K
- massive Außenwände: 0,24 W/m²K
- Bodenplatte gegen Erdreich: 0,3 W/m²K

WOHER WEISS ICH, ▶ ob sich mein Haus zum Umbau eignet?

Anbauten oder Umbauten sind aus optischer wie aus statischer Sicht nicht ganz unproblematisch. Tragende Gebäudeteile können nicht einfach entfernt werden, die Größe geplanter Fenster oder Durchbrüche hängt von der Belastbarkeit der vorhandenen Konstruktion ab usw. Ziehen Sie unbedingt einen erfahrenen Bauleiter zu Rate. Er prüft die Realisierbarkeit Ihrer Ideen, beaufsichtigt jede Bauphase und behält den großen Überblick.

SPITZEN-SPARER

Nichts spart mehr an Heizkosten als eine gute **Dämmung**.

Andernfalls gerät der Wintergarten schnell zur Energiekostenfalle. Übrigens: Nach den Bestimmungen der EnEV sind die oben genannten Werte für nachträglich errichtete Wintergärten von 15–50 m² sogar verpflichtend.

Keller – ja oder nein? Aus energetischer Sicht ist der herkömmliche kühle Vorrats- und Lagerkeller nicht optimal. In Passivhäusern werden Keller entweder thermisch abgetrennt oder von Anfang an als „warme" Keller geplant, also als Kellergeschoss, das zumindest beheizt wird – besser noch teilweise als Wohnraum dient. Da moderne (Zentral-) Heizanlagen extrem leise arbeiten, können sie problemlos auch in Küche oder Flur untergebracht werden.

Die Planung umsetzen

Wenn sich alle Vorüberlegungen verdichten, wird es Zeit, sich an einen Architekten zu wenden. Es ist gut, wenn Sie ihm Ihre Vorstellungen möglichst anschaulich machen.

Einen Grundriss zeichnen Um Ihre Träume vom eigenen Zuhause zu Papier zu bringen, bieten sich zwei Wege an:
- Wer die Grunddaten, wie Länge und Breite des Hauses, schon kennt, wird als Erstes diese auf ein Blatt – am besten Millimeterpapier – übertragen und in den so abgesteckten Rahmen hinein möglichst exakt planen.
- Eher kreative Menschen zeichnen eine relativ freie Skizze ihres Traumhauses. Die Anpassung an die bestehenden Möglichkeiten und das Budget erfolgen später.
- Beherzigen Sie beim Zeichnen die Vorüberlegungen zum energiesparenden Bauen. Vielleicht orientieren Sie sich sogar an dem Plan auf Seite 201.
- Denken Sie an Gänge, Flure, Treppen und planen Sie schon früh genügend Stauraum ein.

Wissen SPEZIAL

DIE STATIK MITBEDENKEN

Wer ein Haus plant, darf nicht vergessen, dass es bei allem erträumten Wohnkomfort und Streben nach Energieeffizienz immer noch darum geht, eine Baukonstruktion zu schaffen, die nach den Gesetzen der Statik ausgeführt werden kann und nicht in sich zusammenfällt. Sie sollten also nicht automatisch davon ausgehen, dass die Raumaufteilung, die Sie sich ausgedacht haben, in dieser Weise auch exakt umsetzbar ist. Stellen Sie sich darauf ein, Ihre Pläne wenigstens teilweise revidieren zu müssen.

Ein energieeffizienter Hausgrundriss

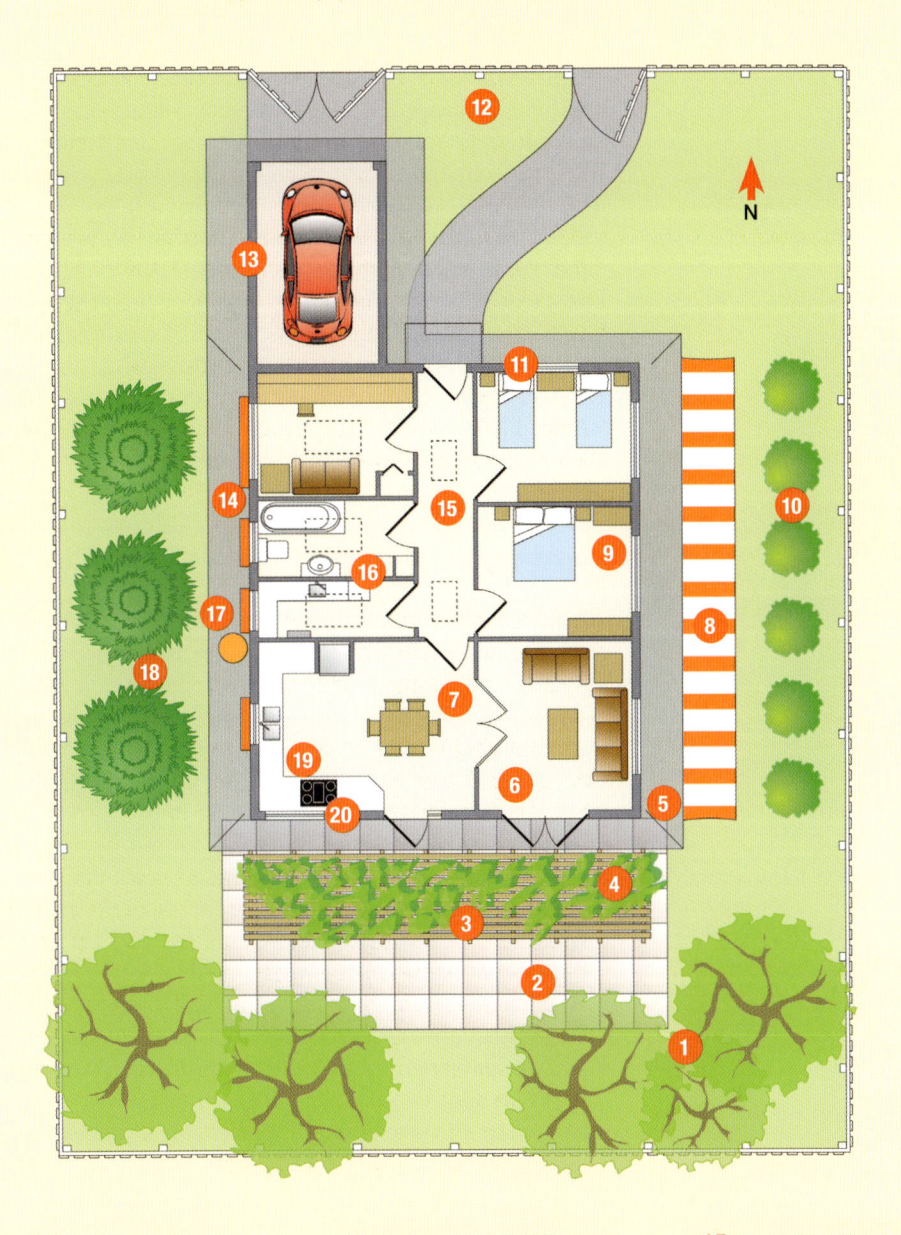

1. Laubbäume nach Süden hin
2. gepflasterte Südterrasse
3. Pergola mit schräggestellten Balken, die je nach Sonnenstand Licht durchlassen (Winter) oder abhalten (Sommer)
4. laubabwerfende Kletterpflanze
5. Dachüberstände als Schutz vor Niederschlägen
6. Wohn-/Essräume nach Süden
7. Türen zwischen Wohnbereichen
8. Verschattungsmöglichkeiten für Fenster nach Osten
9. Schlafzimmer nach Osten, getrennt von den Wohnräumen
10. niedrig wachsendes Buschwerk vor der Ostseite des Hauses
11. nach Norden nur kleine Fenster
12. hell gestrichener Zaun
13. Garage nach Norden
14. nach Westen (Wetterseite) Fensterläden oder Rollläden
15. Oberlichter für Gänge und Treppenhaus
16. Räume mit Warmwasseranschluss liegen nebeneinander
17. Warmwasserspeicher direkt unter/neben den Anschlüssen
18. hohe Nadelbäume nach Westen
19. Herdanschluss nicht direkt neben dem Platz für den Kühlschrank
20. große Fensterfront nach Süden hin

Sie nutzen die Sonnenkraft auf der Südseite optimal, wenn Sie bis zu 25% der Gebäudefront verglasen.

Ihr Architekt Viele Architekten haben sich bereits auf energieeffiziente Häuser spezialisiert. Sie arbeiten selbstständig oder gehören zu einer Baufirma. Der Architekt ist Ihr Ansprechpartner, wenn Sie ein Haus bauen wollen. Er erstellt die Pläne, reicht sie ein und koordiniert (eventuell mit einem Bauleiter) die Arbeiten am Bau. Sehen Sie sich daher nach einem Architekten um, der bereits mehrere Energiesparhäuser gebaut hat. Oder Sie beobachten aktuelle Bauvorhaben, sprechen mit anderen Bauherren und fragen nach Erfahrungen und Empfehlungen.

Ort und Lage So richtig es ist, den Bau in erfahrene Hände zu übergeben, so wichtig ist es aber auch, sich während der Bauphase um das Vorhaben zu kümmern. Ein wesentlicher Punkt zu Beginn ist das Ausrichten des Hauses auf dem Grundstück nach Süden. Um den Süden zu finden, gehen Sie mittags um 12.00 Uhr (in der Sommerzeit um 13.00) auf Ihr Grundstück. Jetzt steht die Sonne im Zenit und die Schatten fallen nach Norden. Markieren Sie entweder das Ergebnis oder begehen Sie zusammen mit dem Architekten das Grundstück. Aus dieser simplen Ortsbestimmung ergibt sich eine Reihe von Ansatzpunkten für die Planung Ihres Hauses.

Energieverschwendung am Bau? Ein Großprojekt wie ein Hausbau verschlingt naturgemäß eine Menge Energie.
- Vereinbaren Sie mit Ihrem Bauleiter einen energiebewussten Umgang mit Strom, damit z. B. Maschinen wie Kräne oder Betonmischer nicht unnötig lange laufen.
- Vereinbaren Sie auch das Bündeln von Transporten bzw. Verkürzen von Transportwegen, um Kraftstoff zu sparen.
- Achten Sie darauf, dass auf der Baustelle, sei es in der Rohbau- oder Innenausbauphase, Ordnung herrscht. So verkürzen sich Arbeitswege und die Maschinen werden optimal genutzt.

Mehr zum Thema ...

Infos, Rechenbeispiele und mehr zum Passivhaus: www.passiv.de **oder** www.passivhauskurs.de
Architekten in Ihrer Nähe finden: www.architekt-pro.de
Einen virtuellen Grundriss in 3-D selbst erstellen: www.softonic.de/s/haus-grundriss-planen
Bau-Vorbereitungsphase (Österreich): www.noe-gestalten.at
Fertighausausstellungen Deutschland: www.musterhaus-online.de
Österreich: www.musterhauspark.at **Schweiz:** www.home-expo.ch

Ein Fertighaus – Alternative mit Vorteilen

Fertighäuser sind eine hervorragende Alternative zum herkömmlichen Bauen, weil die Holzständerbauweise, in der viele Fertighäuser errichtet werden, eine ideale Dämmung zulässt. Die Vorfertigung wichtiger Bauteile senkt nicht nur den Preis – sie leistet auch dem Bau von Energiesparhäusern Vorschub, weil die Fertighausbauer es gewohnt sind, Häuser aus einer Hand zu errichten, in denen die Haustechnik integriert ist. Sie haben das Komplettangebot bereits für den Bauherrn vorgedacht, sodass Sie sich als künftiger Besitzer nur das passende aussuchen müssen.

Energiebewusste Vorfertigung Da diese Häuser weitgehend im Werk vorgefertigt werden, können die Hersteller Rohstoffe im großen Rahmen einkaufen und durch die reduzierten Transportfahrten fossile Treibstoffe sparen. Zusätzlich wird der Energieverbrauch während der Fertigung durch rationalisierte Arbeitsschritte niedrig gehalten.
- Die meisten Anbieter bestücken ihre Häuser komplett aus der eigenen Produktpalette, sodass auch hier – von der Badewanne bis zur Wandfarbe – große Mengen gekauft und für die Ausstattung gebündelt angeliefert werden.

Modelle modifizieren Angenommen, Ihnen gefällt ein Fertighaus, aber Sie sind mit der Raumeinteilung nicht ganz zufrieden. Kein Grund, das Modell zu verwerfen:
- Häufig bietet die Firma den Grundriss auch als seitenverkehrte Variante oder in Modularbauweise an – sodass sich die Raumverteilung oft sogar ohne Aufpreis an Ihre Erfordernisse anpassen lässt.
- Alle Fertighausfirmen beschäftigen zudem Architekten, die im Zweifelsfall zu Rate gezogen werden.

WOHER WEISS ICH, ▶ ob mein Grundriss optimal ist?

Sobald Sie einen ersten Grundriss für Ihr Traumhaus entworfen haben, werden Sie sich in aller Regel an ein Architekturbüro wenden. Machen Sie sich am besten mit mehreren Bewerbern vertraut und entscheiden Sie sich für ein Planungsteam, das schon einmal ein ähnliches Vorhaben realisiert hat. Da fast alle Architekturbüros heute mit einer Software arbeiten, die eine Simulation des Hauses in 3-D erlaubt, haben Sie so die Möglichkeit, Ihr Haus als Modell vor sich zu sehen. Achten Sie aber nicht nur auf die Raumanordnung. Denken Sie z. B. auch an Stellmöglichkeiten, Stauraum und eine gute Lichtführung.

Details besprechen Selbst wenn Sie sich nicht für ein Energieeffizienzgebäude, sondern für ein traditionelles Fertighaus entscheiden, können Sie im Gespräch oft einige Verbesserungen erreichen, wie größere Fensterflächen oder ein Umrüsten der für das Hausmodell vorgesehenen Heizung auf energiesparendere Varianten bzw. Einbeziehen von Solarmodulen oder Solarthermie.

Energiebedarfsausweis Um Angebote zu vergleichen, lassen Sie sich am besten für jedes Haus einen (Energie-) Bedarfsausweis erstellen, dem Sie die Fakten zum jeweiligen Energieverbrauch entnehmen. Für diesen „Energiepass" wird, wie bei anderen Neubauten auch, der zukünftige Energiebedarf rechnerisch aus den Angaben zu den Bauteilen (Dämmstandard) und zur Heizungsanlage ermittelt.

Umbau und Anbau

Bis auf einzelne Fachwerkhäuser oder denkmalgeschützte Objekte lassen sich ältere Häuser meist gut an die Wohnwünsche junger Familien anpassen oder für ein seniorengerechtes Leben umbauen.

Realistisch planen Prinzipiell stellt jeder Anbau oder Umbau einen Eingriff in die bestehende Gebäudehülle dar. Um den Wert Ihrer Immobilie zu erhalten, muss eine Veränderung sowohl optischen Ansprüchen genügen als auch statisch absolut sicher sein.
- Tragende Gebäudeteile können nicht einfach entfernt werden, die Größe geplanter Fenster, Türen oder Durchbrüche hängt von der Belastbarkeit der Baukonstruktion ab.

- Ziehen Sie unbedingt frühzeitig einen erfahrenen Bauleiter zu Rate. Er prüft die Realisierbarkeit Ihrer Ideen, beaufsichtigt während der Bauphase die verschiedenen Gewerke und behält den großen Überblick.
- Erkundigen Sie sich, ob Sie für die Baumaßnahmen eine Genehmigung der Gemeinde benötigen.

Vergessen Sie nicht, dass staatliche Förderprogramme möglicherweise auch bei Umbaumaßnahmen greifen. In Deutschland werden seit März 2011 auch Einzelmaßnahmen wie der Austausch der Fenster oder die Erneuerung der Heizungsanlage wieder von der KfW-Förderbank unterstützt.

Immobiliencheck Wer seine Veränderungswünsche von vorneherein mit Maßnahmen zur Verbesserung der Energiebilanz koppelt, kann Arbeitszeit und Aufwand reduzieren.
- Neue Fassade: Kombinieren Sie eine neue Außenhaut mit neuer oder verbesserter Dämmung. Denn Dämmungen, die z. B. ab der ersten Wärmeschutzverordnung von 1977 (WSchVo) üblich wurden, sind heute längst veraltet.
- Neue Fenster: Alte Fenster sind in jedem Altbau aus den 1950er- und 1960er-Jahren und älteren Gebäuden die größten Wärmelecks. Kombinieren Sie den notwendigen Austausch mit einer Vergrößerung der Fenster (Anzahl, Größe) im Süden und einer Reduzierung der Fensterfläche im Norden. Wenn Sie sich zusätzlich für Dreifachverglasung entscheiden, verbessern Sie damit schlagartig den Wärmeschutz der Außenhülle.

- Gutes erhalten: Sie sparen Geld und Energie am Bau, wenn Sie eine genaue Bestandsaufnahme der vorhandenen Materialien machen. Wer Böden aus Naturstein oder Holz sowie Echtholzelemente (Balken, Treppengeländer, Fensterbretter usw.) erhält, ist auf dem besten Weg zu einem modernen und doch individuellen Zuhause.
- Technisch aufrüsten: Die Haustechnik kann fast immer modernisiert werden. Lassen Sie sich eingehend beraten, welche Lösung für Sie die (langfristig) günstigste ist.

Ideen sammeln Baustellen, (Fach-)Zeitschriften, Internet, Gespräche – nutzen Sie alle Möglichkeiten und Quellen, die Sie zur Verfügung haben, um sich ein umfassendes Bild von den Möglichkeiten eines Umbaus zu machen. Beginnen Sie erst dann mit der Entwicklung eigener Ideen und prüfen Sie frühzeitig, welche Vorschläge sich bei Ihrem Haus bautechnisch umsetzen lassen.

Neu entstehenden Wohnraum sinnvoll beheizen Ein Umbau schafft häufig mehr Wohnraum – sei es durch einen Vorbau, einen Wintergarten, eine so genannte Widerkehr oder ein ausgebautes Dachgeschoss. Bedenken Sie, dass die neu entstehenden Räume auch beheizt werden müssen, lassen Sie sich genau über das Energiekonzept informieren und denken Sie alle Alternativen durch – die Erneuerung der Heizkörper miteingeschlossen.

Lichtkonzept Großzügige Räume und viel Licht prägen den zeitgemäßen Wohnstil. Dabei können Sie Energie sparen, wenn man bei der Planung daran denkt, welche Bereiche mit Lampen erhellt werden können, wo ein Oberlicht eingesetzt werden kann oder ein Durchbruch, der das Tageslicht tiefer ins Haus leitet.

Die äußeren Merkmale

Ein typisches Energieeffizienzhaus ist auf den ersten Blick am klaren, kompakten Stil zu erkennen. Je näher ein Gebäude am Passivhausstandard ist, desto deutlicher sichtbar wird die bauliche Umsetzung der Energiesparmaßnahmen.

Kein Hausbaum Rund ums Haus sind freie Flächen angelegt: Da die Solaranlagen rund ums Jahr Sonne erhalten sollen, wird auf Pflanzen, die Schatten werfen, verzichtet.

Fenster Anders als bei konventionellen Häusern sollen die Passivhausfenster in der Dämmebene liegen und mit der Außenhülle abschließen. Die bis zu dreifach verglasten und mit Edelgas gefüllten Fenster sind bewusst groß und schmucklos gehalten. Damit beim Einbau möglichst keine Wärmebrücken entstehen, werden sie in breite, wärmegedämmte Rahmen eingesetzt. Optimal ist es, wenn sämtliche Laibungen nach dem Einbau nochmals überdämmt werden, sodass eine feste, geschlossene Hausfront entsteht.

Pultdach Um den Wärmeverlust im Haus zu minimieren, wird die Dachfläche möglichst klein gehalten. Dabei kann das Pultdach punkten, denn während ein Satteldach mit 45° Neigung bei einer Hausgrundfläche von 10 x 10 Metern 140 m² groß ist, weist ein Pultdach auf demselben Gebäude eine Fläche von nur 100 m² auf. So wird das Dach auch kostengünstiger: weniger Dämmung, weniger Dachdeckung, einfachere Konstruktion usw.

Integrierte Solarmodule Solarmodule gehören heute zum Siedlungsbild. Um ästhetisch befriedigende Lösungen anzubieten, werden die dunklen Platten auf unterschiedliche Weise in das Äußere des Hauses integriert.
- Neben dem klassischen Aufbau auf dem Dach kann das Anbringen der Module an der Fassade oder am Balkon in Erwägung gezogen werden, was dem Energiesparhaus einen fast futuristischen Charakter gibt.
- Nicht weniger effektiv, aber deutlich weniger auffällig ist die Positionierung der Solarmodule auf dem Garagendach.

Viele Architekturbüros arbeiten heutzutage mit 3-D-Programmen, mit deren Hilfe sich simulieren lässt, wie Ihr Haus nach dem Umbau aussehen wird.

Masse und Wärme

So bleibt das Haus warm
Baustoffe mit einer hohen Masse, so z. B. Kalksandstein oder Ziegel, erwärmen sich über den Tag und geben die Wärme nachts ab.

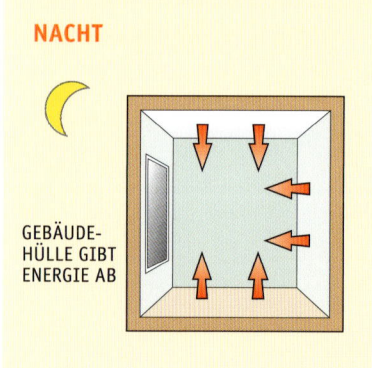

TAG

GEBÄUDE-HÜLLE SPEICHERT SONNEN-ENERGIE

NACHT

GEBÄUDE-HÜLLE GIBT ENERGIE AB

NACHHALTIG BAUEN

Häuser haben eine lange Lebenserwartung, wenn sie solide gebaut und konstant renoviert werden. Welche Entscheidungen sollten Sie also treffen, um Werterhalt, Komfort, eine günstige Energiebilanz und Umweltschutz zu kombinieren?

Wände

Ein Haus ist nur so gut isoliert wie seine Wände. Diese bieten umso mehr Schutz, je besser das Grundmaterial zum jeweiligen Klima passt und je besser das Zusammenspiel mit der Dämmung ist. Doch welches Material ist ökologisch gesehen optimal?

Ziegel Die bekannten Vorteile, zu denen die lange Lebensdauer von 100 bis 150 Jahren gehört, machen Ziegel noch immer zum beliebtesten Baumaterial. Wärmedämmende Luftkammern im Stein, aber auch Dämmung, die in die Ziegel eingefüllt wird, zeigt, dass die Ziegelindustrie den massereichsten Baustoff weiterentwickelt und an die Erfordernisse der Energiewende angepasst hat. Gebrauchte Ziegel werden recycelt, allerdings brauchen Ziegel in der Produktion mehr als das Vierfache der Energie, die ein Porenbetonstein benötigt.

Kalksandstein Dank seiner Bestandteile Kalk und verschiedener auf Quarz basierender Zusatzstoffe ist Kalksandstein ein ganz besonders günstiges Material für energiesparende Außenwände, denn der leichte Stein trägt hohe Lasten und ist mit luftführenden Hohlräumen versehen. Wie Ziegel können Kalksandsteine recycelt werden und benötigen daher bei der Herstellung weniger Primärenergie als andere Baustoffe.
• Kombiniert mit einer transparenten Wärmedämmung sind Kalksandsteine bestens für Energiesparhäuser geeignet.

Porenbeton Wie Kalksandstein werden Porenbetonsteine aus einheimischen Rohstoffen produziert. Da bis zu 80 % ihres Volumens aus Luft bestehen, erreicht ihre Wärmeleitfähigkeit mit 0,09 W/m²K die niedrigen Werte der EnEV – und sie brauchen nicht zusätzlich gedämmt zu werden. Weiter schlagen der abfall- und abwasserfreie Herstellungsprozess sowie die Ansiedlung der Produktionsstätten in der

Nähe der natürlichen Lagerstätten und Recyclingfähigkeit in der Energiebilanz positiv zu Buche.

Holzständerbauweise Noch vor 30 Jahren wurden Fertighäuser gerade wegen der Konstruktion ihrer Wände aus Holzrahmen belächelt. Heute sind es gerade die Holzelemente, die aus ökologischer Sicht den großen Vorsprung dieser Bauten ausmachen: Bewusster Einsatz der Primärenergien bei der Herstellung, sehr gute Wärmedämmung und fast vollständige Recyclingfähigkeit der Elemente Holz, Spanplatten usw. liefern eine gute Ökobilanz. Nur in puncto Langlebigkeit schneiden Holzständerwände schlechter ab.

Holz

Der natürliche und nachwachsende Rohstoff Holz ist der Inbegriff eines Baustoffs mit hoher Nachhaltigkeit. Fachgerecht geschlagen, getrocknet, verarbeitet und gepflegt, kann Holz eine Lebensdauer von über 100 Jahren erreichen. Wird es am Ende verbrannt, setzt es nur ebenso viel CO_2 frei, wie es beim Wachstum aufgenommen hat.

Im Innenbereich Fußböden, Treppenstufen und Fensterbretter aus Holz werden entweder versiegelt oder roh verbaut und müssen bei entsprechender Pflege nur alle 30 Jahre abgeschliffen werden. Dabei werden millimeterdünne Schichten entfernt, sodass ein Boden aus Hartholz bei unverminderter Schönheit drei bis vier Generationen im Haus bleibt – Weichholzböden haben „nur" eine Lebensdauer von 50 bis 70 Jahren. Der Austausch einzelner kaputter Bereiche ist unproblematisch, denn Farbunterschiede verschwinden im Lauf der Zeit vollständig.

Nachhaltigkeit beschreibt ein Baukonzept, das die vier Faktoren Umweltschutz (Ökologie), Finanzierbarkeit (Ökonomie) und die soziale sowie die kulturelle Dimension eines Hauses bewertet.

- Wer beim Kauf von Parkett auf das FSC-Siegel achtet und aufs Versiegeln verzichtet und das Holz ölen und/oder wachsen lässt, wählt die umweltfreundlichste Variante.

Holzfassaden Architekten greifen heute gerne wieder die Tradition der Holzverkleidung auf, interpretieren sie allerdings moderner – meist als schmale, vorgesetzte Leisten oder sogar unbehandelt als Schindeln, welche sich gut mit einer modernen Wärmedämmung kombinieren lassen.

Fensterläden aus Holz müssen an die Wand montiert werden und durchbrechen die perfekte Dämmung von Außenwänden. Deshalb werden sie z. B. selten für Passivhäuser verwendet – für andere Hausformen sind sie dagegen bestens geeignet, denn sie schaffen keine Wärmelecks wie etwa schlecht gedämmte Rollläden.

Türen und Fenster Der geringe Energiebedarf bei der Produktion von Holzrahmen und Türblättern und der gute natürliche Wärmeschutz sprechen ebenfalls für diese Holzelemente. Allerdings sinkt der Wärmeschutz im Lauf der Zeit, da Holz „arbeitet".
- Bei Fenstern immer die Wärmewerte vergleichen.

RAL-Gütezeichen Fensterläden und alle Hölzer im Außenbereich müssen regelmäßig gepflegt und gestrichen werden, um ihre Lebensdauer zu erhöhen. Holzschutzmittel mit dem RAL-Zeichen sind wirksam gegen Holzschädlinge und, bei vorschriftsmäßiger Verwendung, gesundheitlich unbedenklich.

Bodenbeläge

Bei der Herstellung von Kunstfaserteppichen wird die Umwelt heute kaum mehr belastet als bei Naturböden. Die für Mensch und Umwelt verträglichste Variante ist übrigens ein Steinboden mit einem Teppich, der gewaschen werden kann.

Textile Beläge Sisal, Kokosfaser, Seegras, Jute, Binsen und hochwertige Schafwolle sind nachwachsende Rohstoffe mit einer durchschnittlichen Lebensdauer von fünf bis acht Jahren bei mittlerer Abnutzung. Besonders umweltfreundlich sind rutschfeste Beschichtungen des Rückens aus Naturlatex, Jute oder Hanf. Bedenklich sind jedoch lange Transportwege und die intensive Behandlung mit Mitteln, die Strapazierfähigkeit garantieren wie Antimikrobiotika, Antistatika, Appretur- oder Mottenschutzmittel: Sie ent-

weichen – wie bei Kunstfasern auch – beim Verbrennen der Bodenbeläge in die Atmosphäre.
- Beim Kauf auf das GuT-Siegel achten und eventuell besser Parkett, Kork, Naturkautschuk oder Linoleum wählen.

Fliesen Stein- und Tonplatten (Cotto) sind aus ökologischer Sicht optimale Bodenbeläge, da sie fast unbegrenzt haltbar sind. Selbst weiche Natursteine wie Solnhofer Schieferplatten halten im Schnitt 150 Jahre; hartes Gestein wie Granit, der für Küchenplatten aber auch für Gartenwege verwendet wird, überdauert Jahrhunderte. Werden Fliesen und Steine eines Tages entsorgt, finden sie meist wieder neue Verwendung, z. B. als Schüttmaterial im Straßenbau. Auch die Reinigung schont die Umwelt, da nur Wasser oder leichte Reinigungsmittel nötig sind.
- Ein Hersteller, der Rohstoffe aus der Nähe bezieht, auf umweltfreundliche Produktion und sorgfältigen Umgang mit den Ressourcen achtet, sollte Ihre erste Wahl sein.

Dämmstoffe

Die Werte des nachhaltigen Bauens haben sich auch die Dämmstoffhersteller zu eigen gemacht. Viele der großen Anbieter sind dem IBU (Institut Bauen und Umwelt) beigetreten und zertifizieren ihre Produkte freiwillig.

Umweltdeklarationen beachten Für einige künstlich hergestellte Dämmstoffe wie Styropor®, FPX, XPS, Mineralwolle verschiedener Hersteller sowie andere Dämmstoffe existieren bereits sogenannte EPDs. Diese Umwelt-Produktdeklarationen umfassen neben der Produktbeschreibung die Emissionswerte, Lebenszykluskosten und andere wichtige Kennzahlen. Lassen Sie sich diese Informationen am besten zuschicken oder fragen Sie im Handel danach.

Natürliche Dämmstoffe Von den natürlichen Dämmstoffen, zu denen auch Sisal, Schafwolle oder Flachs gehören, haben sich zwei Materialien besonders bewährt:
- Die aus Holz gewonnene Zellulose wird als Schüttmaterial in Hohlräume eingeblasen, wo sie nicht nur überdurchschnittlichen Wärmeschutz bietet, sondern zudem Feuchtigkeit und Schall reguliert. Da Zellulose aus einem natürlichen Rohstoff und mit deutlich weniger Energie hergestellt wird als etwa PUR-Platten, kann sie mit einer sehr guten Ökobilanz aufwarten.
- Für die Außendämmung – vor allem unter einer Putzschicht und hinter einer Verkleidung – haben sich Kork-

Die Untersuchung der Nachhaltigkeit von Baustoffen hat einen so hohen Nutzen, dass sie inzwischen einen eigenen Studienzweig der Bauphysik bildet.

platten bewährt. Sie werden aus der Rinde von Korkeichen gewonnen und im Prinzip reicht das im Kork enthaltene Baumharz aus, um daraus feste Platten herzustellen. Korkdämmung ist diffusionsoffen, belastbar und schädlingsresistent; allerdings wird die Ökobilanz durch die langen Transportwege aus Portugal belastet.

Material wiederverwenden

Da bei der Herstellung von Material immer Energie verbraucht wird und die Umwelt immer auf irgendeine Weise belastet wird, macht es aus ökologischer Sicht viel Sinn, bereits vorhandenes Material zu verbauen.

Altes neu entdeckt Wer mit offenen Augen durch die Welt geht, kann erstaunliche Funde machen: Holz, Marmorplatten, Fliesen, Glasbausteine, Kachelöfen, Dielen usw. aus der guten alten Zeit sind oft von höchster künstlerischer Qualität und besitzen Charme und Charakter.

Fundstellen Nicht nur (ländliche) Flohmärkte, Kleinanzeigen und Artikel in entsprechenden Zeitschriften liefern Adressen und Impulse. Auf Bauernhöfen lagern oft noch immer Schätze. Schreiner, Ofensetzer, Mosaikleger oder Glaser, aber auch reine Liebhaber haben manchmal ein Lager an solchen Beständen – oder kennen jemanden, der weiterhilft.

Ein zweites Leben Sie können altes Material entweder mit hochmodernem Ambiente kombinieren oder ein altes Gebäude behutsam renovieren und mit wertvollen alten Materialien zu neuem Leben erwecken.
- Ein Kaminofen – ob alt oder neu – wirkt authentischer, wenn er von alten Bodenfliesen umgeben ist, die in Kontrast zu einem modernen Bodenbelag stehen.
- Altes Parkett und alte Dielen lassen sich mit neuen Elementen aus demselben Holz kombinieren.
- Ein Satz alter Fliesen akzentuiert – klug kombiniert – die moderne Ausstattung in Küche, Bad oder WC.
- Alte Glasbausteine sind einzigartige Raumteiler.
- Alte Steinplatten, ob poliert oder roh, können als Tischplatten, Fenstersimse oder Treppenstufen eine neue Aufgabe finden. Besonders authentisch wirkt dabei Stein aus der näheren Umgebung.
- Erhaltene Holztüren sind Kostbarkeiten, die jedes Haus und jede Wohnung wertvoller machen.
- Ziegel oder Natursteine, die Sie aus einem Abriss gerettet haben, taugen noch zu einer Gartenmauer.

WAS HÄLT SIE DAVON AB, …

recyceltes Material zu verwenden?

☐ **DAS ALTE ZEUG IST DOCH NICHTS MEHR WERT!** Wer Vorbehalte gegen recyceltes Material oder alte Stücke hat, sollte bedenken, dass Handwerker früher oft noch mehr Zeit und besseres Ausgangsmaterial zu Verfügung hatten. Altes Eichenholz ist von fast unschätzbarem Wert. Gut erhaltene Ofenkacheln sind nicht nur formschön – sie sind auch lebendige Zeugnisse der Vergangenheit und geben Ihrem Heim nostalgisches Flair.

Nichts wegwerfen Wenn Sie selbst ein altes Gebäude abreißen lassen müssen, suchen Sie einen Anbieter, der garantiert, das Material zu sichten und alles Verwertbare zu recyceln. Sie sparen bares Geld, wenn Sie z. B. Eisen von einem Alteisenhändler abholen lassen.

Metall-Recycling Kein Haus kommt ohne Metallelemente aus. Ob als Bestandteil von Fensterrahmen, Röhren und Rinnen oder als Armierung im Stahlbeton – überall, wo Metallelemente zum Einsatz kommen, können Sie durch die Verwendung von Recyclingmaterial helfen, Energie zu sparen.
- Stahl, der „unsterbliche Werkstoff", wird 60-mal häufiger recycelt als anderes Metall. Stahlschrott – von der Weißblechdose bis zur Autokarosserie – kann bis zu 100 % wiederverwendet werden. Fragen Sie Ihre Baufirma, wie hoch der Anteil an recyceltem Stahl in Dachrinnen, Rohren und anderen Bauteilen Ihres Hauses ist.
- Bei der Herstellung eines Fensterrahmens aus Recyclingaluminium fallen nur ca. 10 % der Energie an wie bei der Produktion desselben Rahmens aus neuen Rohstoffen.

Recyceltes Glas Altglas lässt sich für Scheiben, Glasbausteine usw. wiederverwenden. Wählen Sie einen Hersteller, der mit einem hohen Anteil an Recyclingglas arbeitet.

Mehr zum *Thema* …

Ideen und Aktionen zum nachhaltigen Bauen: www.bne-portal.de **oder** www.nachhaltigesbauen.de

Alte Türen, Fenster, Beschläge, Fliesen usw.: www.historische-bauelemente.com

Klimaaktives Bauen und Sanieren (Österreich): www.klimaaktiv.at/article/archive/11911

Umweltfreundlich renovieren (Schweiz): www.nachhaltigleben.ch/bauen-sanieren/umweltfreundlich-renovieren

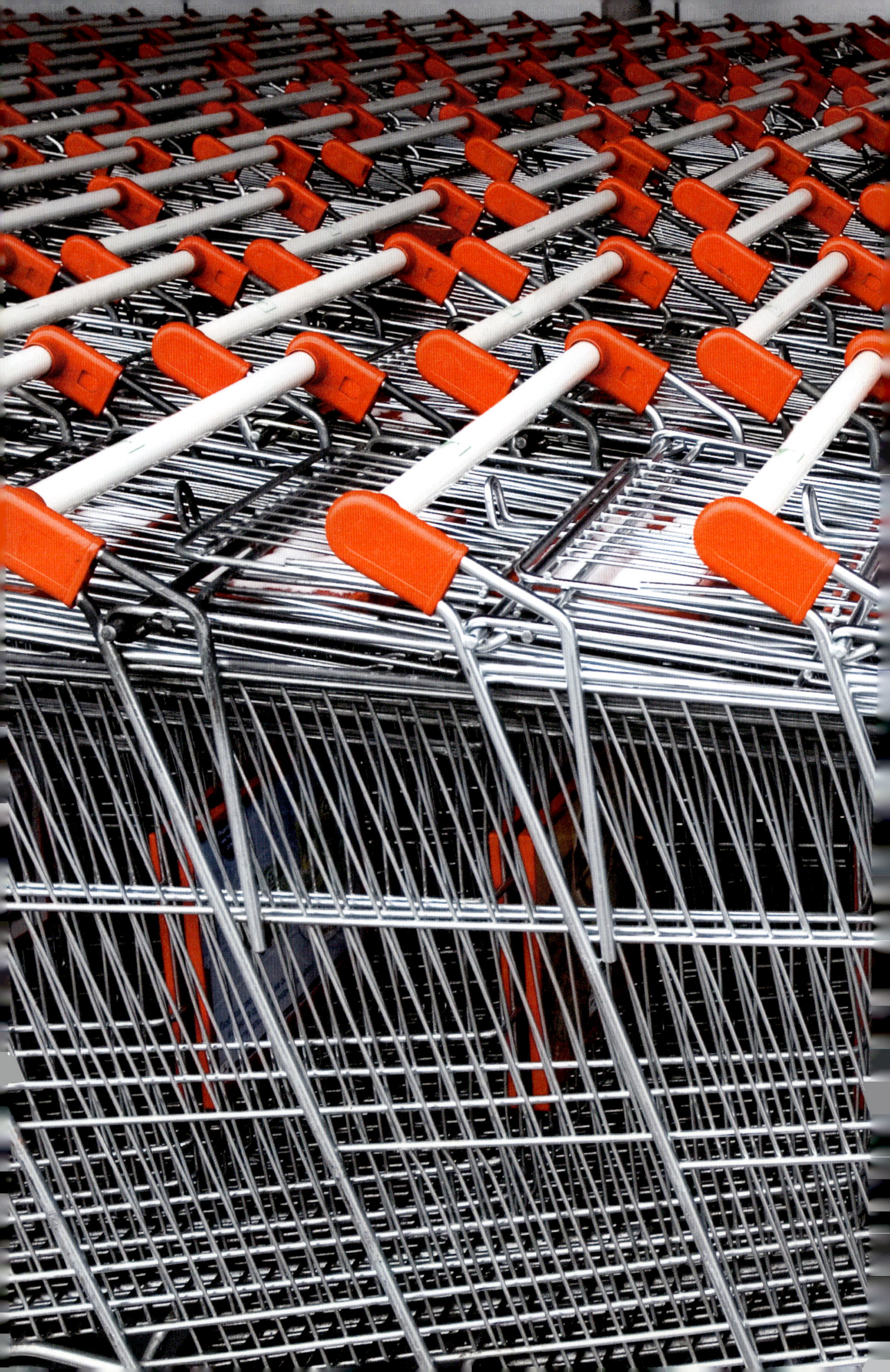

KAPITEL 9

AUSSERHALB DER EIGENEN VIER WÄNDE

- Sparsam unterwegs 216
- Mit Bedacht essen 233
- Anderen ein Vorbild sein 238

Benzinverbrauch pro Person auf 100 km

Verbrauch als Benzinäquivalent (Liter)

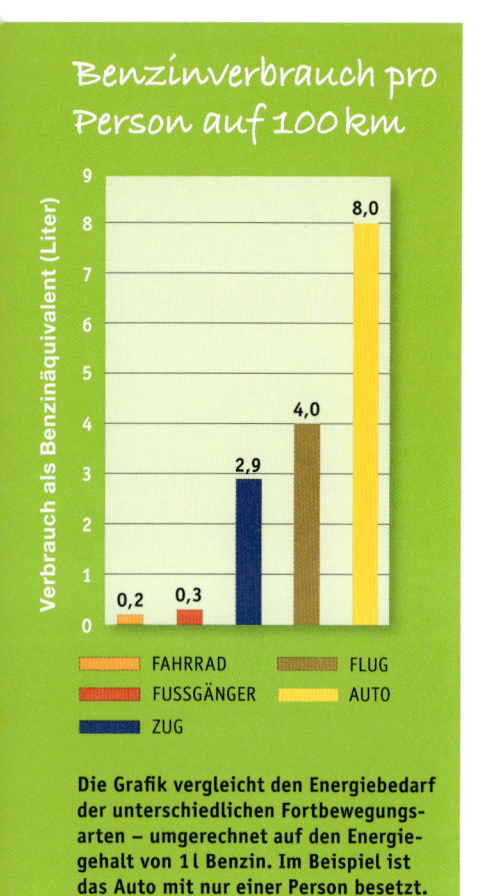

- FAHRRAD: 0,2
- FUSSGÄNGER: 0,3
- ZUG: 2,9
- FLUG: 4,0
- AUTO: 8,0

Die Grafik vergleicht den Energiebedarf der unterschiedlichen Fortbewegungsarten – umgerechnet auf den Energiegehalt von 1 l Benzin. Im Beispiel ist das Auto mit nur einer Person besetzt.

SPARSAM UNTERWEGS

Nicht zuletzt die ständig steigenden Spritpreise haben viele Autofahrer zum Nachdenken gebracht. Die konsequenteste Methode, Kraftstoffverbrauch (und Treibhausgase) zu reduzieren, besteht darin, sich zu Fuß oder auf dem Fahrrad statt mit dem Auto auf den Weg zu machen und vollständig auf Flugreisen zu verzichten. Allerdings verlangt diese Entscheidung ein Höchstmaß an Disziplin. Zum Glück gibt es auch weniger radikale Möglichkeiten.

Alternativen zum Auto

Je dichter eine Region besiedelt und je besser ihr öffentliches Verkehrsnetz ausgebaut ist, desto mehr lohnt es sich, das Auto in der Garage stehen zu lassen.

Für kurze Wege: gehen statt fahren Bei Strecken von 1–2 km lohnt es sich, über die Alternative „zu Fuß gehen" nachzudenken. Da Verbrennungsmotoren erst nach einer Aufwärmzeit mit optimaler Kraftstoffeffizienz arbeiten, verbrauchen sie auf Kurzstrecken überdurchschnittlich viel Benzin. Wer zu Fuß geht, spart nicht nur Geld und reduziert Treibhausgase, sondern tut auch etwas für seine Fitness und lernt seine Umgebung kennen.

WAS HÄLT SIE DAVON AB, ...

mit dem Zug zu fahren?

❏ **DIE BAHN IST UNPÜNKTLICH, UNBEQUEM UND UNRENTABEL** Auch wenn Nachrichten über Verspätungen und technische Ausfälle der Bahn regelmäßig die Runde machen: Haben Sie sich die Alternativen wirklich vor Augen geführt? Wie viel Zeit verliert ein Berufspendler, der das Auto nutzt, im Stau oder Stop-and-go-Verkehr? Welchen Komfort bietet Ihnen der Pkw, während Sie hinter dem Steuer sitzen? Im Zug können Sie wenigstens die Augen schließen. Und nicht zuletzt: Der Energiebedarf (umgerechnet auf den Benzinverbrauch pro 100 km) liegt bei der Bahn pro beförderter Person bei 2,9 l. Mit wie vielen Personen muss Ihr Auto besetzt sein, um diesen Wert zu erreichen?

Benutzen Sie das Fahrrad Diese kraftstoff- und schadstofffreie Option ist im städtischen Umfeld für Strecken bis zu 3 km schneller als das Auto; im Berufsverkehr können Sie selbst Strecken von bis zu 10 km noch schneller mit dem Fahrrad als mit dem Auto zurücklegen.

Nehmen Sie den Bus Busse verbrauchen zwischen 30 (Überland-Reisebus) und 60 (Linienbus im Stadtverkehr) Liter Kraftstoff pro 100 km. Wem das im Vergleich zum Pkw viel erscheint, sollte bedenken, dass im Idealfall bereits bei zehn, spätestens aber ab 20 Fahrgästen der Pro-Kopf-Äquivalentverbrauch unter die Dreilitermarke sinkt. Damit fährt ein Bus bereits bei mittlerer Auslastung erheblich umweltfreundlicher als ein Pkw – und bei annähernder Vollbesetzung sogar klar günstiger als jeder Zug.

Fahren Sie (Straßen-)Bahn Die Bahn selbst gibt den durchschnittlichen Pro-Kopf-Äquivalentverbrauch ihrer Züge im Fernverkehr mit 2,9 l/100 km an – wobei Diesel- und E-Loks gleichermaßen berücksichtigt werden. Auch wenn der Energiebedarf von Straßenbahnen im öffentlichen Nahverkehr etwas über diesem Wert liegt, lohnt sich das Einsteigen auf jeden Fall. Denn welches Auto kommt im Stadtverkehr schon mit 3 bis 4 l/100 km aus? Zudem kann der im Schienenverkehr benötigte Strom zum Teil aus erneuerbaren Energien gewonnen werden, was sich zusätzlich günstig auf die Schadstoffbilanz dieses Verkehrsmittels auswirkt.

Steigen Sie um auf Taxi oder Mietwagen Größere Transporte sind in öffentlichen Verkehrsmitteln nicht ganz unproblematisch. Dennoch kann man in der Stadt ohne eigenes Auto auskommen, wenn man bei Bedarf auf ein Taxi,

> *Beim Fahrradfahren verbrennen Sie 1200 Kilojoule pro Stunde. Wer sich für den Drahtesel statt fürs Auto entscheidet, spart also nicht nur Geld, sondern tut auch etwas für seine Fitness.*

SPITZEN-SPARER

In Deutschland sind 5 % der Wege, die mit dem **Auto** zurückgelegt werden, kürzer als 1 km; 50 % liegen unter 6 km. In der Stadt fahren Sie da mit dem **Fahrrad** schneller und erheblich billiger.

für weitere Wege auch auf einen Mietwagen, umsteigt – so entfallen Betriebs- und Wartungskosten für das eigene Auto, und das lästige Parkplatzproblem entfällt.

Legen Sie sich einen Einkaufstrolley zu Diese praktischen Helfer sind längst nicht mehr nur älteren Herrschaften vorbehalten. Umweltbewusste Einkäufer aller Altersgruppen haben inzwischen deren Nutzen erkannt.

Setzen Sie sich ein Ziel Zweifellos leistet der komplette Verzicht auf ein Auto den größtmöglichen Beitrag zur Reduzierung Ihres Energieverbrauchs – leicht durchzuhalten ist diese Entscheidung jedoch nicht immer. Erfolgversprechender als diese „Radikalkur" sind kleine Schritte. Setzen Sie sich ein realistisches Ziel, das Sie einen Monat lang verfolgen. So können Sie sich z. B. vornehmen, einmal wöchentlich den Einkauf zu Fuß oder mit dem Fahrrad zu erledigen. Wenn das zur festen Gewohnheit geworden ist, lohnt es sich, über weitere autofreie Tage nachzudenken.

Mehr zum *Thema* ...

Fahrradfahren statt Autofahren: www.adfc.de
Zahlen und Fakten zum Thema Mobilität: www.dieeinsparinfos.de/guenstige-mobilitaet
Zu Fuß gehen in Deutschland: www.fuss-ev.de
Mobilität mit Zukunft (Österreich): www.vcoe.at
Leben ohne Auto (Schweiz): www.clubderautofreien.ch

Tipps zum kraftstoffsparenden Fahren

Höhere Kraftstoffpreise bedeuten erhöhte Betriebskosten für das Auto. Ihre Benzinrechnung reduzieren können Sie, wenn Sie sich bewusst machen, zu welchen Gelegenheiten, wohin und wie Sie fahren – zudem leisten Sie einen Beitrag zur Reduzierung der globalen Treibhausgase.

Erledigen Sie mehrere Dinge auf einmal Planen Sie eine Route, auf der Sie mit einer Fahrt möglichst viele Besorgungen erledigen, statt jedes Ziel einzeln anzusteuern.

Versuchen Sie, konstant zu fahren Fahren mit gleichbleibender Geschwindigkeit verbraucht weniger Kraftstoff als häufiges Bremsen und Beschleunigen. Mit einem vernünftigen Abstand zum Auto vor Ihnen fällt es Ihnen leichter, mit dem Verkehrsstrom zu schwimmen und vorausschauend zu fahren – was auch die Sicherheit erhöht.

Schalten Sie den Motor aus, wenn die voraussichtliche Standzeit eine Minute überschreitet. Zwar gibt es eine kurzzeitige Verbrauchsspitze beim Anlassen, doch insgesamt gesehen ist der Verbrauch geringer, wenn Sie den Motor ausschalten und wieder starten, als wenn Sie im ruhenden Verkehr den Motor laufen lassen.

Behandeln Sie das Gaspedal schonend Bei Geschwindigkeiten über 90 km/h steigt der Benzinverbrauch rapide an, tatsächlich liegt er bei 110 km/h um ca. 25 % höher als bei 90 km/h. Vielleicht brauchen Sie bei geringerer Geschwindigkeit etwas länger, um Ihr Ziel zu erreichen, dafür verbrauchen Sie erheblich weniger Benzin und tragen gleichzeitig zur Reduzierung von Treibhausgasen bei.

Höherer Gang für höhere Effizienz Moderne Motoren arbeiten schon bei niedrigen Drehzahlen mit dem besten Wirkungsgrad. Bei einem Auto mit Schaltgetriebe sollten Sie es sich daher zur Gewohnheit machen, so frühzeitig wie sinnvoll möglich den nächsthöheren Gang einzulegen. Bei einem Pkw mit Automatikgetriebe gehen Sie am besten wieder leicht vom Gaspedal, sobald der Wagen etwas Schwung aufgenommen hat. Dann reizt die Automatik den Drehzahlbereich des aktuellen Gangs nicht ganz aus und schaltet früher hoch.

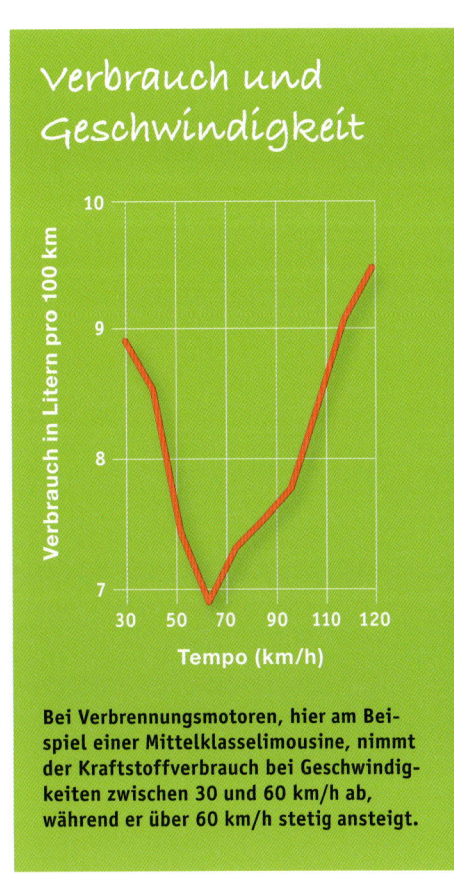

Verbrauch und Geschwindigkeit

Bei Verbrennungsmotoren, hier am Beispiel einer Mittelklasselimousine, nimmt der Kraftstoffverbrauch bei Geschwindigkeiten zwischen 30 und 60 km/h ab, während er über 60 km/h stetig ansteigt.

> Fast die Hälfte des motorisierten Individualverkehrs ist beruflich veranlasst. Wer von zu Hause aus arbeitet, spart demnach Geld und verringert zudem die Schadstoffemissionen.

Rasen Sie nicht auf rote Ampeln zu Wenn Sie ein Stoppschild oder eine rote Ampel vor sich sehen, nehmen Sie den Fuß vom Gaspedal und lassen den Motor das Auto abbremsen. Das verbraucht weniger Benzin, als wenn Sie erst im letzten Moment auf die Bremse steigen.

Meiden Sie den Berufsverkehr Mit etwas Vorausplanung können Sie der „Rushhour" entgehen, in der mit viel Stop-and-go-Verkehr und Staus zu rechnen ist. Flüssiges Fahren bei konstanter Geschwindigkeit verbraucht deutlich weniger Kraftstoff als Fahrten mit häufigem Anhalten und Losfahren sowie langen Standzeiten.

Tüfteln Sie Ihre Route aus Bestimmt können Sie für Ziele, die Sie regelmäßig anfahren, eine Route finden, auf der möglichst wenig Ampeln und Rechts-vor-links-Straßen liegen. Ihr Auto verbraucht mehr Kraftstoff, wenn Sie häufig anhalten und anfahren und der Motor im Leerlauf dreht.

Specken Sie Ihr Auto ab Mit Aufbauten wie Dach- oder Fahrradträger verbraucht Ihr Auto mehr Kraftstoff. Werden sie nicht mehr benötigt, sollten Sie diese abmontieren.

Spielen Sie im Stadtverkehr nicht den Angeber So mancher Autoliebhaber veredelt seinen fahrbaren Untersatz mit Heck- und Seitenspoiler. Diese haben ursprünglich den Zweck, die Straßenlage bei hohen Geschwindigkeiten zu verbessern – was auf der Rennstrecke durchaus Sinn macht, bei gemäßigten Geschwindigkeiten in der Stadt oder auf der Landstraße aber nur den Luftwiderstand und damit den Kraftstoffverbrauch erhöht. Wer also kein Teilzeitrennfahrer ist, verzichtet besser auf schickes Tuningzubehör.

Werfen Sie Ballast ab Je schwerer das Auto, desto mehr Kraftstoff verbraucht es. Entfernen Sie unnötigen Ballast aus dem Kofferraum und von den Rücksitzen.

Wissen SPEZIAL: DIE SCHMUTZIGEN DREI

Ihr Auto hat drei Filter: Luftfilter, Kraftstofffilter und Ölfilter. Sind diese so verunreinigt oder verstopft, dass der Luft-, Kraftstoff- oder Ölfluss behindert wird, lässt die Motorleistung nach. Im Gegenzug steigt der Spritverbrauch. Prüfen Sie daher alle drei Filter in den vom Hersteller empfohlenen Intervallen und lassen Sie diese bei Bedarf austauschen.

Bereits 40 bis 50 kg zusätzlich erhöhen den Kraftstoffverbrauch um bis zu 2 %. Sie finden, das sei nicht gerade viel? Wie man es nimmt: Aufs Jahr hochgerechnet verschwenden Sie eine Tankfüllung, nur weil Sie z. B. zu bequem sind, jedes Mal Ihre Golf- oder Campingausrüstung aus dem Kofferraum zu laden.

Achten Sie auf den richtigen Reifendruck Ungenügend befüllte Reifen haben mehr Rollwiderstand und erhöhen den Kraftstoffverbrauch. Informieren Sie sich, welches der empfohlene Reifendruck für Ihren Autotyp ist, und überprüfen Sie ihn regelmäßig. Die entsprechende Übersichtstabelle des Herstellers finden Sie z. B. an der Innenseite der Tankdeckelklappe, hinter der Sichtschutzblende des Fahrers oder in der Klappe des Handschuhfachs.

Setzen Sie die Klimaanlage sparsam ein Eine Klimaanlage erhöht den Benzinverbrauch um bis zu 10 %. Anstelle des Dauerbetriebs sollten Sie bei hohen Außentemperaturen zunächst einmal die Fenster öffnen. Bei noch kaltem Motor ist der Verbrauch der Klimaanlage besonders hoch. Im Stadtverkehr und auf der Landstraße kühlt der Fahrtwind bei offenen Fenstern effektiver. Bei Geschwindigkeiten über 80 km/h sollten Sie die Fenster hingegen schließen und die Klimaanlage einschalten. Nun beeinflusst der erhöhte Luftwiderstand die Kraftstoffeffizienz negativer als der Verbrauch der Klimaanlage.

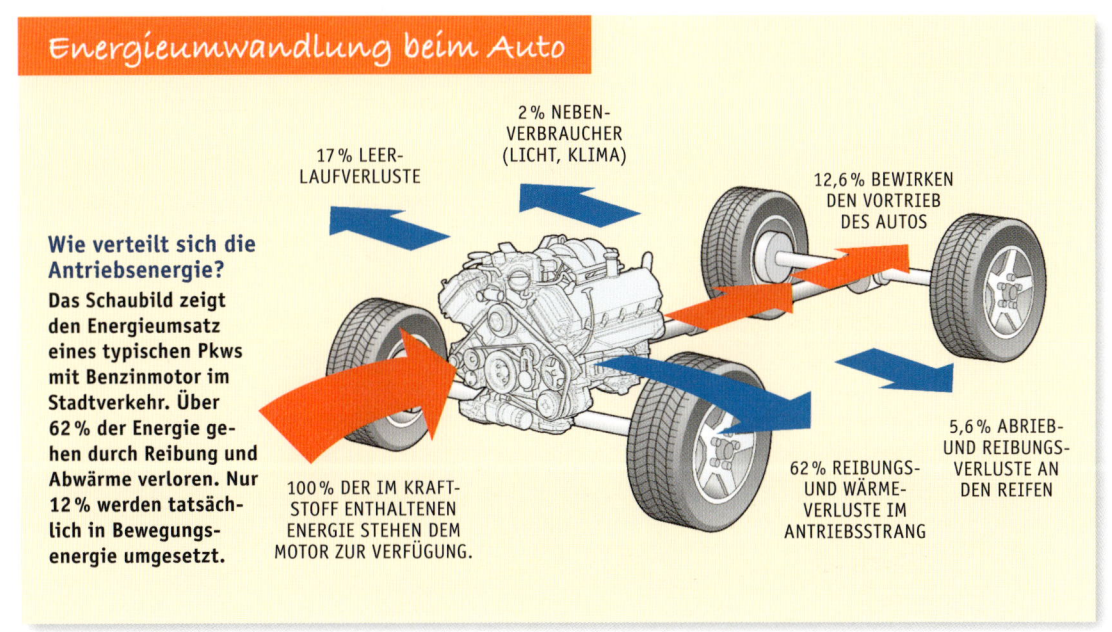

Energieumwandlung beim Auto

Wie verteilt sich die Antriebsenergie?
Das Schaubild zeigt den Energieumsatz eines typischen Pkws mit Benzinmotor im Stadtverkehr. Über 62 % der Energie gehen durch Reibung und Abwärme verloren. Nur 12 % werden tatsächlich in Bewegungsenergie umgesetzt.

- 17 % LEERLAUFVERLUSTE
- 2 % NEBENVERBRAUCHER (LICHT, KLIMA)
- 12,6 % BEWIRKEN DEN VORTRIEB DES AUTOS
- 100 % DER IM KRAFTSTOFF ENTHALTENEN ENERGIE STEHEN DEM MOTOR ZUR VERFÜGUNG.
- 62 % REIBUNGS- UND WÄRMEVERLUSTE IM ANTRIEBSSTRANG
- 5,6 % ABRIEB- UND REIBUNGSVERLUSTE AN DEN REIFEN

Verzichten Sie darauf, aufzurunden Gehören Sie auch zu den Autofahrern, die – wenn der Tank eigentlich schon voll ist – die Zapfpistole noch einmal ansetzen, um auf einen glatten Geldbetrag aufzurunden? Das ist keine gute Idee, denn der Tankstutzen verfügt über eine Überlaufleitung, durch die Sie das mehr getankte Benzin sofort wieder verlieren, wenn Sie das nächste Mal stark beschleunigen oder eine enge Kurve fahren.

Bringen Sie Ihr Auto regelmäßig zur Inspektion und tragen Sie so Sorge dafür, dass Motor und alle anderen Baugruppen im Bestzustand bleiben. Ein gut gewartetes Auto lebt länger und fährt umweltfreundlicher.

Ein Auto für mehrere Fahrer

Eine der effektivsten Möglichkeiten, Benzin und Geld zu sparen, ist es, sich ein Auto mit anderen zu teilen. Hierbei unterscheidet man verschiedene Organisationsmodelle:

Bilden Sie Fahrgemeinschaften Wenn Sie sich mit zwei oder drei Bekannten zusammentun und abwechselnd die Fahrten in die Schule, zur Arbeit, zum Training oder zur Musikprobe übernehmen, senken Sie Ihre Kraftstoffrechnung mühelos um zwei Drittel oder mehr.

Nutzen Sie Mitfahrzentralen Ganz egal, ob Sie einen Kurzurlaub planen oder regelmäßig mit dem Auto auf Geschäftsreise gehen – wenn Sie noch freie Plätze in Ihrem Wagen haben, sollten Sie sich bei einer der vielen Mitfahr-

---

WAS HÄLT SIE DAVON AB, ...

auf ein eigenes Auto zu verzichten?

❏ **DAS SCHRÄNKT MEINE FREIHEIT ZU SEHR EIN.** Zugegeben, die Möglichkeit, jederzeit an jeden beliebigen Ort zu fahren, bieten öffentliche Verkehrsmittel oder Car-Sharing-Modelle nicht. Gleichwohl verschließen viele Autofahrer davor die Augen, wie viel Freiheit in Form von hart erarbeitetem Geld ihnen der eigene Pkw raubt. Berücksichtigt man neben den laufenden Kosten auch Wertverlust, Verschleiß und Instandhaltung, kostet ein aktuelles Dieselfahrzeug der Kompaktklasse laut einer ADAC-Studie 35 Cent pro gefahrenem Kilometer. Schon bei durchschnittlich nur 12 000 km pro Jahr sind das 4200 Euro, die Sie zur Freizeitgestaltung (Urlaub) zur Verfügung hätten – und zwar in einer Welt, die durch Ihren Verzicht um ca. fünf Tonnen CO_2 pro Jahr (Emissionen bei der Herstellung eingerechnet) entlastet würde.

zentralen anmelden. Das geschieht heutzutage am besten online: Über das Internet sind Sie für jeden auffindbar, der zur selben Zeit das gleiche Ziel hat wie Sie. Legen Sie Treffpunkt, Abfahrtszeit und die Höhe der Benzinkostenbeteiligung fest – ohne viel Aufwand haben sich Ihre Reisekosten amortisiert. Oder prüfen Sie, ob nicht für Sie noch ein Platz in einem Fahrzeug frei wäre. Über die Mitfahrzentrale vermittelte Fahrten kosten oft weniger als die Hälfte des Bahnpreises für dieselbe Strecke.

Testen Sie Car-Sharing Vor allem in Städten erfreuen sich Kfz-Nutzergemeinschaften immer größerer Beliebtheit. Sie verzichten auf ein eigenes Auto und unterzeichnen einen Vertrag, der Ihnen das Recht auf die Nutzung der Autos der Car-Sharing-Gesellschaft gibt, die von dieser verwaltet und gewartet werden. Meistens befindet sich ein Standort in einer Entfernung von einer bis zehn Minuten Fußweg von Ihrer Wohnung entfernt, wo die Autos auf einer reservierten Fläche stehen. Für die Mitgliedschaft fällt eine monatliche oder jährliche Gebühr an, dazu kommen Gebühren für die Fahrten, die Sie unternehmen (die auf Stunden- oder Kilometerbasis berechnet werden). Übrigens wird Car-Sharing für immer mehr Firmen zur kostengünstigen Alternative zum traditionellen Fuhrpark.

Mehr zum *Thema* ...

Car-Sharing: www.carsharing.de **(D);** www.carsharing.at **(A);** www.mobility.ch **(CH)**
Mitfahrzentralen: www.mitfahrzentrale.de/.at/.ch
   oder: www.mitfahrgelegenheit.de/.at/.ch
Fahrgemeinschaften: www.fahrgemeinschaft.de **(D);** www.pendlernetz.de/.at/.ch
Energiesparende Fahrweise: www.benzinsparen.eu/energiesparende-fahrweise.htm

Von moderner Technik profitieren

Wenn auch inzwischen immer mehr Menschen mit dem Gedanken liebäugeln, auf ein eigenes Auto zu verzichten, sieht die Realität anders aus: In den meisten Haushalten wird noch viele Jahre lang mindestens ein Privat-Kfz genutzt werden. Angesichts dieser Tatsache ist es nicht nur eine erfreuliche, sondern eine unverzichtbare Entwicklung, dass die Autohersteller die Zeichen der Zeit erkannt haben und immer effektivere und sparsamere Modelle entwickeln.

Antriebseffizienz- und Kostenvergleich

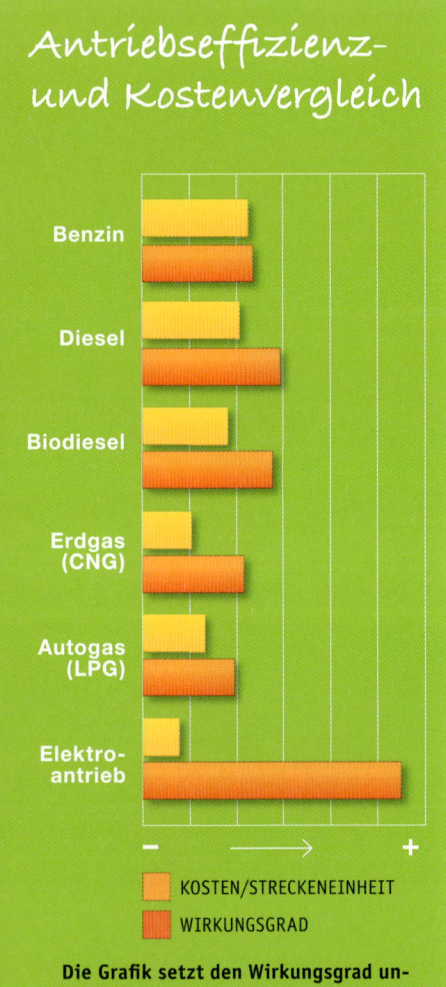

- Benzin
- Diesel
- Biodiesel
- Erdgas (CNG)
- Autogas (LPG)
- Elektroantrieb

■ KOSTEN/STRECKENEINHEIT
■ WIRKUNGSGRAD

Die Grafik setzt den Wirkungsgrad unterschiedlicher Fahrzeugantriebe und die Kosten für die verwendete Energieform in Relation. Ein Elektromotor hat mit über 80 % einen mehr als doppelt so großen Wirkungsgrad wie ein Benzinmotor (ca. 37 %), kostet aber auf gleicher Strecke weniger als die Hälfte.

Elektrofahrzeuge

Unbestreitbar praktisch und umweltfreundlich, standen Elektroautos lange in dem Ruf, langsam und reichweitenbegrenzt zu sein. Erste Serienmodelle erreichten maximal 60 km/h – im Stadtverkehr ausreichend, überland jedoch indiskutabel. Zudem mussten die meisten E-Mobile nach spätestens 100 km an die Ladestation. Wer regelmäßig auf längeren Strecken unterwegs war, hatte damit ein Problem.

Der heutige Stand der Technik Die neuesten Modelle erreichen Spitzengeschwindigkeiten weit über 100 km/h und der Akku muss erst nach mehreren Hundert Kilometern nachgeladen werden. Da sich die technische Leistung immer mehr an die von Autos mit Verbrennungsmotor annähert – allerdings völlig emissionsfrei –, stehen die Chancen nicht schlecht, dass die Zukunft den Elektroautos gehört.

Einstecken und auftanken Elektroautos werden per Akkus mit Energie versorgt, die an Schnellladestationen sowie an gewöhnlichen Steckdosen aufgeladen werden können. Geht man von einem Verbrauch von ca. 15 kWh pro 100 km und einem Arbeitspreis von 23 Cent pro kWh aus, ergeben sich Kosten von rund 3,50 Euro – ein Bruchteil dessen, was Sie für die entsprechende Menge Benzin oder Diesel zahlen.

Atmen Sie auf Autos mit Verbrennungsmotor sind ein Hauptverursacher von Treibhausgasen. Elektroautos dagegen stoßen keine Abgase aus. Die Emissionen, die bei der Stromerzeugung (im Kohlekraftwerk) entstehen, betragen nur ein Drittel der durch konventionelle Motoren erzeugten Menge.

Sauberer und günstiger Anders als fossile Kraftstoffe lässt sich Strom aus erneuerbaren Quellen erzeugen. Wer sein E-Auto mit Ökostrom betreibt, fährt praktisch klimaneutral. Und wer Nachtstrom nutzt, spart dabei noch Geld.

Hybridfahrzeuge

Hybridfahrzeuge kombinieren einen batteriebetriebenen Elektromotor und einen Verbrennungsmotor, wobei die Motoren je nach Fahrsituation und Betriebsmodus sowohl unabhängig voneinander als auch gleichzeitig arbeiten können. Bei den meisten Hybridautos wird der Verbrennungsmotor im Leerlauf abgeschaltet (Start-Stopp-Funktion), der Elektromotor übernimmt das Wiederanfahren und verzögerungsfreie Neustarten des Verbrennungsmotors. Zudem wird die beim Bremsen entstehende Reibungsenergie zum Nachladen der Batterie verwendet (Rekupation).

Gesenkter Kraftstoffverbrauch Da Hybridfahrzeuge unterstützend oder zeitweise sogar ausschließlich vom Elektromotor angetrieben werden, verbrauchen sie erheblich weniger Kraftstoff. Wie hoch die Einsparung genau ist, hängt davon ab, welches Modell Sie fahren. Eine Größenordnung von 35–55 % ist aber durchaus realistisch.

Reduzierte Emissionswerte Ebenfalls aufgrund der Kombination von Elektro- und Verbrennungsaggregat produzieren Hybridfahrzeuge deutlich weniger Schadstoffe und Treibhausgase. Auch hierzu sind unterschiedliche Werte zu finden, doch eine Reduzierung um 50–60 % ist Standard. Durch die Start-Stopp-Funktion werden an roten Ampeln oder im Stau überhaupt keine Emissionen verursacht.

Optimierte Fahrleistung Verbrennungsmotor und Elektroantrieb interagieren in Hybridfahrzeugen so, dass stets die optimale Leistung (Drehmoment) bei größtmöglicher Effizienz zur Verfügung steht. So kann der E-Motor das Beschleunigungsverhalten unterstützen. Wird dann die Fahrt mit konstanter Geschwindigkeit fortgesetzt, lädt der Verbrennungsmotor (Benziner oder Diesel) die Batterie bei möglichst engergiesparender Drehzahl wieder auf. Ermöglicht wird dies durch innovative, stufenlose und äußerst variable Getriebe. So ergibt sich ein reduzierter Verbrauch bei teilweise sogar gesteigerter Gesamtmotorleistung.

Dieselfahrzeuge

Dieselmotoren galten lange Zeit als schwerfällige Rußschleudern, bis Entwicklungen wie Turbolader und elektronische Einspritzung die Leistung der Selbstzünder enorm verbesserten. Da Dieselkraftstoff auch in Zeiten steigender Benzinpreise relativ günstig blieb, setzte in den 1990er-Jahren ein regelrechter Boom ein. Doch nicht zuletzt vor dem Hintergrund der Feinstaubverordnung der EU wächst die Skepsis gegenüber Dieselmotoren. Über die Vor- und Nachteile dieses Antriebs sollte man sich im Klaren sein.

Höherer Wirkungsgrad Aufgrund der höheren Verdichtung und der Selbstentzündung des Gemischs nutzt ein Dieselaggregat die im Kraftstoff gespeicherte Energie bis zu 20 % besser als ein Benzinmotor.

Sauberer mit Biodiesel? Die Erkenntnis, dass Dieselmotoren älterer Bauart anstatt mit Mineralöldiesel auch mit einem aus Raps- oder Sojaöl – und somit aus nachwachsenden Rohstoffen – gewonnenen Ersatzkraftstoff betrieben werden können, schürte Träume vom umweltverträglichen Verbrennungsmotor. In der Tat weist Biodiesel eine günstigere CO_2-Bilanz auf als fossile Brennstoffe und senkt die Rußemissionen der Motoren um bis zu 50%. Die anfängliche Euphorie wurde jedoch gedämpft durch die technischen und ökologischen Probleme, die sich aus einer Verwendung von Biodiesel im größeren Rahmen ergeben.

- Selbst um einen Anteil von nur 5 % des im Schnitt verbrauchten Dieselkraftstoffs zu ersetzen, müsste auf 50 % der (in Mitteleuropa ohnehin begrenzten) Ackerflächen Raps angebaut werden. Der Import von Biodiesel stellt keine Alternative dar, da das Problem des hohen Flächenbedarfs lediglich in andere Länder verlagert und die CO_2-Bilanz zudem durch lange Transportwege belastet würde.
- Die Bezeichnung Biodiesel bezieht sich auf die Tatsache, dass zur Herstellung auf pflanzliche Ressourcen zurückgegriffen wird. Mit nachhaltigem oder gar biologischem Landbau hat die Produktion von Biokraftstoffpflanzen nichts zu tun. Im Gegenteil, häufig erfolgt der Anbau in gigantischen Monokulturen, für die einige Ländern sogar die Rodung von Regenwäldern in Kauf nehmen.
- In seiner Reinform oder in höheren Beimischungen verwendet, verursacht Biodiesel Ablagerungen im Motor, die einen häufigeren Wechsel des Kraftstofffilters erforderlich machen und den Einsatz in Verbindung mit einer Einspritzung oder einem Rußpartikelfilter extrem einschränken. Seit die strengen EU-Normen für den Rußpartikelausstoß praktisch nur noch mit Partikelfilter zu erfüllen sind, wird die Liste der für reinen Biodiesel zugelassenen Fahrzeuge daher von Jahr zu Jahr kürzer. Lediglich in einer Konzentration von 5 % im Mineralöldiesel sind keine technischen Beeinträchtigungen zu befürchten. In Deutschland ist diese Beimischungsquote seit 2007 vorgeschrieben.

Sparen an der Zapfsäule Lange Jahre lagen die Preise für Diesel deutlich unter denen für Benzin. Dieser Umstand führte dazu, dass der Unterschied in den Betriebskosten von Diesel- und Benzin-Pkws recht deutlich ausfiel. In den letzten Jahren hat sich das Preisniveau von Diesel dem von Benzin angenähert und die Kfz-Steuer für Dieselfahrzeuge ist gestiegen. Wer einen Diesel fährt, spart zwar immer noch Geld, aber spürbar weniger als früher.

Feinstaub und Ruß vermeiden Der größte Nachteil von Dieselmotoren ist nach wie vor der im Vergleich zum Benziner höhere Anteil an schädlichen Partikeln, die bei der Verbrennung entstehen. Diesel ist ein niedriger raffinierter Kraftstoff als Benzin, weswegen Dieselmotoren zwar weni-

---

SPITZEN-SPARER

Machen Sie den **Kraftstoffverbrauch** zu einem Ihrer Hauptkriterien bei der Anschaffung eines neuen Fahrzeugs. Denn das Spektrum reicht von über **10 l/100 km** bis zu **3 l/100 km**. Sie sparen also **70 %** der Betriebskosten.

ger Treibhausgase, aber mehr Stickoxide und Feinstaub bzw. Ruß produzieren. Wenn Sie sich also zum Kauf eines Dieselfahrzeugs entschließen, achten Sie darauf, dass es mit einem Feinstaubfilter versehen ist. So ausgestattet erfüllen moderne Dieselmotoren allerdings selbst die strengsten Abgasnormen und sind eine energieeffiziente und kostengünstige Alternative zum Benzinmotor.

Benziner effizient nutzen

Der Wirkungsgrad der Energieumwandlung ist bei benzinbetriebenen Verbrennungsmotoren allgemein niedriger als bei Elektro-, Hybrid- oder Dieselfahrzeugen. Das bedeutet aber keineswegs, dass es nicht auch bei Benzinfahrzeugen Möglichkeiten gibt, den Energieverbrauch zu reduzieren. Hier einige Grundregeln, die Ihnen die Entscheidung im Fall einer Neuanschaffung erleichtern sollen.

Lieber klein als groß Ein kleines Auto mit einem Vierzylindermotor verbraucht naturgemäß weniger Benzin, ist umweltfreundlicher und hat niedrigere Betriebskosten als stärker motorisierte, schwerere Modelle. Entgegen aller Entwicklungen auf dem Gebiet des Klimaschutzes kommen immer mehr Neuwagen auf den Markt, die aufgrund ihrer Ausmaße, ihres Gewichts und ihrer Leistung weiterhin über 10 l pro 100 km verbrauchen – obwohl die Effizienz der Benzinmotoren im letzten Jahrzehnt ganz erheblich gesteigert wurde. Diesen Benzinschluckern stehen Modelle entgegen, die durchschnittlich mit weniger als 5 l pro 100 km auskommen. Genaue Verbrauchswerte entnehmen Sie Tests in Fachzeitschriften sowie den Herstellerangaben.

Schaltgetriebe schlägt Automatik Auch wenn es von Modell zu Modell Unterschiede im Benzinverbrauch gibt, kann man allgemein davon ausgehen, dass Autos mit Schaltgetriebe einen bis zu 1 l pro 100 km geringeren Verbrauch haben als Autos mit Automatik.

Sparsam unterwegs auf zwei Rädern Von allen benzinbetriebenen Fahrzeugen sind Motorroller und Motorräder diejenigen mit der höchsten Kraftstoffeffizienz. Auf einem Roller mit einem Hubraum von 50 cm^3 kommen Sie mit einem Liter Benzin ca. 75 km weit und selbst die stärksten Motorräder schaffen mit einem Liter noch eine Strecke von 15 – 20 km, während die durchschnittliche Familienlimousine mit einem Liter Benzin nur 10 km weit kommt. Wer häufig allein unterwegs ist, kann viel Geld sparen, wenn er auf zwei Räder umsteigt.

Alternative Kraftstoffe

Ein herkömmliches benzinbetriebenes Auto mit etwas anderem als Benzin zu fahren kann durchaus Vorteile haben. Wenn Sie die Betriebskosten senken und gleichzeitig weniger Verschmutzung produzieren möchten, bietet sich die Umrüstung auf Autogas (LPG) an. Mit noch weniger Aufwand lässt sich der Umbau von Benzinmotoren auf den Kraftstoff Ethanol vornehmen. Beide Alternativen haben Vor- und Nachteile. Alles Wissenswerte finden Sie hier.

Fahren mit Ethanol

Ethanol ist ein Treibstoff auf Alkoholbasis, der aus erneuerbaren Rohstoffen hergestellt wird, meist Getreide oder Zuckerrüben. Im Handel ist dieser Biosprit in den Varianten E85 (85 % Beimischung zum Superbenzin) und E10 (10 %-ige Beimischung). Während Letztes bis auf wenige Ausnahmen für nahezu alle Benzinmotoren ohne weitere Modifikation verträglich ist, erfordert E85 ein Umrüstung der Motorsteuerung sowie auf Ethanol ausgelegte Kraftstoffleitungen. Das Netz an E85-Tankstellen in Deutschland, Österreich und der Schweiz ist zwar nahezu flächendeckend, wenngleich auch alles andere als feinmaschig.

Biosprit – Pro und Kontra Während in einigen Ländern wie Brasilien die Produktion und der Handel mit Biokraftstoffen (vorwiegend aus Zuckerrohr) vehement vorangetrieben wird, vertreten nicht wenige Fachleute die Auffassung, dass die Verwendung von Ethanol als Kraftstoff untragbar ist. Im Einsatz von Energie, Land, Wasser und Ressourcen für den Anbau von Getreide, Zuckerrohr oder anderen Pflanzen, die in Treibstoff verwandelt werden, anstatt Menschen zu ernähren, sehen sie keinen ökologischen Vorteil.

Stellen Sie sich auf höheren Verbrauch ein Die Verwendung von Ethanol senkt den Kraftstoffverbrauch nicht, sondern erhöht ihn. Herkömmliches Superbenzin ist um ca. 30 % effizienter als Ethanol, was bedeutet, dass beim Tanken von Benzin, dem 5 % Ethanol beigemischt sind, der Verbrauch um ca. 1,5 % steigt, liegt der Anteil von Ethanol bei 10 %, steigt der Verbrauch um 3 %, und so weiter. Allerdings darf man dabei nicht außer Acht lassen, dass Ethanoltreibstoff im Schnitt ca. ein Drittel weniger kostet.

Umweltverträglicher fahren Ihr Auto verbraucht also mehr Kraftstoff, wenn es mit einer Ethanolmischung betankt wird, gleichzeitig geht aber die Luftverschmutzung zurück. Ethanol hat gewisse chemische Eigenschaften, durch die die Wirkung des Benzins im Motor verändert wird, mit dem Ergebnis, dass weniger Kohlenstoffdioxid und andere Schadstoffe durch den Auspuff in die Luft geblasen werden. Allerdings ist strittig, ob der Zusatz von Ethanol zu erhöhtem Ausstoß von Aldehyden führt.

Ethanoleignung beim Hersteller erfragen Ob und, falls ja, in welcher Konzentration der Motor Ihres Autos für den Betrieb mit Ethanol geeignet ist, erfahren Sie am zuverlässigsten beim Hersteller. Insbesondere bei älteren Fahrzeugen sollten Sie eher davon ausgehen, dass Kraftstoffleitungen und Dichtungen Biosprit nicht vertragen.

Mehr zum *Thema* ...

Die beliebtesten Elektroautos:
www.grueneautos.com/kategorie/antriebskonzepte/elektroautos

Die neuesten Hybridfahrzeuge: www.hybrid-autos.info/

Alternative Kfz-Treibstoffe: www.kfz-alternativ.de

Gas tanken in Europa: www.gas-tankstellen.de/menu.php?jump=menu

Ökologische Bewertung eines Automobils:
http://de.cars.yahoo.com/auto-und-umwelt/oeko-rating.html

Biokraftstoffe: www.bio-kraftstoffe.info

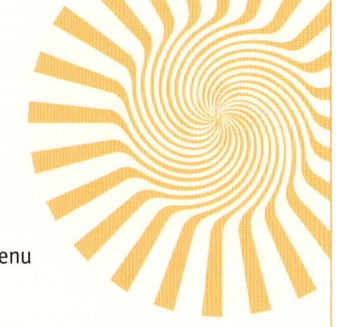

Fahren mit Autogas (LPG)

Bei Autogas (fachsprachlich auch LPG, von engl. *liquified petroleum gas*) handelt es sich um eine Mischung aus Propan und Butan, die bereits bei geringem Druck verflüssigt und als Treibstoff für Viertakt-Verbrennungsmotoren verwendet werden kann. Die Umrüstung eines Benzinfahrzeugs ist relativ problemlos – ein Grund, weshalb Autogas inzwischen zur verbreiteten Alternative zu Benzin geworden ist.

Sauber fahren mit Autogas Autogas ist eine umweltfreundliche Alternative zu anderen Brennstoffen. Autos, die mit diesem Flüssigtreibstoff betankt werden, setzen deutlich weniger CO_2 frei als Benzinmotoren und sind, was den Ausstoß von Feinstaub und Ruß betrifft, auch Dieselmotoren klar überlegen. Zudem ist der Verschleiß von Autogasmotoren gering, was sich in gesenkten Wartungskosten und einer höheren Lebensdauer niederschlägt.

Sie sparen Geld, aber nicht Treibstoff Tatsächlich verbrennen Autogasmotoren 30 % mehr Treibstoff als Benzinmotoren vergleichbarer Leistung, sodass Autogas zwar ein sauberer Kraftstoff ist, allerdings kein besonders energiesparender. Dennoch sparen Sie Geld: Zum einen kostet Autogas nur ca. 75 % so viel wie Benzin, zum anderen sind die Betriebskosten geringer.

Flugreisen

Flugreisen haben eindeutig negative Auswirkungen auf die Umwelt: Für das Abheben eines Flugzeugs vom Boden sind enorme Mengen an Treibstoff erforderlich. Insgesamt gesehen sind die Emissionen pro Kilometer für Flugreisen nicht viel höher als für Autofahrten, doch das Problem ist, dass mit einem Flugzeug eher große Strecken zurückgelegt werden, die wir mit dem Auto gar nicht erst fahren würden. Daher erreichen die Zahlen für den CO_2-Ausstoß je Passagier schwindelerregende Höhen.

Urlaub zu Hause statt in der Ferne Beim Planen des nächsten Urlaubs sollten Sie auch Reiseziele in der Nähe ins Auge fassen. Warum spielen Sie nicht eine Woche an Ihrem Wohnort Tourist und entdecken ihn zu Fuß, mit dem Fahrrad oder den öffentlichen Verkehrsmitteln neu?

Mit dem Zug oder dem Bus anreisen Bus- oder Bahnreisen sind eine gute Methode, Regionen oder Städte zu erkunden, die Sie in wenigen Stunden Fahrt erreichen können. Gegenüber einer Flugreise sparen Sie Geld, Energie und Treibhausgasemissionen ein.

Vermeiden Sie Kurzstreckenflüge Da bei Start und Landung besonders viel Treibstoff verbraucht wird, haben Kurzstreckenflüge umgerechnet auf den Kilometer schädlichere Auswirkungen als Langstreckenflüge. So gesehen sind Städteflüge schädlicher für die Umwelt als internationale Flüge. Suchen Sie wann immer möglich nach Alternativen. Für private Reisen könnten Sie mit der Bahn fahren, anstelle einer Geschäftsreise können Sie eine Telefon- oder Videokonferenz in Betracht ziehen.

Verbinden Sie Ziele zu einer Rundreise Versuchen Sie, mehrere Einzelreisen zu naheliegenden Zielen geschickt zu verbinden. Eine Flugreise ist ökologisch weniger schädlich, wenn Sie mehrere Ziele auf einer Reise in Folge anfliegen, als wenn Sie von jedem Ort aus eigens nach Hause fliegen.

Mit leichtem Gepäck reisen Nicht zuletzt das Gewicht, das ein Flugzeug transportieren muss, hat Einfluss auf die benötigte Menge an Treibstoff. Wenn Sie für Ihre nächste Reise eine kleinere Tasche packen, tragen Sie dazu bei, den Treibstoffverbrauch des Flugzeugs zu reduzieren – und damit dessen CO_2-Ausstoß.

> *Ein Hin- und Rückflug von Mitteleuropa in die USA produziert die gleiche Menge an Treibhausgasen wie ein ganzes Jahr Autofahren.*

Mehr zum *Thema* ...

Berechnung des CO_2-Ausstoßes je nach Verkehrsmittel: www.iwr.de/re/eu/co2/co2.html
Urlaub ohne Auto: www.vertraeglich-reisen.de/sanft-mobil/umweltaspekte.php
Klimabelastung durch Flugverkehr: www.bund.net/themen_und_projekte/verkehr/luftverkehr

Klimaschonend reisen

Selbst wenn man kein Fan von Bio-Hotels oder Bio-Agriturismo-Höfen inmitten der unberührten Natur ist, kann man gerade in der Urlaubszeit mit überlegter Planung und Auswahl die Umwelt und die Ressourcen schonen.

Klimaschonend anreisen Schon bei der Anreise gibt es gute Alternativen zu Auto oder Flugzeug: Das Netz der Zug-, Bahn- und Fährverbindungen ist in Europa hervorragend ausgebaut und bringt Sie in fast allen Fällen direkt zum Ziel. Sollte Ihre Unterkunft noch ein Stück vom letzten Bahnhof entfernt sein, können Sie sich sicher vom Vermieter bzw. Hotel abholen lassen.

Mit dem Rad Ob E-Bike oder Drahtesel – mit dem Fahrrad sind Sie immer klimaschonend unterwegs. Erkundigen Sie sich bei der Urlaubsplanung nach einem Fahrradverleih oder buchen Sie einen Radurlaub mit der ganzen Familie. Kinder, die auf diese gesunde Weise Eindrücke nah an der Natur sammeln, entwickeln zur Umwelt eine positive Einstellung, die sie ihr ganzes Leben lang begleitet.

Öffentliche Verkehrsmittel Auch in fremden Städten und fernen Ländern verbrauchen Busse, Straßenbahnen oder Fähren weniger Treibstoff pro Kopf als das Auto. Planen Sie von vornherein alle Aktivitäten umweltbewusst.
- Sparen Sie sich den Stress der Parkplatzsuche und die teuren Parkgebühren. Genießen Sie die Fahrt im Bus und die kundige Reiseleitung, wenn Sie einen Ausflug machen und Städte wie Florenz besichtigen wollen.
- Nicht nur alle Metropolen der Welt, sondern auch kleine Städte besitzen ein ausgebautes Netz an öffentlichen Verkehrsmitteln. Erkundigen Sie sich schon vor Antritt der Reise im Internet oder im Reiseführer nach den Stationen, Tarifen und dem Streckennetz.

Die Unterkunft bewusst wählen Weltweit haben Hoteliers die Zeichen der Zeit verstanden und ihre Häuser umweltbewusst gebaut und ausgestattet. Suchen Sie gezielt nach Ferienresidenzen mit Solarstrom, Biogasanlage, regionaler Bio-Küche usw. – Sie helfen damit, das Umdenken zu beschleunigen.

Im Hotelzimmer Der gern gesehene Gast verhält sich im Hotelzimmer rücksichtsvoll – auch der Umwelt gegenüber.
- In den meisten Hotels erinnern entsprechende Hinweise daran, dass das unmäßige Waschen von Handtüchern und Bettwäsche das Wasser mit Waschmittelrückständen belastet. Geben Sie deshalb nur wirklich gebrauchte Handtücher in die Wäsche.
- Denken Sie an die CO_2-Emissionen und lassen Sie die Heizung nicht ununterbrochen und auf höchster Stufe laufen. Das schadet nicht nur der Umwelt, sondern auch Ihrer Haut und den Atemwegen – sie trocknen aus.

Regional und fair genießen Gerade im Urlaub ist Zeit, bewusst zu genießen. Machen Sie sich auf die Suche nach Lokalen, in denen man ökologische Lebensmittel aus der Region schonend zubereitet. Bevorzugen Sie Hotels und Restaurants, die mit Fair-Trade-Lieferanten arbeiten, keine gefährdeten Fischarten servieren und die – wenn möglich – auch Mineralwasser aus der Umgebung führen.

Wer im Hotel dafür Sorge trägt, dass seine Handtücher nur zweimal die Woche statt täglich gewechselt werden, reduziert seinen CO_2-Ausstoß als Urlaubsgast um

70 %

Mehr zum Thema ...

Umweltfreundlicher Urlaub in Mitteleuropa: www.biohotels.info
Ökourlaub in Italien: www.agriturismo.it/de
Nachhaltig reisen: www.wwf.de/themen/tourismus/nachhaltig-reisen-aber-wie
Urlaub mit dem Fahrrad: www.urlaub-anbieter.com/urlaub-fahrradurlaub.htm

MIT BEDACHT ESSEN

Welche Folgen Ihre Ernährung für die Umwelt hat, hängt von vielen Faktoren ab. Anbau, Verarbeitung, Lagerung und Transport von Lebensmitteln kosten Energie und erzeugen Treibhausgase. Je mehr frische, regional angebaute und der Jahreszeit entsprechende Lebensmittel Sie auf den Speiseplan setzen, desto geringer die ökologischen Auswirkungen.

Teuere Lebensmitteltransporte

Wir empfinden es als selbstverständlich, dass wir zu jeder Jahreszeit alle Obst- und Gemüsesorten kaufen können, auf die wir Lust haben. Doch wenn wir im Winter Pfirsiche oder im Herbst Spargel essen möchten, werden diese von der anderen Seite des Globus, wo sie gerade Saison haben, zu

WAS HÄLT SIE DAVON AB, ...
weniger Fertigprodukte zu verzehren?

☐ **ICH ERNÄHRE MICH DOCH AUSGEWOGEN UND GESUND.** Auch wer Fleisch, Fisch und Milchprodukte nur in Maßen isst und auf eine ausgewogene Ernährung achtet, kann die Umwelt unnötig belasten, weil er häufig auf industriell verarbeitete Lebensmittel zurückgreift. Für die globale Energiebilanz ist es ein erheblicher Unterschied, ob man z. B. Erbsen und Linsen aus der Dose kauft oder in loser, getrockneter Form. Spinat aus der Tiefkühltruhe ist nicht zwangsläufig weniger gesund als frischer Blattspinat, aber die Herstellung ist deutlich energieaufwendiger. Besonders eklatant ist dieses Missverhältnis bei Instantkaffee, Soßenpulver oder vorgekochten Nudelsoßen.

uns gebracht. Dafür legen Lastwagen, Züge, Frachtschiffe und Flugzeuge Hunderte, ja Tausende von Kilometern zurück, verbrauchen Kraftstoff und ziehen eine Spur von ausgestoßenem CO_2 hinter sich her.

Was ist ein Lebensmittelkilometer? Ein Maß für die Entfernung, die unsere Lebensmittel zurücklegen, bevor sie auf unserem Teller landen. Wer regional und saisonal erzeugten Lebensmitteln den Vorzug gibt vor Importware, die mit vielen Lebensmittelkilometern belastet ist, spart meistens Geld. Gleichzeitig entscheidet er sich bewusst gegen eine Konsumgewohnheit, die der Umwelt schadet.

Als Grundregel gilt: Regional kaufen hat immer Vorrang, auch vor dem Kauf von fair gehandelten Produkten. Selbst wenn faire Erzeugerpreise gezahlt werden, legen diese Lebensmittel meist weite Transportwege zurück und sind somit ökologisch gesehen nicht nachhaltig.

Selbst anbauen Den kürzestmöglichen Weg bis zu Ihrem Tisch legen Lebensmittel zurück, die Sie selbst anbauen. Sogar wer keinen Garten hat, kann ein oder zwei Blumenkästen mit Gemüse bepflanzen. Dass sich die Mühe lohnt, werden Sie sehen, wenn Sie frische Paprikaschoten oder reife Kirschtomaten für Ihr Abendessen direkt von der Ranke oder vom Strauch ernten. Frischer geht es nicht!

Auf dem Markt einkaufen Selbst in Großstädten gibt es regelmäßig Markttage. Die dort angebotenen Waren werden direkt von den Erzeugern angeliefert, sind also jahreszeitgemäß und ganz frisch. Da die Anbieter häufig aus der näheren Umgebung kommen, sind die Produkte noch dazu mit sehr wenigen Lebensmittelkilometern belastet.

WAS HÄLT SIE DAVON AB, …

Lebensmittel selbst anzubauen?

❏ **ICH HABE KEINEN GARTEN.** Selbst wenn Sie in einem Einzimmerappartement wohnen, gibt es Möglichkeiten für den Eigenanbau. Auf jeder Art von Freifläche – ein Balkon oder selbst ein Fensterbrett reichen aus – können Sie frisches Obst und Gemüse anpflanzen. Kräuter, Salat, Erdbeeren und sogar Tomaten gedeihen in Töpfen. In Gärtnereien und Gartencentern gibt es eine große Auswahl an Vorrichtungen, mit denen Sie trotz Platzmangels selbst anbauen können: Säcke, in denen Tomaten hängend angepflanzt werden, Hydrokulturtöpfe für den Anbau von Salat und vielem anderen auf der Fensterbank.

Frische Bioprodukte frei Haus geliefert In Ballungsräumen hat sich in den letzten Jahren ein System – genannt Bio- oder Ökokiste – etabliert, bei dem Sie frische, regional und biologisch erzeugte Produkte direkt vor die Haustür Ihrer Stadtwohnung geliefert bekommen. Welche Größe und Zusammensetzung Ihre Kiste haben soll, entscheiden Sie selbst. So können Sie z. B. wählen, ob ausschließlich regional erzeugte Produkte oder auch (nachprüfbar zertifizierte) Lebensmittel aus überregionalen Biobetrieben enthalten sind. Das Angebot umfasst häufig auch Milch- und Fleischprodukte. Auf diese Weise bildet die Biokiste eine zeitsparende Alternative zum Gang auf regionale Bauernmärkte, die gerade in Großstädten nur sporadisch zu finden sind.

Treibhausprodukte meiden Obst und Gemüse, das nicht der Jahreszeit entspricht, kommt entweder aus fernen Ländern ins Supermarktregal oder es wurde in Treibhäusern gezogen. Die dort praktizierten Anbautechniken sind ökologisch meist ebenso wenig verträglich wie der Import über lange Transportwege. Wer sich an Produkte der Jahreszeit hält, wählt für beide Probleme die richtige Lösung.

In Mitteleuropa ist die Entfernung, die Lebensmittel im Durchschnitt zurücklegen, seit 1978 um 50 % gestiegen.

Mehr zum Thema ...

Die lange Reise bis zum Kochtopf: www.verbraucherfuersklima.de/cps/rde/xchg/projektklima/hs.xsl/die_lange_reise_bis_zum_kochtopf.htm

Biokistenlieferung in Ihrer Region: www.oekokiste.de

Saisonale Rezepte: www.regional-saisonal.de/hinter-den-kulissen
(beim Klick auf „Saisonale Rezepte" wird der aktuelle Monat aufgerufen)

Saisonkalender für heimisches Obst und Gemüse: www.aid.de/ernaehrung/saisonkalender.php
(zum Herunterladen und Ausdrucken auf „Datei öffnen" klicken)

Obst und Gemüse aus Bioanbau

Biolebensmittel werden nachhaltig angebaut. Das heißt, dass die negativen Auswirkungen auf die Umwelt und auf das Wohlbefinden von Nutztieren so gering wie möglich gehalten werden. Obst und Gemüse mit Biosiegel werden nicht mit Kunstdünger oder Pestiziden behandelt; tierische Bioprodukte (einschließlich Fleisch und Eier) stammen von Höfen, auf denen die Tiere artgerecht gehalten werden und die Schlachtung so schonend wie möglich erfolgt. Dennoch bedeutet „bio" nicht automatisch, dass auch bei Verpackung und Transport auf reduzierten Energieverbrauch und Ausstoß von CO_2 geachtet wird. Wenn Sie darauf Wert legen, beachten Sie nachfolgende Punkte:

Bio regional einkaufen Lebensmittelkilometer können auch Bioprodukte belasten. Der ökologische Nutzen beim Kauf einer Biotomate wird ernsthaft infrage gestellt, wenn diese bereits per Luftfracht Tausende von Kilometern zurückgelegt hat. Ebenso gilt, dass Sie Bioobst und -gemüse der Saison kaufen sollten, da diese mit hoher Wahrscheinlichkeit aus regionaler Produktion stammen.

Einen Blick auf das Etikett werfen Die Nachfrage nach nachhaltig erzeugten Lebensmitteln ist so gestiegen, dass es für skrupellose Unternehmer sehr einträglich wäre, auch nicht biologisch angebautes Obst und Gemüse als Erzeugnisse aus biologischem Anbau zu verkaufen. Um dies zu verhindern, gibt es landesweite – und seit Juli 2010 auch ein EU-weites – einheitliche Biosiegel, die jeden Verdacht ausräumen sollten. Vergewissern Sie sich stets, dass auf dem Etikett das entsprechende Siegel oder Logo steht. Nur dann können Sie sicher sein, ein Bioprodukt zu kaufen.

Mit nur einem Fleischgericht weniger pro Woche reduzieren Sie den Ausstoß von Treibhausgasen um 300 kg jährlich.

Mehr zum *Thema* …

Biosiegel in Deutschland: www.bio-siegel.de
Biosiegel in Österreich: www.ama-marketing.at/amabiozeichen
Biosiegel in der Schweiz: www.bio-suisse.ch/de/portrait.php

Fleisch, Fisch und Milchprodukte

Bei der Haltung von Tieren als Nahrungsquelle werden enorme Mengen an natürlichen Ressourcen und Energie verbraucht, hohe CO_2-Emissionen freigesetzt und Tonnen von schwer zu entsorgendem Müll produziert. Vegetarier sind weit voraus, wenn es um eine energiesparende, emissionsarme und abfallsparende Ernährung geht, doch auch Fleischliebhaber können mit einigen kleinen Änderungen in ihren Ernährungsgewohnheiten Positives bewirken.

Essen Sie weniger rotes Fleisch Bis ein Stück Fleisch auf Ihrem Teller liegt, ist viel Energie verbraucht worden. Wenn Sie Ihrer Familie 1 kg Steak servieren, sind dafür mehr

Treibhausgase erzeugt worden, als wenn Sie zu Hause alle Lichter eingeschaltet lassen und mehrere Stunden lang im Familienauto herumfahren würden. Der vollständige Verzicht auf rotes Fleisch wäre am sinnvollsten, doch bereits mit einer entsprechenden Fleischmahlzeit weniger pro Woche leisten Sie einen Beitrag zur Reduzierung der globalen Treibhausgasemissionen.

Essen Sie eher Schweine- und Hühnerfleisch Erzeugnisse vom Schwein haben eine bessere CO_2-Bilanz als Rind oder Lamm, noch besser schneidet Hühnerfleisch ab.

Tunfisch? Nein danke! Sagen Sie außerdem Nein zu Schwertfisch. Der gewerbliche Fang solcher Großfische erfolgt durch Hochseefangflotten mit einem enormen Verbrauch an fossilen Brennstoffen, die das Klima mit großen Mengen an Treibhausgasen belasten. Tunfisch und Schwertfisch sind zusammen mit Rindfleisch die ökologisch am wenigsten sinnvoll erzeugten Lebensmittel, die Sie essen können, und zudem in ihrem Bestand extrem gefährdet.

Lieber kleinere Fische Kleinere Fischarten wie Sardinen, Heringe oder Makrelen leben in Schwärmen in Küstennähe – die Fischkutter müssen also keine weiten Strecken zurücklegen, um einen lohnenden Fang zu machen, und sind nicht darauf angewiesen, die Fische über einen längeren Zeitraum einzufrieren oder zu kühlen. Kleine Fische sind die energieeffizientere Ernährungsoption.

Tiefkühl- und Dosenfisch vermeiden Tiefkühlfisch (dazu zählen auch Fischstäbchen) und Dosenfisch (einschließlich Tunfisch- und Sardinenkonserven) sind besonders energieintensiv. Auf jedem Schritt der Reise vom Ozean bis auf Ihren Esstisch wird Energie verbraucht: Bei der Verarbeitung des rohen Fisches in ein gehäutetes und filetiertes Produkt, bei der Herstellung der Verpackung für den verarbeiteten Fisch und beim Transport des Produkts von der Verarbeitungsanlage zum Supermarkt. Wenn Sie Appetit auf Fisch haben, suchen Sie einen Fischhändler oder eine Fischzucht vor Ort auf und kaufen dort ein.

Vorsicht bei Meeresräubern aus Aquakulturen Viele Meerestiere, die wir verzehren, sind gezüchtet. Während die Zucht pflanzenfressender Fische relativ nachhaltig erfolgt, gilt dies nicht für Räuber wie Lachs, Kabeljau oder Dorade, die Unmengen an Kraftfutter benötigen. So werden für 1 kg Zuchtlachs bis zu 12 kg Futterfische benötigt. Zwar gibt es Fischfarmen, auf denen nachhaltige Alternativen erprobt werden, doch meist ist die Zucht von Raubfischen ineffizient. Gleiches gilt für Garnelen aus Aquakulturen.

Weniger Milchprodukte Die Haltung von Milchvieh ist ähnlich schädlich und klimabelastend wie die Zucht von Schlachtvieh. Wer weniger Butter, Milch und Käse auf den Speiseplan setzt, verbessert die Welternährungsbilanz.

Mehr zum *Thema* ...

Wie werde ich Vegetarier? www.vegetarische-initiative.de/vegetarisch_leben.htm
Alternativen zum Fleisch: www.vegetarismus.ch/rezepte/alternativen.htm
Nachhaltige Fleischproduktion: www.visionlandwirtschaft.ch/landwirtschaft/produktionundkonsum/nachhaltige-fleischproduktion.html
Gefährdete Speisefischarten: www.greenpeace.de/themen/meere/fischerei

ANDEREN EIN VORBILD SEIN

Daheim sind Sie natürlich König, doch ein Großteil des Lebens findet vor Ihrer Haustür statt. Selbst wenn es nicht Ihr Geld ist, das gespart wird, wenn Sie zu mehr Energieeffizienz an Ihrem Arbeitsplatz oder in der Schule beitragen – den Öko-Fußabdruck der Gesellschaft insgesamt verbessern Sie. Gehen Sie mit gutem Beispiel voran und leben Sie Energiesparen vor, wann immer möglich. Wer es sich zutraut, spricht die Verantwortlichen direkt an, um Veränderungen auf größerer Ebene zu bewirken.

Energiesparen am Arbeitsplatz

Das moderne Büro ist mit Elektronik vollgepackt: Nicht nur Leuchten, Computer und Drucker, auch Geräte wie Kaffee- und Getränkeautomaten gehören dazu. Weil diese nach Büroschluss oft eingeschaltet bleiben, wird viel Energie verschwendet. Wer daran denkt, die Geräte nach Dienstschluss auszuschalten, leistet einen deutlich spürbaren Beitrag zur Energiebilanz und zum Klimaschutz.

Was Sie tun können

Dem Computer seinen Feierabend gönnen Computer verbrauchen auch im Stand-by-Modus Energie. Wer den Rechner regelmäßig über Nacht im Stand-by-Modus laufen lässt, verschwendet bis zu 1 kWh wöchentlich. Schalten Sie den Computer nach getaner Arbeit stets am Hauptschalter aus, insbesondere übers Wochenende. Auf das Jahr gerechnet kann das die Betriebskosten um bis zu 75 % senken.

Wann immer möglich: Monitor aus Ein 17-Zoll-Standardmonitor verbraucht zwischen 100 und 150 W Strom, wenn er angeschaltet ist. Dabei ist unerheblich, ob nur ein Bildschirmschoner oder ein Firmenlogo über den Bildschirm flimmert oder ob Sie ihn aktiv in Gebrauch haben. Schalten Sie den Monitor auch aus, wenn Sie Ihren Arbeitsplatz zum Mittagessen oder für ein längeres Meeting verlassen.

Ladegeräte vom Netz trennen Ladegeräte für tragbare Geräte wie Handys oder MP3-Player bleiben oft am Netz, lange nachdem das Gerät aufgeladen ist. Ein Ladegerät verbraucht aber auch Strom, wenn kein Endverbraucher angeschlossen ist – und zwar statistisch gesehen noch einmal so viel wie für den vorgesehenen Zweck. Daher: Netzstecker ziehen, sobald der Akku des Endgeräts voll geladen ist.

Den Schreibtisch ins rechte Licht rücken Nicht in jedem Büro wurde bei der Planung der Einrichtung die Nutzung natürlicher Lichtquellen berücksichtigt. Stellen Sie, wenn möglich, Ihren Schreibtisch so um, dass durch die Fenster einfallendes Licht sinnvoll genutzt wird – dann müssen Sie nur noch daran denken, überflüssige Lichter und Lampen in Ihrem Arbeitsbereich auszuschalten.

Der Letzte macht das Licht aus In unzähligen Firmengebäuden rund um den Globus werden menschenleere Büroräume die ganze Nacht lang hell erleuchtet. Hier steckt ein enormes Energie-Sparpotenzial. Bringen Sie doch beim nächsten Meeting eine „Licht-aus-Regel" ins Gespräch, nach der die letzte Person, die das Büro am Abend verlässt, verantwortlich dafür ist, alle Lichter auszuschalten. Beziehen Sie auch die Abteilung Haustechnik oder das Sicherheitspersonal in diese Anregung ein.

Geräte aus nach dem Meeting Viele Besprechungsräume stehen jeden Tag stundenlang leer – und doch sind Beleuchtung und Bürogeräte rund um die Uhr angeschaltet. Machen Sie es sich zur Aufgabe, den Besprechungs-

WAS HÄLT SIE DAVON AB, ...

Recyclingpapier zu verwenden?

☐ **ES VERURSACHT PAPIERSTAU IM DRUCKER** Das traf vielleicht früher einmal zu. Heute sind die meisten Drucker und Kopierer so ausgelegt, dass sie mit Umweltschutzpapier einwandfrei funktionieren. Wenn Sie nicht sicher sind, fragen Sie beim Hersteller nach. Manche von ihnen gewähren die volle Gerätegarantie, auch wenn Recyclingpapier verwendet wird, andere nicht. Manche legen sogar fest, welche Papiermarken verwendet werden dürfen.

Die Verwendung von Recyclingpapier senkt den Energieverbrauch gegenüber der Herstellung aus Frischfasern um bis zu

50 %

raum nach Möglichkeit immer als Letzter zu verlassen und alle Geräte und die Lichter auszuschalten.

Werden Sie zum Wochenendaktivisten Wenn Sie es sich zutrauen, ergreifen Sie freitagnachmittags die Initiative, gehen durch Ihre Büroetage und schalten Geräte wie Drucker und Kopierer aus. Bleiben diese jedes Wochenende angeschaltet, belastet ihr Stand-by-Betrieb die Stromrechnung Ihres Arbeitgebers mit erheblichen Zusatzkosten.

Arbeiten Sie konsequent am Bildschirm Die Papierherstellung verbraucht viele natürliche Ressourcen und setzt große Mengen an Treibhausgasen frei. Drucken Sie daher nicht jede E-Mail aus, sondern gewöhnen Sie sich an, die Dokumente elektronisch zu verwalten. Wann immer es möglich ist, lesen, korrigieren, bearbeiten und verteilen Sie Dokumente als elektronische Kopien per PC.

Sorgen Sie dafür, dass Altpapier recycelt wird Nach wie vor landet ein erschreckend hoher Anteil von Papier aus dem Büro im Restmüll, anstatt recycelt zu werden. An der nötigen Infrastruktur für eine Wiederverwertung scheitert das Unterfangen nicht: Altpapiercontainer gibt es in praktisch jedem Unternehmen. Der Grund liegt vielmehr in der ungenügenden Trennung direkt am Arbeitsplatz. Regen Sie an, dass an jedem Schreibtisch zwei Abfalleimer aufgestellt werden – einer für Papier und einer für den Restmüll.

Seiteneinstellung anpassen In vielen Textverarbeitungsprogrammen ist die Standardseite auf 12 pt Schriftgröße mit Seitenrändern im Zollmaß (2,54 cm) definiert. Ändern Sie diese Einstellung in 11 pt, 2 cm für den linken und 1,5 cm für den rechten Rand, hat auf jeder Seite 27 % mehr Text Platz. Anders gesagt: Eine kleine Umstellung bewirkt eine Verringerung des Papierverbrauchs um rund 27 %.

Nicht parallel heizen und lüften Was im privaten Haushalt längst als Sünde gilt, ist in vielen Büros noch immer weitverbreitet: das Lüften durch gekippte Fenster bei gleichzeitig geöffneten Heizkörperventilen. Dass dabei kostbare Heizenergie sinnlos nach außen entweicht und der Heizkörper durch die einfallende kalte Luft permanent auf einer höheren Temperatur läuft, als nötig wäre, wird am Arbeitsplatz häufig bedenkenlos hingenommen. Gehen Sie mit gutem Beispiel voran, indem Sie jeweils nur kurz stoßlüften und dabei die Heizkörperventile schließen.

Was Ihr Arbeitgeber tun kann

Zu Ökostrom wechseln Eine Umstellung von herkömmlich erzeugter Energie auf Ökostrom senkt zwar nicht den Energieverbrauch des Unternehmens. Dafür stammt der Strom aus einer sauberen Quelle, was zu einer deutlichen Reduzierung der CO_2-Emissionen beiträgt.

Mehr Laptops, weniger Desktops Notebooks verbrauchen deutlich weniger Energie als Desktop-Computer. Die Leistungsaufnahme eines typischen Büro-Desktops liegt bei rund 100 W, während ein Laptop nur zwischen 15 und 25 W verbraucht. Wenn die nächste Erneuerung der Computerausstattung ansteht, stimmen Sie für Laptops.

Fahren Sie die Grundlast zurück Tauschen Sie die letzten Glühbirnen konsequent gegen Energiesparlampen aus. Die Energieersparnis kann immer noch bis zu 60 % betragen.

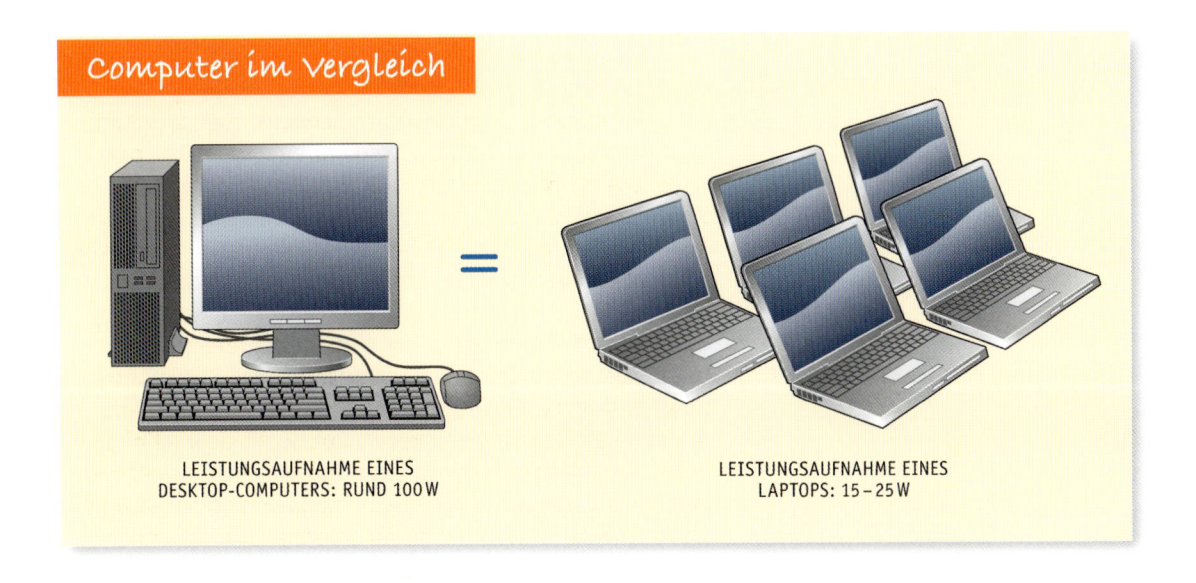

Computer im Vergleich

LEISTUNGSAUFNAHME EINES DESKTOP-COMPUTERS: RUND 100 W

LEISTUNGSAUFNAHME EINES LAPTOPS: 15 – 25 W

WAS HÄLT SIE DAVON AB, ...

auf umweltfreundliche Kopierer umzusteigen?

☐ **DAS IST EINE UNRENTABLE INVESTITION.** Wenn Sie der Meinung sind, es gäbe in Ihrem Unternehmen wichtigere Entscheidungen zu treffen, bedenken Sie Folgendes: Wenn Sie ein energieeffizientes Gerät kaufen, Umweltschutzpapier und Nachfüll-Tonerpatronen verwenden sowie das Gerät konsequent ausschalten, wenn es nicht gebraucht wird, ergeben sich über die Lebensdauer von sieben Jahren folgende Einsparpotenziale:
- bis zu 80 % weniger Energieverbrauch
- eine Verringerung der Papier- und Tonerrechnungen um die Hälfte
- eine Reduzierung der globalen Treibhausgas-Emissionen um etwa 75 %
- die Rettung von 50 ausgewachsenen Bäumen

Weltweit gesehen druckt jeder Büroangestellte im Schnitt 10 000 DIN-A4-Blätter pro Jahr aus – und nahezu die Hälfte davon landet im Restmüll statt im Altpapier.

Dauerbeleuchtung unterbinden Im Empfangsbereich, in Lagerräumen und auf den Toiletten ist gute Beleuchtung wichtig – sie muss aber nicht dauernd eingeschaltet sein. Bewegungsmelder oder Zeitschaltuhren sorgen dafür, dass Lampen nur Strom verbrauchen, wenn sie benötigt werden.

Lage der Thermostate prüfen Raumthermostate zur Heizungssteuerung sind eine überaus sinnvolle Einrichtung. Befinden diese sich jedoch an einer kühlen oder zugigen Stelle (z. B. in einem Durchgang oder in Fensternähe), liefern sie falsche Messergebnisse – die Heizung springt öfter an als nötig. Weisen Sie Ihren Arbeitgeber auf etwaige Missstände dieser Art hin.

Variable Raumtemperaturen Bereiche wie Lagerräume, Treppenhäuser und Korridore müssen nicht die gleiche Temperatur haben wie Räume, in denen Menschen arbeiten. Wenn die Heizanlage über eine Mehrzonenfunktion verfügt, stellen Sie diese so exakt wie möglich ein, um weniger Energie für das überflüssige Heizen bestimmter Bereiche zu verbrauchen.

Heizkörper freihalten Heizkörper strahlen ihre volle Energie nur ab, wenn sie möglichst frei stehen und nicht durch Schreibtische, Schränke, Regale, Bürogeräte oder überlange Vorhänge eingeengt sind. Auch wird die Zirkulation der erwärmten Luft um den Heizkörper herum durch derartige Hindernisse behindert. Da die Platzverhältnisse in Büros oftmals eingeschränkt sind, finden Überlegungen dieser Art häufig zu wenig Beachtung. Zu Unrecht, denn die Verluste können sich zu 30 % der Heizkosten addieren.

Röhrenmonitore ausmustern Röhrenmonitore gehören zu den größten Stromfressern im Büro. Ihre Leistungsaufnahme liegt rund 75 % höher als bei Flachbildschirmen gleicher Größe in TFT- oder LED-Technik. Dass Letztere inzwischen günstig im Handel erhältlich sind, sollte jeden Arbeitgeber darin bestärken, Röhrengeräte auszumustern.

Effiziente Bürogeräte anschaffen Ob Drucker, Kopierer, Fax oder auch nur die Kaffeemaschine in der Büroküche, die Anschaffung energieeffizienter Neugeräte macht sich in gesenkten Stromkosten bemerkbar.

Kopierer und Drucker auf Duplexdruck umstellen Durch das beidseitige Bedrucken lässt sich der Papierverbrauch ganz einfach um die Hälfte reduzieren. Da nicht jeder Angestellte weiß, wie man die Geräte auf Duplexdruck einstellt, sollte der Arbeitgeber dafür sorgen, dass dies bereits in der Grundeinstellung festgelegt ist.

Nur die Endfassung ausdrucken lassen Legen Sie neue Richtlinien fest, nach denen nur die Endfassung von Dokumenten gedruckt wird; bis dahin erfolgen Korrektur, Überprüfung und Verteilung in Softcopy auf dem Bildschirm. Noch besser wäre es, eine Arbeitsanweisung zu erlassen, nach der auch von der Endfassung nur ein Ausdruck gemacht wird; müssen mehrere Mitarbeiter damit arbeiten, wird er von Schreibtisch zu Schreibtisch weitergegeben.

Umweltschutzpapier kaufen Bei der Herstellung einer Tonne Papier werden ca. acht Tonnen Treibhausgase frei; für die Erzeugung einer Tonne Umweltschutzpapier sinkt der CO_2-Ausstoß auf rund zwei Tonnen. Die Umstellung von Frischfaserpapier auf recyceltes Papier bewirkt also enorme Einsparungen beim Ausstoß von Treibhausgasen.

SPITZEN-SPARER

Durch **effizientere Bürogeräte** kann Ihr Unternehmen **20 bis 30 % der Energiekosten** sparen. Dies gilt insbesondere für vollklimatisierte Büroräume, die durch veraltete Geräte unnötig aufgeheizt werden.

Mehr zum *Thema* ...

Energiesparen mit Recyclingpapier:
www.econitor.de/magazin/lifestyle/recyclingpapier-schont-die-umwelt-aber-warum-genau_5463.html

Nachhaltige Büro- und Schreibwaren: www.nachhaltig-einkaufen.de/nachhaltig-einkaufen/umweltfreundlich-gut-fuer´s-tier/buero-schreibwaren3/buero-schreibwaren5

Energiesparen im Büro: www.degas-atd.com/checkliste-energie-sparen-im-buero.html

Die energiesparende Firma (interaktive Website): www.energie-im-unternehmen.de

Das papierlose Büro: www.nachhaltigkeit.org/201007164916/materialien-produkte/hintergrund/papierlose-bueros-sind-effizienter

Kinder als Energiesparer

Wer Kindern beibringt, Müll zu vermeiden, sparsam mit Energie umzugehen und den Ausstoß von CO_2 so gering wie möglich zu halten, schlägt mehrere Fliegen mit einer Klappe. Zum einen werden die Energiekosten bei Ihnen zu Hause sowie in der Schule gesenkt, zudem erben die Kinder eine gesündere und sauberere Welt. Darüber hinaus eignen sie sich Wissen, Fähigkeiten und Gewohnheiten an, die in den kommenden Jahren unerlässlich werden könnten.

Was Ihr Kind tun kann

Kinder sind für Themen wie Energiesparen und Umweltschutz durchaus zu begeistern, sind aber den spielerischen Umgang mit der Welt gewohnt. Je greifbarer und konkreter eine Idee ist, desto mehr können sie damit anfangen. Nachstehend finden Sie eine Liste mit zehn kindgerechten Regeln:

- in die Schule zu Fuß gehen oder mit dem Rad fahren, statt sich mit dem Auto fahren zu lassen
- einen Pulli anziehen, statt die Heizung höherzustellen
- Türen zu beheizten Räumen geschlossen halten
- Licht aus, wenn man einen Raum verlässt
- Computer aus (einschließlich des Bildschirms), wenn man ihn nicht mehr benutzt
- Fernseher aus, wenn die Sendung vorbei ist
- Spielekonsole aus, wenn man fertig ist mit Spielen
- Stereoanlage aus, wenn man keine Musik mehr hört
- mehr Gemüse essen
- nicht länger als vier Minuten heiß duschen

Was die Schule tun kann

Türen zu im Winter und in der Übergangszeit Dass die Haupteingangstüren in einer Schule wesentlich häufiger geöffnet werden müssen als zu Hause, leuchtet ein. Umso wichtiger ist es, dass jeder Schüler darauf achtet, die Türen im Winter nur so weit und so oft zu öffnen, wie es unbedingt nötig ist. Und selbstverständlich sollte es zu den Pflichten gehören, Türen, die versehentlich offen gelassen wurden, zu schließen. So geht weniger Wärme verloren.

Heizung im Klassenzimmer regulieren Häufig sind Klassenzimmer im Winter maßlos überheizt. Die konzentrationslähmende stickige Warmluft wird dann durch häufiges Lüften ins Freie geleitet – ein heiz- und energietechnisch unhaltbarer Zustand. Sollte dieser darauf beruhen, dass sich die Heizkörper nicht individuell pro Klassenraum regeln lassen, sollte die Schulleitung auf entsprechende Sanierungsmaßnahmen verwiesen werden. Häufiger ist es jedoch Gedankenlosigkeit bei der Einstellung der Thermostate, die zu überheizten Klassenräumen führt. Halten Sie Ihr Kind dazu an, auf eine moderate Temperierung zu achten.

Heizungsabsenkung nach dem Unterricht Werden Klassenräume nicht benutzt (nach Unterrichtsende oder am Wochenende), gibt es keine Notwendigkeit, sie auf das ideale Raumklima zu beheizen. Da die Heizungsanlage häufig nicht individuell für jeden Schulraum geregelt werden kann, schafft nur ein entsprechendes Herunterdrehen der Heizkörperventile im Klassenzimmer Abhilfe.

Zeitgesteuerte Beleuchtung Brennt die Beleuchtung auf den Gängen und in den Sanitärräumen die gesamte Unterrichtszeit über, wird viel Strom verschwendet. Regen Sie den Einbau einer Zeitsteuerung oder von Bewegungsmeldern an.

Eine Umwelt-AG gründen Viele Kinder legen eine detektivische Neugier an den Tag. Nutzen Sie diese Neigung und regen Sie die Gründung einer Arbeitsgemeinschaft Umwelt und Energiesparen an. Die beteiligten Schüler erhalten die Aufgabe, Energiefresser aufzuspüren und (in Zusammenarbeit mit dem Lehrkörper) baldmöglichst abzustellen.

Müll vermeiden, trennen und recyceln Wo viel Müll anfällt, wird Energie verschwendet. Ist die Schule Ihrer Kinder darauf bedacht, so wenig Müll wie möglich zu produzieren, indem z. B. nur so viele Arbeitsblätter wie nötig kopiert und verteilt werden? Wie sieht es mit den Verpackungen der Lebensmittel beim Pausenverkauf aus? Und wird Müll konsequent getrennt und der Wiederverwertung zugeführt? Sensibilisieren Sie Ihr Kind für diese Themen.

Bei rund 70 % aller Schüler, die mit dem Auto zur Schule gebracht werden, ist Zeitersparnis – und damit mangelhafte Zeitplanung der Eltern – der Grund dafür, dass kein anderes Verkehrsmittel benutzt wird.

Mehr zum *Thema* ...

Energiesparen an Schulen: www.energiesparen-macht-schule.de

Kindgerechte Spiele zum Thema Energiesparen: www.energieverbraucher.de/de/Umwelt-Politik/Energiespar-Museum/Energiespar-Spiele__1409

Projekt Umwelt-AG an Schulen: www.energieverbraucher.de/de/Buero-Verkehr/Schulen__836

Wie man Kinder zum Energiesparen bringt: wiki.familieninsel.de/index.php/Wie_bringt_man_Kinder_zum_Energiesparen%3F

GLOSSAR

Arbeitspreis Der Preis, der für die tatsächlich abgenommene Energiemenge (z. B. kWh bei Strom, m³ bei Gas) zu zahlen ist.

Außendämmung Verfahren, bei dem das Dämmmaterial an den Außenwänden befestigt und verputzt wird. Die Dämmstoffplatten sollten über 12 cm dick sein.

BHKW Abkürzung für Blockheizkraftwerk, eine Anlage mit Kraft-Wärme-Kopplung. Dabei treibt eine Verbrennungskraftmaschine (z. B. ein Diesel- oder Ottomotor) einen Generator an und erzeugt so Strom und Wärme.

Biomasse Aus Pflanzen und Tieren gebildete Substanz. Ihr hoher Gehalt an Kohlenwasserstoffen macht sie geeignet zur Energiegewinnung, z. B. durch die Verbrennung von Biogas, das aus Klärschlamm gewonnen wird.

Blower-Door-Methode Verfahren zur Dichtheitsprüfung von Gebäuden. Ein starker Ventilator (Blower) bläst Luft ins Innere und ermöglich so das Aufspüren von Lücken.

Brennwertkessel Mit Öl, Gas oder Holzpellets befeuerter Heizkessel mit besonders hohem Wirkungsgrad.

CO_2-Bilanz Maß für alle Kohlendioxid-Emissionen, die direkt und indirekt durch Aktivitäten wie Autofahren, Heizen oder die Herstellung von Produkten verursacht werden.

Dampfbremse Beschichtete Folie, die zwar luftdicht, aber für Wasserdampf teildurchlässig ist, um einen begrenzten Abtransport von Feuchtigkeit von der warmen Innenseite des Hauses nach außen zu ermöglichen.

Dampfsperre Dichte Schicht aus Kunststoff- oder Aluminiumfolie, die an der Innenseite der Wände angebracht wird, um den Transport von Wasserdampf von der warmen zur kalten Wandseite eines Gebäudes zu verhindern.

Energieeffizienzklasse Ein zur Verbraucherinformation eingeführtes System zur Klassifizierung von Elektrogeräten in energiesparende und weniger energiesparende Modelle.

Energiesparlampe Gasbefüllte Kompakt-Leuchtstofflampe, die in vielen Bauformen im Handel ist und aufgrund ihrer 4 bis 5 Mal höheren Energieausbeute als umweltfreundlicher Ersatz für herkömmliche Glühbirnen dient.

Energy Star Markenzeichen der US-amerikanischen Umweltbehörde, das seit 2002 auch in der europäischen Union eingeführt ist und Bürogeräte mit besonders niedrigem Stand-by-Verbrauch kennzeichnet.

Erneuerbare Energieträger Energie, die aus unbegrenzten oder nachwachsenden Quellen stammt. Zu ihnen zählen Sonnen-, Wind- und Wasserkraft, aber auch Biomasse, Erdwärme und die Gezeitenkraft.

Fossile Energieträger Alle Brennstroffe, die durch Umwandlung von Biomasse im Lauf der Erdgeschichte entstanden sind und nur eine begrenzte, weil endliche Nutzung ermöglichen (z. B. Kohle, Erdöl, Erdgas).

g-Wert Kennwert dafür, wie stark eine Isolierglasscheibe das Sonnenlicht reflektiert bzw. passieren lässt. Theoretisch reicht er von 0 (Energie wird komplett reflektiert) bis 1 (Einstrahlung wird vollständig durchgelassen).

Globale Erwärmung Begriff für den durch CO_2 und andere Treibhausgase verursachten Anstieg der weltweiten Durchschnittstemperatur, der u. a. für das Abschmelzen der polaren Eiskappen verantwortlich ist.

Halogenglühlampe Kompaktleuchtmittel mit ähnlichem Aufbau wie eine herkömmliche Glühlampe, bei der der Glaskolben jedoch mit Halogengas befüllt ist. Ihr Stromverbrauch liegt niedriger als der einer Glühlampe. Dennoch sind Halogenlampen keine Energiesparlampen.

Isolierglas Fensterverglasung aus mehreren, luftdicht im gemeinsamen Rahmen verbauten Scheiben. Durch das Befüllen der Scheibenzwischenräume mit Edelgasen sowie die Beschichtung der Scheibenoberflächen werden überragende Wärmedämmeigenschaften erzielt.

Kumulierter Energieaufwand (auch Graue Energie) Energiemenge, die den gesamten Lebenszyklus eines Produkts von seiner Herstellung über den Transport bis hin zur Entsorgung mit einschließt.

Lebensmittelkilometer Maß für die durch den Transport eines Lebensmittels vom Anbau bis zum Endverbraucher aufgewendete Energie. Je größer dieser Wert, desto stärker belastet ein Produkt die globale Energiebilanz.

LED-Lampe Aus der Bündelung mehrerer (10 bis 100) Leuchtdioden (LEDs) aufgebautes Leuchtmittel mit extrem guter Lichtausbeute bei sehr geringem Energiebedarf.

Leistungspreis Der Grundpreis für eine vom Energieversorger bereitgestellte Leistung (Gas- oder Stromanschluss), der unabhängig von der verbrauchten Energiemenge (vgl. Arbeitspreis) bezahlt werden muss.

Ökologischer Fußabdruck Vergleichsgröße, die den Energiebedarf eines Menschen (für Essen, Kleidung, Heizung usw.) ausdrückt als Anbaufläche (in Hektar), die zur Erzeugung der verbrauchten Ressourcen benötigt würde.

Photovoltaik Technisches Verfahren, bei dem die Lichtenergie der Sonne mit Hilfe von Solarzellen auf Halbleiterbasis (meist Silizium) in elektrische Energie umgewandelt wird. Durch das Zusammenfassen mehrerer Zellen entstehen leistungsfähige Solarmodule.

Primärenergie Energiegehalt von natürlichen Ressourcen wie Kohle, Öl oder Uran, die noch nicht für die weitere Nutzung umgewandelt wurden. Auch regenerative Energiequellen wie Sonnen-, Wind- oder Wasserkraft zählen heute zu den primären Energieträgern.

Raumklima Allgemeiner Begriff für die empfundene Behaglichkeit in Innenräumen, beeinflusst durch die Faktoren Lufttemperatur, Luftfeuchtigkeit und Oberflächentemperatur der umgebenden Wände.

Solarthermie Technisches Verfahren, bei dem die Strahlung der Sonne in Wärmeenergie umgewandelt wird. Dies geschieht mit Hilfe von dunkel beschichteten Kollektoren, die von einem Röhrensystem durchzogen sind.

Stand-by-Verbrauch Energie, die ein Gerät verbraucht, wenn es nicht in Betrieb ist, aber bestimmte Bereitschaftsfunktionen aufrechterhält – teilweise ohne dass es dafür optische Anhaltspunkte gibt.

Treibhausgase Gase wie Kohlendioxid (CO_2) Methan oder Fluorchlorkohlenwasserstoffe (FCKW), die zur globalen Erwärmung beitragen, weil sie sich in der Erdatmosphäre anreichern und die Ozonschicht schädigen.

Wärmebrücke Teilfläche oder Bauteil eines Hauses, das schlecht gedämmt ist und somit mehr Wärme nach außen ableitet als angrenzende Flächen (umgangssprachlich auch als Kältebrücke bezeichnet).

Wärmedurchgangskoeffizient (U-Wert) Maß für die Wärmeleitfähigkeit eines Materials. Je niedriger der U-Wert, desto besser die Dämmeigenschaften.

REGISTER

A

Abgase 51, 91, 92
Abhärtung 83
Abluft
    Dunstabzugshaube 133, 134, 135
    Wärmerückgewinnung 89
Ablufttrockner 152
Abrechnung 11 ff., 191
    Heizkosten 11, 19, 84, 54, 85, 87
    Strom 64
    Warmwasser 100, 101
Abschaltautomatik 171
Abschlagszahlung 11, 66
Abtauautomatik 147
Abtauen 146, 147
Abwärme 73
Akkugerät 166
Aktiver Stand-by 154
Alternative
    Auto 22
    Einkaufsverhalten 25, 177
    Klimaanlagen 87
    Kraftstoffe 228
    Kühlschrank 148
    Warmwasserversorgung 105
Altglas 38, 39, 213
Altöl 183
Altpapier 38, 41, 182, 184, 240
Aluminium 53, 128
    Beschichtung 39
    Fensterrahmen 32, 54, 55
    Recycling 179, 182, 213
Aluminiumblech 71
Aluminiumfolie 59
Aluminiumhalter 39, 53
Aluminiumröhre 112
Anbauten 198, 204–207
Anbieter, Energie 62, 63, 65, 66, 67
Anlagentechnik, energieeffiziente 197
Aquakulturen 237
Arbeitsplatz, Energiesparmaßnahmen 238–243
Architekt 200, 203, 204, 207, 210
Atemwegserkrankungen 87
Atmosphäre 19, 55, 83, 116, 171
Atomausstieg 67
Atomstrom 70
Audioanlage 153
Audiogerät 122
Aufsparrendämmung 42–43
    Energielecks stopfen 36
    Gebäude vor 1960
    Zelluloseplatten 40
Aufwindkraftwerk 69
Auktionen 177
Ausbau
    Dach 42
    Innenausbau 31, 197, 202
Ausschalten
    Bürogeräte 125, 160, 239, 242
    Unterhaltungselektronik 122, 153, 157
Außendämmung 38, 193, 211
    Aufbau 45
    Dach 40
    Wände 45
Außenmauer 44, ff., 52
    Begrünung 99
    Dämmung 32, 44, 52
    einschalige 45
    Innenisolierung 46
    Wärmedämmung 44
    zweischalige 40
Außentemperaturen 59, 121, 172
Außentüren 48
Auto 216, 232
    Alternativen 22
    Batterie 224, 225
    Energieumwandlung 221
    Inspektion 222
    Kraftstoff sparen 218–222, 225, 227
    Verzicht 222
Autobatterien, Recycling 183
Autofahren, Umweltverträglichkeit 228, 229
Autogas (LPG) 229, 230
Automatikgetriebe 219

B

Backen 126–131
Backofen 133
Bad 93 ff.
    Elektroboiler 12, 105
    Elektroheizung 94
    Energiesparmaßnahmen 12, 14, 18
    Feuchtigkeit 59
    Temperatureinstellung 84, 93, 96
    Warmwasserspeichergerät 71
    Wasser sparen 101, 106
    Zeituhr 95
Baden 101 ff.
Badezimmerarmaturen 106
Balkone 29, 31, 46, 50, 173, 186, 187, 197, 207
Basalt 38
Basiswissen
    Baumaterial 197
    Beton 40, 99
    Dämmmaterial 37
    Dämmstoffe 211–212
    Fliesen 211
    Fußböden 46 f.
    Gas 76–79
    Hausbau 196–197
    Holzständerbauweise 209
    Immobilien 190 ff.
    Kalksandstein 208
    Porenbeton 208
    textile Beläge 210
    Ziegel 208
Batterie 184
    Auto 183, 224, 225
Bauaufsicht 37
Bauen siehe auch Hausbau
    Anbauten 204–207
    energiesparend 196–207
    klimaaktives 213
    Nachhaltigkeit 208–213
    Neubauten 190–204
    Umbauten 204–207
    Vorbereitungsphase 202
Bauernmarkt 235

Baumaterial 197
    Recycling 212
Baumwolle 24, 38, 39
Behaglichkeit 82, 84, 87
Beleuchtung 19, 110–117, 171 ff., 190, 194
    Außenbeleuchtung 171, 172
    Bewegungsmelder 172
    Kosten 110, 111
    Solarleuchte 171, 172
Benzin 74
Benzinmotor 227
Benzinrasenmäher 164, 165
Benzinverbrauch 216, 217
Berufsverkehr 220
Beschattung 109
Beschichtung
    Bodenbeläge 210
    Fenster 54
Beton 32, 33, 40, 44, 46, 99
Betriebsbereitschaft, Geräte 153
Betriebskosten
    Auto 218
    senken 15 ff.
Bewegungsmelder/-sensor 116, 172, 242, 245
BHKW 73–75
Bildschirm 124 f., 158, 240
Bildschirmgröße 157 f.
Bildschirmschoner 159, 160, 238
Bioanbau 235
Biodiesel 225–227
Biogas 63, 76, 77, 232
Bio-Hotels 231
Biokiste 235
Biokraftstoffe 229
Biomasse 69, 74, 76
Biosprit 228, 229
Biotonne 186
Bitumenbahn 43
Blähton 38
Blauer Engel 124
Blockheizkraftwerk 73–75
Böden siehe Fußböden
Bodenplatte 197, 199
Boiler 103, 107
Brenner
    erneuern 31, 32
    Gasherd 129, 131
    Küchenherd 76, 129, 131
    Programmierung 18
    Technik 88, 89, 90
    Übernahme 191
    Warmwasserbereitung 103, 105, 107

Brennholz 95, 97
Brennwert, Holz 97
Brennwertkessel 20, 33, 35, 74, 89, 192
Brikett 98
Brotbackautomat 135
Büro
    Energiesparmaßnahmen 238–243
    papierfrei 240, 243
Büroelektronik 153
Bürogeräte 15, 125, 159–160
    ausschalten 125, 160, 239, 242
Büromöbel 125
Bus 217, 230, 231, 232

C

Cerankochfeld 129
Checklisten
    Energiecheck für Ihr neues Zuhause 192–194
    Energiespar-Checkliste für den Haushalt 14, 15
    Stromanbieter 66
CO_2 8, 20
    -Bilanz 21
    -Emission 67
    -Emission, Durchlauferhitzer 108
    -Emission, Einzelheizung 94
    -Emission, Warmwasserspeichersysteme 107
    -Emission, Zentralheizung 90
Computer 124, 159, 160
    Recycling 183

D

Dach
    Ausbau 42
    -balken siehe Sparren
    Sanierungsmaßnahmen 36, 43
Dachdämmung 42–44
    Kosten 43
    nicht ausgebautes Dach 42
Dachgeschoss, Dämmung 42
Dachüberstand 45
Dachwohnung 87
Dämmkeile 44
Dämmkosten 43
Dämmlösungen 47
Dämmmaterial
    Eigenschaften 37
    Kaufinformation 44
Dämmmatten 42, 44
    Rolle 39

Dämmplatten 38
    Hartschaum 45
Dämmprodukte siehe Dämmstoffe
Dämmstoffbahnen 42
Dämmstoffe 38, 39
    anorganische natürliche 38
    Kunststoffe 38
    Materialkunde 211–212
    Nachhaltigkeit 211
    organische 38
    Produktpalette 38
    Qualitätsmerkmale 37
    Umweltdeklaration 211
Dämmung
    Dachgeschoss 42
    Energiesparhaus 47
    Fußböden 46
    Geschossdecke 42
    Haustypen 28–34
    Holzböden 4
    Innenräume 38
    Kaminzug 51
    Kellerdecke 47
    Ökobaustoffe 37
    Rohre 47
    Sanierungsmaßnahmen 36
    schimmelresistent 58–59
    Wände 44–46
Dämmwert, Verglasungen 52
Dampfbremse 38, 43, 44, 45, 58, 59
Dampfdrucktopf 127
Dampfgarer 127
Dampfsperre 38, 43, 45, 58, 59
Dampfsperrfolie 44
Deckenventilator 88
Denkmalschutz 46
Der Grüne Punkt 180–182
Dichtungsmaterialien 49
Dielen 112, 212
Dieselmotor 225–227
Differenzdruckmessung 48
Diffusion 38, 43
Diffusionswiderstand 38, 44
Dimmer 114
Dolomit 38
Doppelfenster 52, 53
Drahtlose Messgeräte 122
Dreibein, Grill 173
Dreifachisolierglasscheibe 53
Drucker 124, 159, 160
    -patronen, Recycling 183
Dünger, biologischer 186
Dünnschicht-Module 72
Dunstabzug 133, 135
Durchflussmenge 101

Durchlauferhitzer 107, 108
Durchschnittsverbrauch, Strom 65
Dusche 100
    Wasserverbrauch 106
Duschkopf 14, 19, 100, 101
Duschzeit 101
DVD-Player 155, 156, 159
DVD-Rekorder 122, 155

E

E-Bike 232
Edelgase 53
Einblasdämmung 43, 46
Eingespeister Strom 72
Einhebelmischer 106
Einkaufstüten 179
Einkaufsverhalten 176–187, 218, 236
Einschalige Außenwände 45
Einspeisungsvergütung 70, 73–75
Einweg-Plastiktüte 179
Einwegprodukte 176
Einzelheizgeräte 94
Elektrische Gartengeräte 164
Elektrische Pfanne 135
Elektrischer Wok 135
Elektrisches Heizgerät 94
Elektroauto 70, 229
Elektroboiler 12, 105–107
Elektrofahrzeuge 224
Elektrogeräte 120 ff.
    Betriebskosten 120, 121, 122, 124
    Energieeffizienzklassen 195
Elektrogrill 173
Elektroheizgeräte 92–94
Elektroherdplatte 129, 130
Elektromäher 166
Elektromotor 224
Elektronische Geräte 238–243
Elektroofen 131
Elektroschrott 178
E-Mobile 224
Endverbraucher 63, 239
Energie
    Biomasse 69
    erneuerbare 67, 73
    Graue 176
    Grundpreis 66
    nicht erneuerbare 64, 65
    selbst erzeugte 70
Energieausweis 191, 195
Energiebedarfsausweis 204
Energieberater 44
Energiebilanz 98, 208
Energiecheck, 192–194

Energieeffizienz 121, 197–199, 238
    Anlagentechnik 197
    Baustoffe 197
    Hausgrundriss 201
    Passivhaus 197
    Spülmaschine 137
    Wohnung 190–195
Energieeffizienzhaus 202, 207
Energieeffizienzklassen, Elektrogeräte 195
Energieeinsparverordnung (EnEV) 19, 32, 195, 200, 208
Energieerzeugung 67
Energiefresser 11, 12, 31, 122, 123
    Geräte 140, 161
    Messgerät 121
Energiekonzerne 70 ff.
Energiekosten-Messgeräte 121
Energielecks stopfen, Aufsparrendämmung 36
Energiequellen 33
Energiespar-Checkliste für den Haushalt 14, 15
Energiesparen, Recyclingpapier 253
Energiesparfunktion 160
Energiespargang 137
Energiesparhaus 33, 59, 197
    Dämmung 47
Energiesparlabel 123, 180
Energiesparlampe 111, 114, 115, 117
Energiesparmaßnahmen 82, 87, 100, 146
    Arbeitsplatz 238–243
    Bad 12, 14, 18
    Bau 196–207
    Bildschirmschoner 159
    Büro 238–243
    drei Schritte 82
    Fernseher 157, 159
    Gartengeräte 167
    Heizung 94
    Leuchtmittel 110, 116
    Licht 239
    Messgeräte 122
    Pool 169
    Recycling 179
    Umwälzpumpe 168
    Verpackung 236
Energiesparprogramme 103
Energieumwandlung, Auto 221
Energieunternehmen 62
Energieverluste 35, 36
Energieverschwendung 64, 120, 135, 157, 171, 202, 206
Energieversorger 62, 67, 180

Energieversorgung 63
Energievorräte 67
Energiewende 67, 70
Energy Star 124
Erdgas siehe Gas
Erdöl 64, 67
Erdwärme 33, 68
Erkrankungen
    Atemwege 87
    Venen 89
Ernährung 233–238
Erneuerbare Energien 67, 68 f., 70, 73
Ersetzen
    alte Fenster 54
    alte Geräte 102
Estrich 46
Ethanol 228, 229
Etikett 236
EU-Label 123

F

Fachmann
    Dämmung 36, 41, 43, 44, 46, 59
    Poolbau 109, 170
Fähre 231, 232
Fahrgemeinschaften 222, 223
Fahrrad 216, 217, 232
Fahrroute 220
Fair Trade 232, 234
Farben 83, 116, 184
Fassaden 31 ff.
    Begrünung 99
    Denkmalschutz 46
Faxgerät 124, 160
Feinstaub 225, 226
    -filter 227
    -verordnung 225
Fenster 48, 52–57
    Austausch 47, 52–54
    Beschichtungen 54
    Energieverluste 36
    Gebäudetypen 30, 31, 32
    Isolierung 48, 49, 50
    Isolierverglasungen 52
    Rahmenmaterialien 55
    Wärmedurchgangswert 52
Fensterfront 88
Fensterrahmen 52, 53, 54, 55
Fensterscheibe 38, 52, 85
Fernseher 153, 156, 157, 158, 159
Fernwärmenetz 73
Fertighäuser
    Bauweise 197
    Gebäudetyp 32, 33

Modelle 204
Vorteile 203, 209
Fertigprodukte 233
Feuchtigkeit 47, 58, 83, 211
    Bad 59
Feuchtigkeitsaustausch 38, 43
Feuerkorb 172
Fisch 236, 237
Flachbildschirm 158
Flachdach 70
Flachkollektoren 71, 109
Flachs 38, 39, 211
Fleischproduktion, nachhaltige 238
Fliesen 211, 212
Fliesenboden 95
Flohmärkte 177
Flüssigdünger 187
Flugreisen 216, 230, 231
Flusensieb 152
Föhn 159
Fördergelder 73, 74, 75,
    Photovoltaik 74
    Solaranlagen 75
    Solarthermie 74
Förderprogramme 75, 195
Fossile Energievorräte 67
    Rohstoffe 70, 76
Frankiergerät 124
Fritteuse 136
Frontlader, Waschmaschine 150, 155
Fugen 47, 49
Fußabdruck, ökologischer 22, 23, 25, 238
Fußboden
    Basiswissen 46
    Dämmung 46
    Holz 209, 211
    Innenausbau 197
    kalter 195
    Reinigung 161
Fußbodenbeläge 197, 210, 206
    Altbelag 46
Fußbodenheizung 86, 89, 90
Fußklima 87

G

Garten 186, 187
Gartenabfall 184, 186
Gartengeräte 164–167
Gartenteich 108, 168–169
Gas 62–64, 67, 76–79
    Basiswissen 76–77
    Biogas 63
    Blockheizkraftwerk 74

in Isolierglasscheiben 52–54
kochen mit Gas 129–131
Lagerstätten 76
Strom-/Gas-Mix
Verbrauch 11, 12, 16, 17
Vorteile 20
Warmwasser 89, 106, 108
Gasanbieter 62, 77
Gasgrill 173
Gasheizung 77
Gasherd 129, 130, 131
Gasofen 131
Gaspreis 63
Gas-Warmwasser-Standspeicher 105
Gaszähler 16
Gebäude
    nach 1960 31–34
    Sanierungsmaßnahmen 30–34, 190 ff.
    Typen 28–34
    vor 1960 28–31
Gebäudehülle 47
Gebrauchsanweisung 139
GEEA-Energielabel 125
Gefahrenstoffe 184
Gefrierfach 144
Gefriergerät 123, 140, 144, 146
Geothermie 68 f., 79
Geräte
    Altgeräte 102
    Betriebsbereitschaft 153
    Energiesparen 153
    Pflege 96
    Stand-by 153
Gesamtenergiekosten Haushalt 100
Geschirrspülen 102, 137
Geschirrspüler 63, 100–103, 123, 137, 138, 155
Geschossdecke, Dämmung 42
Gesundheit 59, 83
Getränkeautomat 238
Getränkeflaschen 180
Gezeitenkraftwerk 68
Giftmobil 184
Gipsfaserplatten 42, 46
Gipskartonplatten 44
Glas 176, 184
    Altglas 38, 39, 213
Glasbausteine 212
Glaskeramikkochfeld 130
Glasscheibe, Dämmwirkung 52
Glühbirnen 113, 115, 117
Glühlampen 110, 113
Granulat 38
Graue Energie 176

Grenzwerte, Stromverbrauch 122
Grillen 173 ff.
Grillkamin 173
Großpackungen 179
Großverbraucher, Strom 65
Grüner Punkt 180 ff.
Grundlast 240
Grundpreis, Energie 66
Grundriss siehe Hausgrundriss
Grundstückssuche 196, 202
Gummidichtungen 48
g-Wert 53

H

Halogenkochfeld 129, 130
Halogenlampe 115
Handrasenmäher 164
Handy 10, 183, 239
Hanf 38, 39
Hardware 178
Hartholz 97
Haus siehe auch Immobilie, Gebäude
    energieeffizient 202, 207
Hausbau 190 ff.
    Energiesparmaßnahmen 191 ff.
    Grundwissen 196–207
    Innenausbau 197
    Planung 196 ff.
    Rohbau 196
Hausformen 44
Hausgrundriss 200–202
Haushalt, Stromverbrauch 121
Haushaltsgröße 64
Hausmüll 177, 178, 184, 186
Haussuche siehe Immobiliensuche
Haustechnik 197
HD-Technologie 158
Heckenschneider 167
Heißluftofen 131
Heizanlage 31, 32
    Pool 94, 170
Heizbedarf 86
Heizen siehe Heizung
Heizgeräte, elektrische 94, 121, 122
Heizkassette 51
Heizkessel 90, 105
Heizkörper 82–89, 91–96, 242
    Pflege 93
Heizkörpernischen 50
Heizkörperthermostat 84, 86
Heizkosten 19
    sparen 30, 36, 42, 54, 71, 84, 85, 88, 90, 196, 198, 200
    Abrechnung 84

Heizlüfter 94, 95
Heizmatte 94, 95
Heizperiode 103
Heizpilz 172
Heizstab 95
Heizstrahler 94, 95
Heiztechnik 197
Heizteppich 95
Heizung 51, 77, 82, 86, 87, 94–122
    Betriebskosten 197
    Elektroheizungen 97
    Energiebedarf 94
    Gas 77
    Gebäudetypen 31
    Heizbedarf 94
    Holz 94
    Kachelofen 96
    Kamin 51, 98
    Kaminofen 97
    Systeme 88
    und Warmwasser 28, 30–32
Holz 74, 94, 98
    Fassaden 210
    Fenster 48, 55, 210
    Fußboden 39, 40, 46, 47, 209, 211
    Heizung 94
    Innenbereich 209
    Nachhaltigkeit 209, 212
    Türen 48, 210, 212
Holzabfälle 184
Holzfaser 38
Holzkohle 173
Holzsorten 97
Holzspanplatten 42, 46
Holzständerbauweise 209
Hotels 232
Humusdünger 186
Hybridfahrzeuge 224, 229

I

Immobilien
    Grundwissen 190 ff.
Induktionsherd 128–130
Innenausbau 31, 197, 202
Innenwände, Isolierung 44
Insektizide 184
Isolierglas 52–54
Isolierung, 47–57
    Außenwände 46
    Dach 36
    Fenster 48, 49, 50
    Innenwände 44
    Leitungen 104
    offener Kamin 51

Poolwände 170
Rohre 91
Sofortmaßnahmen 50
Trockenbauwände 44
Türen 46, 48, 49, 50
undichte Stellen 18, 47–49
Isolierverglasung 52, 56, 99, 112

J

Jahresabrechnung 12
    Energieverbrauch 10–12, 64, 65, 191
    Strom 64
Jahresbedarf, Warmwasser 10
Jalousie 112

K

Kachelofen 86, 92, 94, 96
Kaffeemaschine 238
Kalksandstein 44, 208
Kälteempfinden 86
Kältesee 86, 87, 95
Kältezonen, Kühlschrank 186
Kamin 51, 92, 94, 96, 98
Kaminkassette 51, 96
Kaminofen 92, 94, 96, 212
Kaminzug 51, 107
Keller 71, 103, 200
    Feuchtigkeit 59
    Hauskauf 190, 196, 197
    heizen 94, 95, 97
    Passivhaus 200
    Temperatur 84
    Wärmeverlust 35
Kellerdecke, Dämmung 19, 30, 31, 32, 36, 40, 47
Kessel siehe Heizkessel
Kleidung 85, 88, 177
Kleinverbraucher 64
Klemmfilz 40
Klima 21, 66, 67, 87, 99, 208, 213, 237, 238
Klimaanlage 87, 171, 221
Klimageräte 87, 88, 121
Klimaschutz 20, 227, 238
Klimatisierung 59, 87, 199
Kochen siehe Küche
Kohle 8, 11, 64, 67, 70, 76, 78, 85, 97, 98, 108
Kokosfasern 37, 38, 39, 210
Kombinationsmikrowelle 132
Kombitherme 107
Komfort 82 ff.

Kompost 39, 167, 186, 187
Kondensationstrockner 152
Konsumverhalten 176–187
Konterlattung 43
Konvektoren 89, 92, 93
Kopierer 124, 240, 242
Kork 37, 38, 39, 139, 211, 212
    Korkdämmung 212
    Korkplatten 45, 211
Körpertemperatur 82, 83
Kosten-(Nutzen-)vergleich
    Passivhaus 198, 202
    Solarthermie 71
    Warmwasserbereitung 75
    Zwischensparrendämmung 43
Kraftstoff 228
    Preis 218, 255, 226
    sparen 218–222, 225, 227
Kraftstoffeffizienz 216, 227
Kraftstofffilter 220
Kraftstoffpreise 218
Kraftstoffverbrauch 216
Kraft-Wärme-Kopplung 73
Kraftwerkbetreiber 62, 63
Kredite 42
Küche 10, 13, 20, 77, 103, 126–136
    backen 127, 128
    Backofen 131
    Dunstabzug 133–135
    Gasanschluss 77
    Geschirrspülmaschine 137–139
    Herd 76, 129–131, 132
    im Freien 172
    Kleingeräte 135
    kochen 126 ff.
    Kochfläche 129–131
    Mikrowellenherd 132
    Sofortsparmaßnahmen 126–128
    Töpfe 127, 128
Küchenabfälle 184, 186
    kompostieren 187
Kühleffekt 88
Kühl-Gefrierkombination 144
Kühlgeräte 123, 137, 145
    Betriebskosten 137
Kühlschlangen 141
Kühlschrank 87, 142, 144, 148, 185
    Kältezonen 186
    Stromverbrauch 121
    Temperatur 185
Kunststoff 38, 180, 184
    -dämmstoffe 38
    -fenster 55
Kurzstreckenfahrten 216
Kurzstreckenflüge 231

L

Ladegerät 239
Laibungen 50
Lambda-Wert 37
Lampen siehe Leuchten
Laptops 20, 241
Lärmschutz 30, 36, 165–167, 196
Laubgebläse/Laubsauger 167
Laufwasserkraftwerk 68
LCD-Technologie 158
    Fernseher 155
Lebensmittel 178 f., 185 ff., 232–238
    Eigenanbau 234
    lagern 186 ff.
    ökologische 232
    regionale 234, 235
Lebensmittelkilometer 234
LED-Lampen 172
LED-Lichterketten 171
Leichtbauwand 44, 46
Leichtbeton 44
Leitungen, Isolierung 104
Leuchten 82, 116 ff., 207, 238–242
Leuchtmittel 110, 113, 114, 116, 117
LGBC-Zellen 72
Licht 110, 239
Lichtkonzept 207
Lichtschalter 113, 114
Lösungsmittel 184
LPG siehe Autogas
Lüften 58, 59, 85, 87, 99, 241
Luftfeuchtigkeit 83–85
Luftfilter 220
Luftsee 97
Lüftungsanlage 33 f., 59, 89 f., 98 f., 105, 197
Luftwechselrate 48
Luftzug 48, 84

M

Markise 99
Markt 234
Material siehe Baumaterial
Mauerdurchbrüche 50
Mauerwerk, zweischaliges 46
Mehrfachdichtungen 52, 54
Mehrkammerprofile 53
Mehrtonnensystem 180
Mehrwegsystem 180
Messgeräte, Energieverbrauch 122
Metalle 64, 184
    Recycling 180, 182, 184, 213
    Schwermetalle 125
Methan 76

Mietwagen 217
Mikro-BHKW 74
Mikroklima 99
Mikrowellenherd 132
Milchglas 112
Milchprodukte 238
Mindestdämmwert 42
Mineralwolle 37, 39, 40, 43, 44, 46, 47, 50, 58
Mineralwollematten 39
Mini-BHKW 74, 197
Mitfahrzentralen 222, 223
Möbel 177
Mobiltelefon 125
Monitor 125, 239
Mörtel 44
Motorrad 227
Motorroller 227
MP3-Player 239
Müll 176–187
    Sortierung und Trennung 180
    Verbrennung 180
Mulchmäher 167

N

Nachhaltigkeit 21 ff.
    Baumaterial 208–213
    Bodenbeläge 210
    Dämmstoffe 211
    Fleischproduktion 238
    Holz 209
    Reisen 233
Nachtstrom 63, 64, 140
Nachttemperatur 84
Nässestau 46
Natürliche Dämmstoffe 37–39, 211
Natürliche Energiequellen 33
Netzgebühr 66
Netzstecker 160, 239
Nutztiere 235, 236

O

Oberlichter 112, 194, 201
Offener Kamin 51, 92, 94, 96, 98
Offenes Wohnraumkonzept 198
Öffentliche Verkehrsmittel 216, 232
Ökobaustoffe 37
Ökobilanz 212
Ökokiste 235
Ökologische Lebensmittel 232
Ökologischer Fußabdruck 238
Ökostrom 63, 66, 67, 241
Ökourlaub 233

Öl siehe Erdöl
Ölfilter 220
Ölofen 98
Ölradiator 93, 95
Organische Dämmstoffe 38
Ottomotor 74, 77

P

Paneele 45, 46
Papier 176, 179, 184
Papierfreies Büro 240, 243
Parkett 210–212
Passiver Stand-by 154
Passivhaus 34, 192, 197, 202, 207, 209, 210
    Energieeffizienz 197
    Keller 200
    Kosten 198, 202
    Lüftung 52, 99
    Qualität 198
    Wärmesystem 89, 90, 99, 105
Passivhausstandard 197, 198, 207
PC 125
Pelletofensystem 89, 90
Perlite 38
Pfandsystem 180
Photovoltaik 71, 72, 75
    Förderung 74
Plasmabildschirm 156
Plasmafernseher 155
Plastik 178
Plastiktüten 178
Plattenbauten 32
Polystyrol 38
Pool 108, 169 f.
Porenbeton 44, 99, 208
Preis
    Kraftstoff 218, 225, 226
    Preisanstieg 8, 11, 19, 82
    Preisvergleich Brennholz 97
    Strom 16, 62, 63, 66, 70, 77, 154
Profilgummi 48
Pufferspeicher 109
Pultdach 207
PUR-Platten 211
Putz 33, 44, 190, 197, 211

Q

Qualität 21, 24, 177, 212
    Dämmstoffe 37
    Passivhaus 198
    Raumluft 87
    Waschmittel 102

R

Rabatte 66
Radio 156, 172
Radiorekorder 155
Radurlaub 232, 233
RAL-Gütezeichen 210
Rasentrimmer 166
Raumklima 59, 83, 86, 99
Raumluft 85, 87
Raumtemperatur 84, 85
    Büro 242
Recycling 178–183, 186, 213
    Autobatterien 183
    Baumaterial 212
    Druckerpatronen 183
    Papier 234, 240
    verschiedene Materialien
    (tabellarische Übersicht) 181 f.
Regenerative Energie 64
Region
    einkaufen 236
    Förderprogramme 75
    Lebensmittel 234, 235
    Stromversorger 66
Reisen 230 ff.
Renovieren 190 ff., 212, 213
Restmüll 176, 180
Restwärme 151
Richtwerte, Stromverbrauch 64
Rohbau 52, 196, 202
Rohre 196, 199
    Dämmung 18, 29, 47, 91
    Heizung 88, 89, 96
Röhrenfernseher 155, 156, 158
Röhrenmonitore 243
Rohstoffe 76, 176
Rollfilz 38, 39
Rollladen 36, 88, 112
Rollladenkästen 14, 50, 194
Rührgerät 136

S

Sandstein 38
Sanierung
    Dämmung 36–47
    Energieverluste 35
    Gebäudetypen 30–34
    Kredite 42
    umweltfreundlich 190 ff., 212, 213
    Zuschüsse 42
SAT-Empfänger 178
Scanner 124, 159
Schadstoffmobil 184
Schafwolle 38, 39, 211
Schallschutz 46, 211
Schilfrohr 39
Schimmel 37, 39, 46, 58–59
Schleuderautomaten 150
Schreibtisch 239
Schwimmbecken siehe Pool
sd-Wert 38, 44
Silizium-Module 72
Sisal 210, 211
Smartphone 153
Sofortsparmaßnahmen 126–128, 140, 148, 151
Solaranlage 70, 71, 105–109
Solarenergie 64, 69–71, 104
Solarheizung, Pool 169, 170
Solarleuchten 115, 171
Solarmodule 108, 207
Solarstrom 232
Solarthermie 69, 71, 108, 109, 195
    Förderung 74
Solarzellen 72
Sommerschaltung 104
Sondermüll 184
Sonnenenergie siehe Solarenergie
Sonnenkollektoren 70, 71, 108–110
Sonnenschein 33, 70
Sonnenstrahlung 70, 109
Sparduschköpfe 14, 19, 100, 101
Sparen siehe Energiesparmaßnahmen, Energieverbrauch, Stromverbrauch, Warmwasserverbrauch, Treibstoffverbrauch
Speicherkraftwerk 68
Speiseschrank 147
Sperrmüll 177
Spielekonsole 156, 159
Spitzenlasten 63
Sportgeräte 177
Spülmaschine 137
Städtereisen 230, 231
Stand-by-Betrieb 122, 154, 155–159, 239 f.
Statik 200
Staubsauger 159, 161
Steckerleiste 153, 157, 160
Steinwolle 38
Stereoanlage 155, 159
Stoßlüften 93
Straßenbahn 217, 232
Stroh 39
Strom 62, 94, 108
    Bonus 66
    Einspeisung 72
    Rabatt 66
    selbst produzieren 70
Stromanbieter 62, 66, 70
    Wechsel 65
Strombedarf 64, 67, 100
Stromerzeuger 70
Stromfresser 95, 152, 156
Strommix 67
Stromnetzbetreiber 62
Strompaket 63
Stromtarife 63–66, 70
Stromverbrauch 67
    Beleuchtung 110, 111, 117
    Bürogeräte 159, 238 ff.
    Durchlauferhitzer 108
    Elektrogeräte 120, 121, 122, 124
    Fernseher 157, 158
    Gartenteich 168
    Grenzwerte 122
    Haushalt 121
    Kühlgeräte 137
    Kühlschrank 121
    Leuchtmittel 110, 114, 117
    Licht 110
    Pool 108, 169–170
    Richtwerte 64
    Spielekonsole 159
    Spülmaschine 137
    Umwälzpumpe 168
    Warmwasserspeichersysteme 107
    Waschmaschine 137
Stromverbraucher 63
Stromversorger 64, 66
Stromzähler 62, 63
Styropor 38
Südfenster 99, 111
Supermarkt 178, 179, 235

T

Tageslicht 17, 111, 112, 116, 194, 207
Tageslichtröhren 112
Tagtarif 63
Tagtemperatur 84
Tarifwechsel 64
Tauschbörsen 177
Taxi 217
TCO-Label 125
Teich siehe Gartenteich
Temperatureinstellung 84, 93, 96, 104
Teppichboden 87
Teppichkehrer 161
Textile Bodenbeläge 210
Textilien 184
Thermoglasscheibe 53, 54, 55
Thermostat 82, 88, 91, 93, 141, 170, 242

Thermostatarmaturen 106
Tierhaltung 236
Toaster 136
Torf 38
Transportwege 234
Treibhausgase 8, 23, 25, 108, 216, 224, 233
Treibstoff 77
    Verbrauch 232
Trockenbauwände, Isolierung 44
Trocknen, Wäsche 150
Türen, abdichten 48, 49, 50
    siehe auch Fenster
TÜV, ECO-Kreis 124
Tuningzubehör, Auto 220

U

Uhr, digitale 154
Umbau 198–207
Umluftofen 131
Umwälzpumpe 108, 168, 169
Umweltdeklaration 211
Umweltfreundliche Sanierung 190 ff., 212, 213
Umweltschutz 208, 209, 213, 244
    Hotels 232
    Kopierer 242
    Urlaub 233
Umweltschutzpapier 243
Unterhaltungselektronik 122, 125, 153, 156, 157, 159
Uran 64
Urlaub 230 ff.
U-Wert 37
    Verglasung 53

V

Vegetarier 238
Venenerkrankungen 89
Ventilator 88
Verbrauchertyp 64
Verbrennungsmotor 216, 224, 226
Verbundplatten 37
Verbundstoffe 184
Verbundsystem 46
Verglasung 52, 53
Verkehrsmittel 217
    öffentliche 216, 232
Verpackungen 178–180, 236
Verschattung 88, 99, 112
Verschleißteile 177
Verschwendung 64, 106, 177
Versorgungsunternehmen 67

Videorekorder 155, 156, 159
Vierzylindermotor 227
Vollbad 100, 101
Vorhangfassaden 46 ff.
Vorheizzeit 127
Vorratshaltung 185
Vorwäsche 102

W

Wände 44–47, 83, 99, 208
    Dämmung 44, 49
    Eigenschaften 99
Wandtemperatur 83
Wandtextilien 86
Wärme 82, 83, 91
Wärmebrücken 45, 50, 148
Wärmedämmung 37–47
    Außenwände 44
    nachträglich 43
Wärmedämm-Verbundsysteme 38, 45
Wärmedurchgangskoeffizient 37, 99
Wärmedurchgangswert, Fenster 52
Wärmeempfinden 82–84
Wärmeinsel 86
Wärmeleitfähigkeit 37, 44, 52
Wärmemanagement 94
Wärmepumpe 105, 106, 152, 170
Wärmeschutz 211
Wärmeschutzglas 55, 99
Wärmespeicher 95
Wärmestrahler 93
Wärmesystem, Passivhaus 89, 90
Wärmeverluste 48, 51, 52, 54
Warmwand 86
Warmwasser 63 f., 70, 100, 108
    Anlagen 108
    Anschluss 138
    (Jahres-)Bedarf 10, 105–107
    (Zentral-)Heizung 89, 90
    Kostenvergleich 75
    regulieren 103
Warmwasserboiler 63, 76
Warmwasserhähne 107
Warmwasserspeicher 71, 103–107, 108
Warmwasserverbrauch 100
    baden 101, 105
    duschen 106
    Geschirr spülen 102, 103
    Wäsche waschen 101, 102
Warmwasserversorgung, Alternativen 105
Warmwasserzirkulationspumpe 104
Wartung 20, 34, 62, 98, 105, 177
    Auto 218, 229

Waschbecken 106
Wäsche 101, 148, 150, 151
Wäscheschleuder 150
Wäschetrockner 63, 152, 155
Waschmaschine 100–102, 123, 137, 149, 163
Waschmittel 102, 149
Wasser sparen 105 f.
    moderner Duschkopf 101
Wasserdampf 38, 58
Wasserkocher 127, 135
Wasserkraft 63, 66, 67, 68, 73
Wassertemperatur 101, 108, 170
Wasserverbrauch
    Badezimmer 106
    Dusche 101, 106
    Warmwasser 105
Wechselbonus, Stromanbieter 66
Wegwerfgesellschaft 178
Weichholz 97
Wellenkraftwerk 68
Wertstoffhof 182–184
Wertstoffsammelcontainer 180–182
Wettbewerb, Energieversorger 62, 63
Wiederverwertungskreislauf 179
Wind 83
Windenergie 64, 66, 67, 68, 73
Wintergarten 88, 199
Wochenmarkt 234
Wohlbefinden 46, 87, 235
Wohnraumkonzept 198
Wohnung siehe Immobilie
Wok, elektrischer 135
Wurmhumus 187
Wurmkomposter 187

Z

Zeitschaltuhr 63, 95, 116
    im Bad 95
Zellstoff 182
Zellulose 38, 39, 40, 211
Zentraler Warmwasserspeicher 105, 106
Zentralheizung 88, 90, 91, 94
Zertifizierter Ökostrom 66
Ziegel 44, 99, 212
    Basiswissen 208
Zug 217, 230–232
Zugluft 35
Zusatzheizung 94
Zusatzwärme 95
Zuschüsse 42, 75
Zweischalige Außenwände 40
Zweitkühlschrank 140
Zwischensparrendämmung 43 ff.

DIE READER'S DIGEST ENERGIESPAR-BIBEL

Titel der australischen Originalausgabe:
500 Energy Saving Secrets

Deutsche Ausgabe
THEMA media GmbH & Co. KG, München
Übersetzung: Tom Kraft, Sabine Walther-Koudossou
Neue Texte: Verena Zemme
Bearbeiter: Peter Randau

Reader's Digest
Redaktion: Stefan Kuballa (Projektleitung)
Grafik: Peter Waitschies
Bildredaktion: Christina Horut
Prepress: Andreas Engländer

Redaktionsdirektorin: Suzanne Koranyi-Esser
Redaktionsleiterin: Dr. Renate Mangold
Art Director: Susanne Hauser

Produktion:
arvato print management: Thomas Kurz

Druckvorstufe: GroupFMG Print

Druck und Binden: Mohn media, Gütersloh

© der australischen Originalausgabe
2009 Reader's Digest (Australia) Pty Limited
© 2012 Reader's Digest Deutschland, Schweiz,
Österreich – Verlag Das Beste GmbH Stuttgart,
Zürich, Wien

Das Werk einschließlich aller seiner Teile ist urheberrechtlich geschützt. Jede Verwendung außerhalb der engen Grenzen des Urheberrechtsgesetzes ist ohne Zustimmung des Verlags unzulässig und strafbar. Das gilt insbesondere für Vervielfältigungen, Übersetzungen, Mikroverfilmungen und die Verarbeitung in elektronischen Systemen.

Die Informationen und Ratschläge in diesem Werk wurden von den Autoren und vom Verlag sorgfältig erwogen und geprüft, dennoch kann eine Garantie nicht übernommen werden. Eine Haftung der Autoren bzw. des Verlags und seiner Beauftragten für Personen-, Sach- und Vermögensschäden ist ausgeschlossen.

AU 0675/IC

Printed in Germany

ISBN 978-3-89915-750-5

Besuchen Sie uns im Internet
www.readersdigest.de | www.readersdigest.ch | www.readersdigest.at

Bildnachweis
Bau-Fritz, Erkheim: 203.
BSW – Bundesverband Solarwirtschaft e. V., Berlin: 196.
CORBIS: Einbandvorderseite (CJ Burton).
Deutsche Rockwool OHG, Gladbeck: 43 (2).
Dreamstime: 36, 115 (Einklinker), 118/119, 126, 136, 145, 153, 158, 171, 205, 210.
Electrolux: 144.
Energy Star: 124.
iStockphoto: 6/7, 30, 46, 148, 174/175, 187, 206, 212.
NASA: 8.
Photolibrary: 130 unten rechts.
Reader's Digest: 13, 14, 15, 21, 44, 45, 48, 51, 54, 59, 97, 101, 104, 112, 113, 125, 129, 130 Mitte links, 130 Mitte, rechts, 135, 178, 191, 199, 201, 208, 241.
Shutterstock: 2, 3, 11, 16, 18, 23, 24, 26/27, 28, 33, 39, 40/41, 55, 56/57, 60/61, 62, 67, 68/69, 70, 72, 77, 78/79, 80/81, 82, 84, 87, 89, 91, 92, 99, 100, 102, 108, 114, 115, 117, 120, 130 (Hintergrund, unten links, unten Mitte), 131, 139, 140, 141, 144, 146, 151, 155, 161, 162/163, 165, 166, 168, 173, 176, 181, 182, 183, 185, 188/189, 192/193, 194, 204, 209, 214/215, 216, 219, 221, 222, 225, 227, 228, 230, 234, 237, 239, 244.
Thema media GmbH & Co. KG: 12.